HUNDRED BAGGERS
100배 주식

100 Baggers

Copyright ⓒ Agora Financial, LLC. 2015
Originally pubished by Agora Financial, LLC. All rights reserved.

Korean Translation Copyright ⓒ 2019 by Water Bear Press.
This Korean edition is pubished by arrangement with Agora Financial, LLC.

이 한국어판의 저작권은 Agora Financial, LLC. 와의 독점 계약으로 워터베어프레스에 있습니다.
저작권법에 의해 한국 내에서 보호를 받는 저적물이므로 무단 전재와 무단 복제를 금합니다.

INVESTMENT PRINCIPLES
투자의 원칙 01

가장 단순하고 가장 강력한 투자 전략

HUNDRED BAGGERS

CHRISTOPHER MAYER

100배 주식

크리스토퍼 메이어 지음
송선재 옮김

WATER BEAR PRESS

지은이 **크리스토퍼 메이어**Christopher W. Mayer는 미국 기업투자 업계에서 오랫동안 활동해 온 베테랑이다. 그 경험을 바탕으로 1998년 이래로 투자 관련 글을 써왔으며, 미국 투자자들 사이에서 널리 알려져 있는 투자 뉴스레터『메이어스 100배 클럽Mayer's 100x Club』,『메이어스 스페셜 시추에이션Mayer's Special Situation』의 창간자이자 에디터다. 마켓워치, 폭스 비즈니스 네트워크, CNN 라디오, CNBC 등 다수의 언론에 출연해 투자 지식을 대중과 나누었다. 저서로는 금융 분야 베스트셀러『똑바로 본 세상World Right Side Up』,『딜메이커처럼 투자하라Invest Like a Dealmaker』등이 있다.

옮긴이 **송선재**(와이민)는 고려대 경영학과를 졸업하고 텍사스 주립대University of Texas at Austin에서 MBA 과정을 밟았다. 워런 버핏의 강의를 직접 듣고 가치 투자에 눈을 떴다. 미국 가치 투자 펀드 티톤 캐피털 파트너스Teton Capital Partners에서 근무하다가 한국에 돌아와 하나금융투자에 입사해 현재까지 근무하고 있다. 자동차 담당 애널리스트로 활동하며 좋은 평가를 받는 리포트 다수를 발간했으며, 매일경제·한국경제에서 선정하는 한국 베스트 애널리스트 자동차 분야 1위에 다수 선정되기도 했다. KBS, MBC, 팟캐스트 〈신과 함께〉 등 다수의 매체에 출연했고, 투자자들 사이에서 최고의 투자 블로그 중 하나로 인정받는 개인 블로그 〈와이민, 투자자로서의 삶〉에서 투자 원리, 철학, 방법 등을 소개하고 있다. 저서로는『현명한 초보 투자자의 주식 공부』가 있다.
https://blog.naver.com/yminsong

100배 주식

초판 1쇄 발행 2019년 6월 25일
초판 12쇄 발행 2025년 11월 7일

지은이 크리스토퍼 메이어
옮긴이 송선재(와이민)

기획 장동원 이상욱 김기동 **책임편집** 오윤근
표지디자인 전강우 **본문디자인** 이경은
제작 제이오엘앤피

펴낸곳 워터베어프레스
등록 2017년 3월 3일 제2017-000028호
주소 서울시 마포구 성미산로 29안길 7 3층 워터베어프레스
홈페이지 www.waterbearpress.com
이메일 book@waterbearpress.com
ISBN 979-11-961590-2-3 03320

* 책값은 뒤표지에 있습니다. 잘못된 책은 구입하신 곳에서 바꿔 드립니다.

최초로 100배 주식에 대한 책을 쓴
토머스 W. 펠프스 님께 이 책을 바칩니다.

한국어판 저자 서문

경이로운 100배 주식의 세계에 온 것을 환영합니다. 『100배 주식』 한국어판 독자들을 위한 서문을 쓰게 되어 기쁩니다. 독자 여러분이 100배 주식의 세계에 본격적으로 뛰어들기 전에 몇 가지를 말해 두고 싶습니다.

저는 종종 미국 밖 시장의 100배 주식을 다루는 내용으로 후속편을 쓸 계획이 있냐는 질문을 받습니다. 저는 그럴 계획이 없지만, 다른 누군가가 꼭 써 주었으면 좋겠습니다. 그런 책이 나온다면 그 자체만으로도 의미가 있겠지만, 『100배 주식』의 핵심 원칙이 세월을 초월하여 보편적으로 적용될 수 있다는 점을 보여줄 것입니다. 물론 한 가지 예외가 있다고 생각하긴 합니다만, 이는 좀 더 뒤에서 다루도록 하겠습니다.

우선, 『100배 주식』의 핵심 원칙에 대해서 이야기해 봅시다. 이 책에서 그 내용을 구체적으로 확인할 수 있지만, 그것의 정수만 뽑으라고 한다면 저는 높은 자본이익률과 이익을 재투자해 높은 이익을 지속해서 내는 능력을 뽑겠습니다.

예를 들어, 사업을 운영하는 데 10만 원이 드는 기업 A가 있다고 가정하고 그 기업이 2만 원의 순이익을 창출한다고 가정합시다. A의 자본이익률은 20퍼센트입니다. 아주 훌륭하다고 할 수 있습니다. 투자자는 이제 A를 분석해서 그만한 이익을 지속적으로 창출할 수 있다는 확신을 갖고 싶어할 겁니다. 그리고 그 확신을 가지기 위해 시장의 규모와 경쟁 강도 등 다양한 요소를 살펴볼 것입니다. A가 지속적으로 경제적 가치를 창출할 능력이 있다고 결론을 내린다면, 많은 이익을 가져다줄 후보 하나를 찾은 것입니다. 어쩌면 100배 주식을 찾은 것일 수도 있습니다.

하지만 이는 공식의 절반에 불과합니다. 투자자는 기업이 이익을 재투자하여 그 금액을 포함한 총투자금액의 20퍼센트 이익을 원합니다. 그리고 이것이 계속 반복되기를 바랍니다. 그때가 복리의 진가가 제대로 발휘되는 순간입니다.

그다음은 간단한 산수면 끝납니다. 20퍼센트의 이익이 25년 동안 반복되면 100배의 이익이 납니다. 이익률이 더 크면 100배에 도달하는 시간은 더 짧아집니다. 간단하죠? 잠깐 다른 이야기를 하자면, 원칙적으로는 이익을 주주에게 배당하지 않는 기업이 좋은 기업입니다. 배당되는 금액만큼 재투자 금액이 줄어들기 때문이죠. 이는 복리의 마법을 방해합니다. 책을 읽다 보면 이런 내용을 비롯한 다양한 통찰을 확인할 수 있을 겁니다.

물론, 현실에서는 높은 이익률을 내면서도 재투자를 지속하는 기업을 찾기는 매우 어렵습니다. 하지만 불가능하지는 않습니다. 많은 투자자가 이를 해냈습니다. 그런 투자자에 관한 내용도 책에 포함되어 있습니다. 가장 어려운 부분은 어쩌면 기다리는 것인지도 모릅니다. 참고 기다리는 것은 생각보다 훨씬 어렵습니다. 세상의 수많은 요소가 투자자를 흔듭니다. 이 연구에서 가장 좋은 성과를 낸 주식인 버크셔 해서웨이는 7년 동안 지지부진했습니다. 주가가 반토막난 경우도 3번이나 있었습니다.

이 책은 끝까지 버티며 기다리는 요령을 몇 가지 소개합니다. 제가 가장 좋아하는 방법은 '커피캔' 전략입니다. 독서의 즐거움을 빼앗지 않기 위해, 투자자를 자신으로부터 보호하는 간단한 방법이라는 정도만 이야기하겠습니다.

그 외에도 도움될 만한 아이디어는 많습니다. 그러나 크게 돌려주는 기업을 찾기 위해 기억해야 할 것 딱 두 가지만 꼽으라고 한다면, 투자 자본 대비 높은 이익률과 이익을 재투자할 수 있는 능력입니다.

자, 그럼 이제 앞에서 이야기했던 보편적으로 적용하기 힘든 원칙에 대해 이야기해 봅시다.

이 책에는 소유자-경영자에 관한 내용이 있습니다. 어떤 기업을 책임지는 이들이 그 기업의 지분을 유의미한 수준으로 가지고 있는 경우입니다. 많은 100배 주식의 뒤에는 애플의 스티브 잡스나 월마트의 샘 월튼 같은 창업자가 있었습니다. 그리고 그들은 커다란 지분을 가지고 있었습니다. 물론 모든 100배 주식이 그랬던 것은 아닙니다. 예외도 많습니다. 그러나 진지하게 찾아보고 고려할 만한 요소는 된다고 생각했습니다.

하지만 아시아 시장에서는 경영자의 지분율이 유의미한 요소가 아니라는 것을 확인했습니다. 오너의 지분율이 높은 기업은 꽤 있습니다. 그러나 그중에 주주 가치를 우선시하지 않는 경우가 많은 것 같습니다. 안타깝지만, 많은 한국 기업이 그런 평가를 받습니다.

물론 같은 일이 미국에서도 발생할 수 있습니다. 이른바 '나쁜' 오너는 어디에나 있습니다. 하지만 지분율이 높은 오너는 아시아 시장에 좀 더 흔하고, 그것이 좋은 주식의 신호라 보기는 힘든 것 같습니다. 투자자는 언제나 경영진의 자본배분 능력을 검증해야 합니다. 경영진이 주주를 공정하게 대할 것인가? 경영진이 주주 가치를 중요시하는가? 경영진이 회사의 현금흐름을 어떻게 활용하는가?

만약 투자자가 경영진의 능력을 신뢰한다면, 그 기업의 주식을 오랫동안 보유하기 한결 수월해집니다. 한국에서 오너 지분율이 100배 주식의 유의미한 지표가 아니더라도, 앞의 세 가지 질문에 대해서는 꼭 생각해 보길 바랍니다.

이와 함께, 『100배 주식』 읽고 본인의 투자에 이 안에 담긴 원칙들을 어떻게 적용할 수 있을지 생각해 보길 권합니다. 100배 주식을 찾기를 기원합니다.

역자 서문

이 책을 제대로 사용하는 법

이 책은 100배가 되는 최고의 주식을 찾는 방법을 설명해 주는 실무적인 책이다. 최고의 주식을 찾으려면 어떤 특성을 보면 되는지 차근차근 알려 주기 때문에 투자에 실질적인 도움이 된다.

이 책을 처음 알게 된 건 2017년, 휴가를 앞둔 상태에서 친구 션 브라운(Sean Brown)과의 만남을 통해서다. 미국에서 글로벌 주식을 투자하는 션은 한국 기업을 탐방하기 위해 한국에 자주 오는 편인데, 마침 시간이 맞아 같이 이야기할 기회가 생겼다. 워낙 책을 많이 읽는 친구라 미국에서 나온 좋은 투자 서적이 있느냐 물었더니 몇 권을 추천해 주었고, 그중 가장 관심이 갔던 것이 바로 이 책이었다.

'100배 주식(100 Baggers)이라고? 피터 린치(Peter Lynch)가 말하는 10배 주식(10 Baggers)을 뛰어넘는 이 도발적인 제목의 책은 무엇이지?'라는 관심으로 책을 샀는데, 곧 재미있게 읽어 나가고 있는 나 자신을 발견하게 되었다. 저렴(?)해 보이는 제목과는 달리 책의 내용은 진정으로 좋은 기업 주식을 찾을 수 있는 실질적인 내용으로 가득했기 때문이다.

서점에서 이 책을 집어 든 독자가 어떤 생각을 하는지 들리는 듯 하다. 나도 책을 읽기 전에 비슷한 생각을 했으니 말이다. "음, 주식으로 100배의 수익을 낸다고? 사기꾼 아냐?"라고 의심하는 분도 있을 것이고, "에이, 이런 걸 누가 모르나? 그런데 미국에서나 가능하지 한국에서 이게 가능하겠어?"라고 회의적으로 생각하시는 분도 있을 것이다.

십분 이해한다. 제목부터가 지극히 비현실적인 '100배 주식'이니 말이다. 또, 금융 시장의 역사가 상대적으로 긴 미국에서도 어려운 투자를 상대적으로 역사가 짧고 가격 변동성도 큰 한국 시장에서 적용하기 힘들다는 생각도 들 것이다. 하지만 100배 주식을 찾아가는 과정 속에는 주식 투자의 원리·철학·실무가 많이 담겨 있다.

저자는 일단 100배 주식을 찾겠다는 강한 의지가 있어야 좋은 주식을 찾을 수 있다고 강조한다. 그 이후에는 100배 주식의 핵심적인 특징 두 가지를 정리하는데, 하나는 '강력한 성장'이고 다른 하나는 '낮은 주가배수'다. 저자는 이를 '주가 상승의 쌍둥이 엔진'이라고 부른다. 이렇게 큰 폭의 주가 상승을 보이는 뛰어난 기업은 보통 규모가 상대적으로 작고, 상당한 경제적 해자(경쟁자들을 압도하는 경쟁력)를 갖추고 있으며, 소유자가 직접 경영하는 경우가 많다. 그런데 가장 힘든 일은 따로 있다. 이러한 기업을 찾아도 그것이 100배 주식이 되기 위해서는 충분한 성장 시간이 필요하기 때문에 타임캡슐에 담아두듯 장기 보유해야 한다.

독자들이 이 책에서 설명한 방법을 제대로 실천하기 힘들 수도 있다. 많은 연구를 통해 정말 좋은 기업인가에 대한 확신이 필요하고, 그 확신의 강도가 여타 기업보다도 훨씬 커야 한다(이 책을 번역하면서 필립 피셔가 쓴 『위대한 기업에 투자하라』라는 책이 자연스레 떠올랐다). 좋은 기업에 대한 확신을 기반으로 주식을 싸게 사는 것이 필요하다. 주식을 보유하는 와중에 주식 시장 내 가격 변동성뿐만 아니라 기업 성장 주기상의 저성장 혹은 역성장 국면도 이겨내야 한다.

저자가 책에서 밝혔듯이 100배 주식을 만들어 내는 마법 공식은 없다. 우리는 부자가 늘 소수임을 잊지 말아야 한다. 부자가 되는 쉬운 방법이 있다면, 이 세상은 부자로 넘쳐날 테고, 그런 일이 일어나도 그중에서 진짜 부자를 따지게 될 것이다. 즉, 부자는 어디에서나 소수고, 그 소수가 되기 위한 투자는 늘 어려울 수밖에 없다. 하지만 그 과정을 이겨낸다면 그 어떤 것보다도 달콤한 결실을 맛볼 수 있다. 100배라는 듣기만 해도 심장이 뛰는 결과가 기다리고 있는 것이다.

이 책에 소개하는 100배 주식을 찾는 방법은 상당히 효과적이고, 또 저자가 관련 개념과 실행 방안도 쉽게 설명하고 있어 받아들이기 어렵지 않다. 무엇보다도 100배 주식을 찾아가는 세부 원리를 초보자도 이해하기 쉽게 단계별로 설명하고 있다는 것이 이 책의 가장 큰 장점이다. 한국 투자자에게도 익숙한 미국 대기업뿐만 아니라 중소기업의 사례가 다수 나오기 때문에 실제 적용 과정도 체험할 수 있다.

이 책을 가장 잘 활용하는 방법은 100배 주식이라는 제목에 얽매이지 말고 좋은 주식을 발견하는 원리와 방법에 집중하는 것이다. 100배 주식은 목표가 아닌 좋은 기업을 발견하고 장기 보유함으로써 이루어지는 결과라는 측면에서 접근해야 한다. 모쪼록 이 책이 독자 여러분의 투자 여정에서 좋은 벗이 되길 바란다.

하나 걱정스러운 것은 내가 전문 번역가가 아니라 한국어로 번역하는 과정에서 매끄럽지 않은 부분이 있을 수 있다는 것이다. 책의 내용이 제대로 전달되지 못했다면, 번역자의 역량 부족 탓일 것이다.

회사 일을 마치고 늦은 밤과 주말에 책을 번역하느라 1년 반이라는 시간이 흘렀다. 긴 시간을 참아준 출판사와 블로그 이웃님들 그리고 책을 번역하는 데 도움을 준 김수환[DLB]님께 감사의 말씀을 전한다. 무엇보다도 가장 큰 응원을 해 준 현명한 아내 심춘희와 세상에서 가장 사랑하는 아들 송여민[a.k.a 와이민], 그리고 나를 세상에 존재하게 해주신 부모님과 형·동생, 장인·장모 등 처가 식구들에게도 고마움을 전한다.

"당신들이 저를 채워줍니다[You complete me]."

CONTENTS

한국어판 저자 서문	6
역자 서문	10

제1장 100배 주식이란 무엇인가?

	19
문제는 곧 투자 기회다	22
펠프스가 멈춘 곳에서 다시 시작하기	29

제2장 누구나 할 수 있다

	31
1만 달러를 100만 달러로 바꾼 365개의 주식	33

제3장 커피캔 포트폴리오

	41
극단적인 커피캔 포트폴리오	45
100배 투자의 가장 큰 장애물	54
대재앙을 대비하는 커피캔	56
커피캔 포트폴리오에 대한 각주	61

제4장 100배 주식의 법칙

	65
토니의 100배 주식	66
초소형주와 100배 주식	70
100배 주식의 연금술	71
마텔리의 10배 주식	75
하이저만의 이익 계단	76

제5장
지난 50년간의
100배 주식

	81
실제 사례들	89
요약	125

제6장
100배 주식의
열쇠

	127
높은 ROE 주식 중에서 100배 주식 찾기	131

제7장
소유자-
경영자를 어떻게
볼 것인가?

	139
백만장자에게 돈을 걸기	144
부가 부를 낳는다	152

제8장
아웃사이더
최고의 CEO들

	155
다음 아웃사이더	162

제9장
18,000배
주식의 비밀

	169
다음 20년 동안의 버크셔 해서웨이들	174

제10장
얼마나 투자해야 하는가?   179
켈리의 후손들?   184

제11장
자기 주식 취득 수익 가속화   187
자기 주식 취득: 현대판 톤틴   190

제12장
경쟁자 몰아내기   195
해자에 대한 모부신의 생각   202
평균 회귀 극복하기   204

제13장
100배 주식들에 대한 다양한 심리 상태   209
수익을 쫓지 마라   211
따분해 하지 마라   216
속지 마라: 사기를 피하라   221
예방 조치들   227
예측가를 무시하라   228
내가 뉴스레터를 10년 넘게 쓰면서 배운 것   235
100배 주식과 그 밖의 이야기들   238
실패한 주식은 어떤가?   246

제14장
다음 대공황이 왔을 경우

	247
마티 휘트먼: 시장의 회복	249
저명한 경제학자가 올바르게 사고 보유하는 법을 배우다	251
플로이드 오들럼: 어려운 시기에 최상의 결과를 얻기	259
어느 월스트리트 트레이더의 대공황 회상	261
존 딕스: 부채를 피하라	265

결론
100배 주식 정리

	269
100배 주식을 찾는 핵심 원리들	275
글을 마치며: 마법 공식은 없다	303

부록 1	리뉴얼 기념 저자와의 인터뷰	304
부록 2	한국의 100배 주식 전 종목 리스트	319

일러두기

1. 한글 전용을 원칙으로 하고, 필요한 경우에 원어나 한자를 병기했다.

2. 인명·지명 등의 외래어 표기는 국립국어원에서 규정한 외래어 표기법에 따라 우리말로 표기하되, 관행으로 굳어진 경우는 예외를 두었다.

3. 책·신문·잡지 등은 『　』, 논문·영화·TV 프로그램 등은 「　」으로 표기했다.

4. 국내 출간 도서는 출간 제목을 그대로 따랐고, 미출간 도서명은 최대한 원제에 가깝게 옮겼다.

제1장

100배 주식이란 무엇인가?

『이상한 나라의 앨리스』에는 같은 자리를 지키고 있으려면 빨리 달릴 수 밖에 없다는 말이 나온다. 그간의 경험에 비추건데, 주식 시장에서는 빨리 달리기 위해서는 굳건히 자리를 지켜야 한다.

- 토머스 펠프스, 『주식 시장의 100대 1』

이 책은 가치가 100배가 되는 주식에 관한 책이다. 100배 주식은 1만원을 투자하면 100만원으로 돌려받는 주식으로, 1,000만원을 투자하면 10억원이 된다는 것을 의미한다. 이 책을 통해 나는 이러한 주식을 찾는 법을 알려주려고 한다. 이 말이 어떻게 들릴지 안다. 아마 '포커 게임에서 로열 플러시를 끌어내는 법'처럼 극도로 낮은 확률의 현실성 없는 말처럼 들릴 것이다. 얼마 전까지 나도 그렇게 생각했다. 그러나 나는 100배 주식을 파고들어 공부하기 시작했고 명확한 패턴을 발견했다.

이 책을 통해 무엇을 얻을 수 있는가?

- 100배 주식의 주요 특징을 알 수 있다. 산을 오르는 방법은 다양한데, 어떤 길들이 있는지 알게 된다.
- 왜 누구나 100배 주식을 찾아 좋은 투자를 할 수 있는지 배우게 된다. 진정으로 보통 사람을 위한 방법이다. MBA나 재무 학위는 필요없다. 기본적인 금융 개념만 알면 된다.

- 주식 투자에서 더 많이 얻을 수 있게 도와주는 수많은 지지대나 기술을 공유하려 한다.
- 늘 실용성을 염두에 두었다. 요점을 쉽게 이해하도록 돕는 여러 이야기와 일화를 담았다.

만약 주식에서 더 많은 수익을 이끌어내고 싶다면 계속 이 책을 읽으면 된다. 설령 100배 주식을 찾지 못하더라도 높은 수익률의 주식을 찾고, 아무 성과 없는 지루한 주식에서 멀어지는 데 도움이 될 것이다. 만약 성장 여력이 제한되어 있는 유틸리티 주식에 투자하려는 것이라면 여기서 책을 덮으면 된다.

이 책을 읽고 나면 분명 주식 투자에 대한 생각이 바뀔 것이다. 여러 문제를 보는 눈도 달라질 것이다. 새로 열릴 가능성이 활기와 흥분을 가져주길!

100배 주식을 찾는 구체적인 방법으로 들어가기 전에, 전체 내용의 틀을 잡는 데 도움이 되는 배경 설명을 해 보려 한다.

이 책의 이야기는 2011년에서 시작한다. 그해 나는 투자자 척 아크리 Chuck Akre가 컨퍼런스에서 했던 발표문을 읽었다(척 아크리는 위대한 투자자다. 이 책의 마지막 장에서 그를 다시 만나게 될 것이다). 그의 강연 제목은 '투자자의 오딧세이: 뛰어난 투자를 위한 탐색'이었다.

그의 말을 들어보자.

1972년, 저는 굴지의 투자 전문 주간지 『배런스 Barron's』에 소개된 토머스 펠프스Thomas Phelps의 저서 『주식 시장의 100대 1』을 읽었습니다. 그는 최초 가격의 100배를 얻는 투자법을 분석해서 내놓았습니다. 펠프스는 그다지 유명하지 않은 보스턴의 일개 투자 매니저였지만, 분명 엄청난 아이디어를 가지고 있었고 그것을 책에 풀어 놓았습니다. 이 책은 제가 복리 자본compounding capital에 집중하도록 해주었습니다. 보스턴 사람이라면 아마 모두들 10배 주식을 자주 이야기한 피터 린치를 알고 있을 겁니다. 펠프스는 '100배 주식'을 이야기합니다. 왜 그의 이야기에 귀를 기울여야 할까요? 펠프스는 투자자가 가진 돈을 실제로 100배로 만들 수 있었던 사례들을 제시했습니다. 더 나아가 그는 이러한 일을 가능하게 하는 몇 가지 특성들도 제시했습니다.

나는 모든 투자의 고전과 잘 알려지지 않은 책들까지도 읽었지만, 펠프스의 책은 들어본 적이 없었다. 그래서 곧바로 한 권을 구해서 읽기 시작했고, 지금은 내가 가장 좋아하는 투자 서적 중 하나가 되었다. 그해 12월, 나는 내 뉴스레터의 독자를 위해 다음과 같은 이야기를 썼다. 이 글로 펠프스의 논의와 앞으로 이 책에서 살펴볼 개념들을 소개하려 한다.

문제는 곧 투자 기회다

인간 사회의 모든 문제는 해결책을 먼저 알아낼 수만 있다면 전부 투자 기회가 됩니다. 도둑이 없다면, 누가 자물쇠를 살까요?

한 노년의 신사가 내게 말했다.

조금 전, 이 현명한 분을 만났다. 그는 투자에 대한 지혜로 충만했고, 소수의 팬을 제외하고는 별로 알려지지 않은 사람이다. 그의 이름은 토머스 펠프스로 상당한 경력을 가지고 있었다. 그는 『월스트리트 저널Wall Street Journal』의 워싱턴 지국장, 『배런스』의 편집장, 중개 회사의 임원, 포천Fortune 500에 포함되는 회사의 연구 부서 책임자 그리고 스커더, 스티븐스 앤드 클라크Scudder, Stevens & Clark(후에 도이치방크Deutsche Bank에 인수되었다)의 임원이었다. 그는 시장에서 42년간 다양한 경력을 쌓은 후 매사추세츠주의 섬 낸터킷에서 은퇴했다.

그 과정에서 펠프스는 투자에 대해 몇 가지를 알게 되었다. 그는 1달러를 투자할 때 100달러로 돌려받을 수 있는 주식에 대한 흥미진진한 연구를 했다. 2배도 3배도 아니고 100배다. 펠프스는 이런 주식을 수백 개 발견했다. 한 해에만 한 무더기씩 발견되었으니 그것들은 샀더라면 100배의 수익을 누릴 수도 있었으리라.

펠프스와의 대화는 요지가 간단했다. 찾는 것도 중요하지만 산 것을 보유하고 있는 것이 진짜 중요하다. 요점은 '올바로 매수하고 계속 보유하라'였다.

사실을 직시합시다. 투자의 상당 부분은 본능적으로 이루어집니다. 물고기가 움직이는 미끼에 달려들게 하는 그런 본능 말입니다.

투자자는 움직이고 있는 것을 너무 덥석 물어버리고, 어디 가지도 않을 주식인데 가만히 앉아 있지를 못한다. 또 그들은 주식이 자기 생각과 반대로 움직이면 인내심을 잃어버린다. 이는 잦은 매매로 이어지고, 결국 진정으로 거대한 수익을 놓치게 된다.

투자자는 움직임을 갈망하고, 월스트리트는 그 위에 세워졌다. 언론은 매일 중요한 뭔가가 발생한 것처럼 보이게 만들면서 상황을 악화시킨다. 매회 수십억의 주식 주인이 바뀐다.

그러나 투자자는 움직임과 결과를 구분해야 한다. "어렸을 때 아버지가 고용한 목수의 슬기로운 말이 떠오릅니다. '깎아낸 부스러기가 많다는 것은 좋은 일꾼이 아니란 뜻이다.'" 펠프스는 이런 지혜를 가진 분이다.

펠프스는 말을 계속 이어갔다.

투자자들은 분기마다, 혹은 해마다 성과를 측정해야 한다는 무의미한 생각에 너무 정신이 팔려 있습니다. 그중 대부분은 만약 투자 자문사나 포트폴리오 매니저가 1년 혹은 2년 이상 성과가 부진한 주식을 처분하지 않으면 길길이 날뛸 것입니다.

투자자는 시장 가격이 아니라 사업에 초점을 맞춰야 한다. 펠프스는 내게 많은 회사들의 재무 기록을 보여 주었다. 주당 순이익 Earning Per Share, EPS, 자기자본이익률 Return on Equity, ROE 등과 같은 것들 말이다. 사례를 하나 다룬 후 그가 물었다. "이 수치들만 보는 사업가는 주식을 샀다 팔았다 할까? 저는 그렇게 생각하지 않습니다." 주식을 그저 깔고 앉았다면 부자가 되었을 것이다.

바로 이것이 핵심이다. 펠프스는 좋은 회사의 주식을 매도하는 것을 좋아하지 않는다. 그는 친구인 투자자 칼 페팃$^{Karl\ Pettit}$이 몇 년 전 중개 사업을 시작하기 위해 IBM 주식을 팔았던 이야기를 했다. 페팃은 그 주식을 100만 달러에 팔았는데, 그 정도 지분이었으면 결국 20억 달러 가치까지 갔을 것이다. 그가 중개 사업을 하면서 번 것보다 훨씬 많은 금액이다.

펠프스는 7,415달러라는 턱없이 비싼 의료비를 지불하기 위해 1954년에 폴라로이드^{Polaroid} 주식을 팔았던 이야기도 해 주었다. "여기 그 매도 확인증이 있습니다"고 말하며 그는 자신의 어리석음을 기억하기 위해 그것을 여태 보관하고 있다고 했다. 20년이 채 되지 않아 폴라로이드 주식의 가격은 84만 3,000달러까지 올랐다. 엄청나게 값비싼 치료였던 것이다.

펠프스는 시장 타이밍을 예측하는 것에도 반대한다. 그는 자신이 어떻게 다양한 약세 시장을 예측했는지 말해 주면서 이렇게 말했다.

그렇지만 약세 시장을 정확하게 예측하는 대신 주식 가격이 떨어지는 상황을 이용해 1만 달러를 100만 달러로 만들어 줄 수 있는 주식을 찾는데 더 집중했더라면 훨씬 좋았을 것입니다.

약세장을 두려워한 탓에 그는 100배 수익을 낼 수 있는 기회들을 놓쳤다. "약세장에서 피어나는 연기는 우리 눈을 가립니다"며 그는 시장 타이밍에 너무 몰두하면 좋은 주식을 살 기회를 날린다고 말했다.

칼로 흥한 자는 칼로 망합니다. 경험 많은 투자자들이 주식 시장의 가격 변동 속에서 도박을 하는 것에 눈살을 찌푸리는 이유는 그들이 돈을 싫어하기 때문이 아니라 경험과 역사 모두를 통해 지속되는 부는 그렇게 만들어지지 않는다고 확신하기 때문입니다.

펠프스는 작은 표를 보여 주었는데, 그 표에는 주식이 100배가 되기 위해 연간 몇 퍼센트의 수익을 몇 년이나 유지해야 하는지 적혀 있었다.

수익률	100배가 되는 기간
14.0%	35년
16.6%	30년
20.0%	25년
26.0%	20년
36.0%	15년

표를 보면 100배가 되는 기간이 꽤 길다는 것을 알 수 있다. 특히나 평균 주식 보유 기간을 월 단위로 쪼개는 오늘날에는 더더욱이나 길다. 그러나 그게 핵심이다. 가장 큰 부는 이를 악물고 기다려야 만들어진다.

또한 100배 주식에는 상당히 높은 장애물이 있음도 알 수 있다. 오랜 기간 동안 높은 성장이 필요하다. 예를 들어 트랙터 서플라이Tractor Supply는 수익이 연간 23퍼센트 증가했고 12년 만에 100배 주식이 되었다. 나중에 살펴볼 몬스터 베버리지Monster Beverage는 10년 만에 100배 주식이 되었는데, 이는 연평균 50퍼센트의 성장률이 필요한 놀라운 위업이다.

펠프스는 새로운 방법, 새로운 소재, 새로운 제품을 찾으라고 조언한다. 삶을 개선하고, 문제를 해결하고, 무엇인가를 빠르고 저렴하며 더 잘

할 수 있게 해 주는 것들을 찾으라는 뜻이다. 펠프스의 방식에는 존경할 만한 도덕적 측면도 있다. 그는 인류에 좋은 일을 하는 회사에 투자해야 함을 강조했다. 그러기 위해서는 과거의 수치 너머를 보아야 한다.

월스트리트에는 상황이 통계보다 낫다는 격언이 있다. 이미 발표된 성장 추세와 수익성 그리고 주가수익배수 등에 의존하는 것은 회사가 향후 몇 년 동안 어떻게 가치를 창출할 수 있는지 이해하는 것만큼 중요하지는 않다.

펠프스는 주식을 맹목적으로 보유하는 것을 지지하지도 않는다고 덧붙였다.

> 올바로 매수하고 계속 보유하라는 내 충고는 비생산적인 활동을 경계하라는 의도이지 주식을 단순히 처박아 놓고 잊어버리라는 것이 아닙니다.

100배 수익이 나지 않으면? 펠프스 강의의 정수는 매일매일의 잔파도를 잊고 복리의 힘에 관심을 집중하는 것이다. 100배 주식의 일부만을 달성하더라도 그 수익은 결국 노후를 준비하는 데 충분한 자금이 된다.

100배 주식을 보유했었는데 시장 타이밍을 재거나, 혹은 샀다 팔았다를 했기 때문에 수익을 거둬들이지 못했다는 것은 일종의 비극이다. 주식은 때때로 본격적으로 상승하는 데 오랜 시간이 걸린다. 펠프스는 수년간 움직이지 않거나 하락했지만 결국 100배 주식이 된 사례를 무수히 제시했다.

"투자의 기본 원칙 중 하나는 절대로 투자가 목적이 아닌 투자를 하지 말라는 것입니다." 펠프스의 조언이다. 주가가 출렁거리고 있기 때문에, 또는 자본 이득을 실현하여 다른 손실을 상쇄하기 위해 주식을 팔지 마라. 드물지만 팔아야 할 때가 있는데, 그것은 실수했음이 명확해질 때다. 펠프스에 따르면 모든 매도는 실수했음을 고백하는 일이라고까지 말할 수 있다. 그리고 주식을 보유했던 기간이 짧을수록 주식을 매수할 때 더 커다란 실수를 한 것이다.

나는 펠프스의 생각에 격하게 동의한다. 물론 실행하기 어려운 생각이다. 그러나 어떤 사람은 실행했다. 그는 주식을 매수하고 보유하여 부자가 된 개인, 예전 고객 그리고 오랜 친구들의 경험을 이야기해 주었다. 펠프스는 이런 통찰력을 좀 더 젊을 때 배웠더라면 좋았을 것이라고 아쉬워한다.

이쯤에서 고백할 것이 하나 있다.

나는 펠프스를 실제로 만난 적이 없다. 그는 1992년에 90세의 나이로 세상을 떠났다. 앞의 모든 인용문은 대화가 아닌 1972년 출간된 『주식 시장의 100대 1: 뛰어난 증권 분석가가 알려주는 투자 수익률 높이는 법_{100 to 1 in the Stock Market: A Distinguished Security Analyst Tells How to Make More of Your Investment Opportunities}』에서 나왔다.

2011년, 나는 그 책을 22달러 주고 샀다. 이 잊혀진 책은 고전의 반열에 올라야 한다. 100배의 수익을 안겨 주는 주식을 알려 준다는 말을 의심하여 이 책을 놓치지 마라. 중요한 것은 그러한 수익이 어떻게 만들어지고 투자자가 이를 얻기 위해서는 어떻게 해야 하는지다. 목표에 조금 더 가까이 다가가는 것으로도 결과는 좋아질 것이다.

펠프스는 다음과 같이 적었다.

골프의 경우 채를 쥐는 방법과 자세를 조금만 바꿔도 훨씬 잘 칠 수 있게 됩니다. 보유를 목적으로 매수해야 함을 조금 더 강조하고, 매도의 유혹에 빠지지 않도록 조금 더 결심하는 것만으로도 포트폴리오가 훨씬 풍성해집니다. 『이상한 나라의 앨리스Alice in Wonderland』에는 같은 자리를 지키고 있으려면 빨리 달릴 수밖에 없다는 말이 나옵니다. 그간의 경험에 비추건대, 주식 시장에서는 빨리 달리기 위해서 굳건히 자리를 지켜야 합니다.

멋진 말이다. 두말할 것도 없이 펠프스의 책을 추천한다. 읽는 즐거움이 있고 무엇보다 좋은 생각, 비유, 그리고 이야기로 가득하다. 오랜 기간 절판되어 있었지만 2015년 1월 에코 포인트 북스Echo Point Books에서 다시 발행했고, 이제는 아마존Amazon에서 쉽게 구할 수 있다(아마존도 100배 주식이다. 4장에서 보게 될 것이다).

펠프스가 멈춘 곳에서 다시 시작하기

펠프스의 책은 1932년부터 1971년까지의 100배 주식을 연구했다. 이 책은 모든 100배 주식을 다루지는 않는다. 너무 작은 주식은 제외하여 연구를 적절하게 제한했기 때문이다(그리고 아마도 모든 100배 주식을 다 알 수 있을 정도의 자료도 없었을 것이다). 확실한 목록을 제시하기도 생각보다 쉽지 않다. 수익률을 측정하는 방법에도 난관이 있다. 예를 들어 주가를 어떻게 측정할 것인가? 매년, 매분기, 매일, 매시간? 주식이 잠시 동안만 100배에 도달할 수도 있기 때문에 어떻게 측정하느냐에 따라 다른 결과가 나온다.

이런 한계들이 있기는 하지만, 펠프스의 책에는 365개 이상의 주식을 나열하고 있다. 가장 최근의 100배 주식은 1967년에 시작되었고, 불과 4년 만에 100배의 수익을 올렸다. 그러나 1971년에서 끝난다.

나는 펠프스의 연구를 갱신하기로 마음먹었다. 스트링 어드바이저String Advisors의 스티븐 존스Stephen Jones와 함께 1962년부터 2014년까지의 모든 100배 주식을 데이터베이스로 만들기 시작했다. 배당금을 재투자한다고 가정했고, 소형 주식도 적절히 제외했다. 우리는 100배로 상승하기 이전에, 현재 달러로 시가 총액 5,000만 달러 이상의 주식을 살폈다. 엄청나게 힘든 일이었다. 단지 데이터를 얻기위해서만도 5만 달러 이상이 들어갔다.

내 목표는 그때도 지금도 단순하다. 100배 주식은 어떤 공통점이 있는지 찾는 것이다. 나는 오늘날 시장에서 이러한 통찰력을 발휘하기 위해서라도 이 엄청난 성과가 어떻게 가능했는지 알고 싶다.

이 연구는 펠프스 업적을 업데이트하는 것이다. 펠프스가 쓴 많은 것을 보강한다. 컴퓨터 성능이 펠프스가 사용하던 것보다 월등히 뛰어나기 때문에 많은 새로운 통찰을 얻을 수 있으리라.

이 책을 펠프스에게 바친다. 자, 이제 시작해보자.

제2장

누구나 할 수 있다

주식의 가격은 연구 파일의 두께에 반비례한다. 가장 두꺼운 파일은 보통 가장 골칫거리인 주식을 다룬다. 그런 주식은 바닥까지 떨어지기 마련이다. 잘 이해되는 주식은 파일이 얇다.

- 마틴 소스노프, 『월스트리트의 겸손』

• ◆ •

젊은 시절의 나는 훌륭한 투자가 무엇인지에 대해 강한 선입견이 있었다. 훌륭한 투자란 장기적이며 펀더멘털에 집중하는 것이라 생각했다. 워런 버핏Warren Buffett과 수많은 뛰어난 투자자를 길러 낸 벤저민 그레이엄Benjamin Graham과 데이비드 도드David Dodd의 명저 『증권 분석Security Analysis』에서 자라난 나무 같은 믿음이었다. 이 지적 전통을 따르지 않는 사람은 잘못된 길을 가는 것이라고 믿었다.

나는 더 이상 그것만이 진리라고 믿지 않는다. 나는 좋은 피자를 만드는 방법이 여러 가지인 것처럼 시장에서 돈을 벌 수 있는 방법도 다양하다고 생각한다. 그렇지만 좋은 재료만 있다면 대부분 사람이 맛있는 피자를 만들 수 있는 레시피는 있다.

시장에는 눈이 휘둥그레지는 성공담이 많다. 『시장의 마법사들Market Wizards』에 나오는 저명한 트레이더 짐 로저스Jim Rogers, 폴 튜더 존스Paul Tudor Jones, 마이클 슈타인하트Michael Steinhardt뿐만 아니라, 『나는 주식 투자로 200만불을 벌었다How I Made $2,000,000 in the Stock Market』로 유명한 괴짜 무용수 니콜라스 다비스Nicolas Darvas도 있다. 나는 그들이 별로 흥미롭지 않다. 여러 이유가 있지만, 가장 큰 이유는 그들이 기인(奇人)이기 때문이다. 엄청난 이익을 낸 사람들이지만 그 과정을 따라하기 힘들다. 특히나 대부분의 보통 사람은 말이다.

금융 기인들의 통찰을 사용하여 일반인이 실제로 성과를 거둘 수 있는지 믿기 어려웠다. 오히려 그런 방법을 따르면 파멸할 것 같다는 생각이 들었다. 펠프스가 다른 지점이 바로 이것이다. 다음 장에서 보겠지만 누구나 100배 주식에 투자할 수 있고, 많은 일반인들이 투자했다. 누구나 100배 주식을 발견할 수 있고, 혹은 얼마든지 그에 가까운 주식을 발견할 수 있다. 50배를 벌든, 심지어 10배밖에 못 벌든 누가 불평하겠는가? 내가 아는 대부분의 투자자는 몇 년 안에 돈이 2배만 되어도 기뻐한다. 100배 주식의 위대한 성공과 그 밑에 놓인 원리를 공부하는 것은 단지 100배 주식만이 아니라 오늘날 성공 주식을 찾는 데 도움이 된다. 이 책의 핵심으로 들어가기 전에 나는 그 기본 원리 몇 가지에 대해 이야기하고자 한다.

1만 달러를 100만 달러로 바꾼 365개의 주식

우리는 365개의 주식을 찾아냈다(우연하게도 펠프스가 다른 기간 동안 했던 연구에서 발견한 숫자와 동일하다). 이는 우리가 데이터베이스를 만든 이후 6개월 동안 조사했던 주식의 주요 모집단이었다.

내가 하려 했던 것이 무엇이고 하고 싶지 않은 것이 무엇인지 미리 밝혀두려고 한다.

이 책에서 하는 것과 같은 연구에는 심각한 제약 혹은 문제들이 있다. 하나는 내가 오로지 엄청난 성공 사례만 보고 있다는 것이다. 여기에는 사후과잉확신편향, 즉 지금 시점에서 보기엔 너무나 당연해 보이는 현상이 있다. 또 하나는 생존편향인데, 그 시점에 비슷한 특성을 가지고 있는 다른 회사도 있었지만 100배의 수익을 내는 데는 실패했을 수 있다. 나는 이런 문제를 인지하고 있고, 그것을 교정하기 어렵다는 것도 안다.

뉴스레터 독자 중 통계학자 한 명이 친절하게도 나를 도와주겠다고 나섰다. 나는 기꺼이 100배 주식 데이터를 공유했는데, 그는 그것을 보고 대경실색했다. 그는 짧은 이야기로 내가 하려는 일이 어떤 것인지 말해주었다.

농구 선수의 키가 왜 그렇게 큰지가 궁금하다고 해봅시다. 그래서 NBA 선수들의 DNA와 혈액 샘플을 채취했다고 합시다. 여기에는 중요한 무엇인가가 누락되어 있습니다. 바로 키가 크지 않은 모든 사람의 데이터입니다!

이는 분명 사실이다. 어느 정도까지는 말이다. 나는 오로지 100배 주식만 살펴보는 것이지, 그렇지 않은 주식은 보지 않는다. 그러나 이 책에서 내가 제시하려는 것은 일련의 통계적 추론이 아니고 100배 주식을 식별하는 데 사용할 수 있는 일련의 원칙이다. 만약 생산적인 야구 선수의 뒤에 놓여 있는 법칙을 살펴보는 마이클 루이스Michael Lewis의 『머니볼Moneyball』을 읽은 사람이라면 이것이 나름의 가치가 있는 일임을 알 것이다.

내가 공유할 원칙들은 논리적으로 부인할 수 없는 진실이다. 이 원칙들 없이 100배 주식을 얻을 수 없다. 이 책을 읽다보면 더 분명하게 알 수 있을 것이다.

통계 분석에서 어떤 교훈을 끄집어내는지만 조심하면 된다. 그래서 나는 펠프스의 작업이 원래 추구했던 바에 조금 더 충실했다. 그의 작업은 통계적이기보다 일화적이었다. 그는 상식과 기본적인 진리에 크게 의존했다. 이는 윌리엄 손다이크(William Thorndike)의 명저 『아웃사이더(The Outsiders)』를 떠오르게 한다. 이 책은 뒤에서 더 다룰 예정이다.

내 연구는 여러 면에서 유용할 것이다. 그러나 과학적 또는 통계적인 연구를 의도하지는 않았다. 이론의 여지는 있지만 투자는 과학보다는 기술에 가깝다. 만약 투자에서 통계가 전부라면 최고의 투자자는 아마 통계학자일 것이다. 그렇지 않다는 것은 분명하다.

명백한 법칙과 증거를 찾으려는 것이 아니라 통찰력과 지혜를 구하고 있는 것이다.

1만 달러를 투자하고 몇 년 후에 100만 달러를 버는 것은 일반인은 구사할 수 없는 마법처럼 들린다. 그래서 펠프스는 누구나 100배 주식을 찾아 투자할 수 있음을 강조했다. 그 방법 중 하나가 100배의 수익을 달성했던 실제 보통 사람의 사례를 제시하는 것이었다.

나도 제법 많은 사례를 알고 있다. 내가 100배 주식 프로젝트를 시작하고 그것에 대해 쓰기 시작했을 때, 100배 수익에 성공한 사람의 이메일을 많이 받았다. 사람들이 자신들의 이야기를 말해 주었다. 이 사례 중 하나를 미리 공유하는 것도 나쁘지 않을 것 같다. 보통 사람들도 할 수 있는 일이라는 것이 분명해질 테니까. MBA 학위나 헤지 펀드에서 일할 필요가 없다. 앞으로 보게 되겠지만 사람들의 경험에서 도출한 교훈은 정확히 이 책에서 하려는 이야기와 같다.

이메일 하나를 보자.

30년 동안 공격적인 투자가이자 트레이더였던 저는 이 100배 주식 접근법과 철학이 평생 투자의 방법이 되어야 한다는 것을 깨닫게 되었습니다. 젊을 때 이 방법을 받아들일 수 있게 적절한 멘토링을 받았더라면, 만약 제가 일을 시작했을 때 이 방법을 알았더라면, 저는 더 부자가 되었을 뿐만 아니라 평생 삶의 질이 크게 향상되었을 것입니다.

저는 성공담도 실패담도 많습니다. 컴퓨터 스크린에서 눈을 떼지 못하고 내 주식과 매매를 모니터링 하는데 수많은 나날을 허비했습니다. 투자와 투기의 경력을 통틀어 제대로 돈을 번 것은 장기 투자에서였습니다.

그래서 열심히 노력하는 젊은이가 투자에 대한 조언을 구한다면 이렇게 말하겠습니다. "시장을 연구하고 다른 회사와 산업을 크게 능가하는 잠재력을 가진 장기적인 기업에 투자하라. 그리고 투자에 대한 생각이 바뀌지 않는 한 주식을 계속 보유하라. 매매를 잊어 버리고 매매를 모니터링하는 데 쏟았을 시간을 가족에게 사용하라."

쉬워 보이지만 실제로 달성하는 사람은 거의 없습니다.

내가 하려는 이야기를 잘 담고 있는 사례가 있습니다. 1992년 1월, 『배런스 라운드테이블Barron's Roundtable』을 읽었는데, 거기서 펠릭스 줄라우프Felix Zulauf는 중국 성장의 열매를 함께 누릴 수 있는 훌륭한 방법으로 포타시 오브 서스캐처원Potash of Saskatchewan, POT 주식을 추천했습니다. 그 말이 합리적이라 생각했기에 그 주식을 조금 매수했습니다. 가격은 주당 2달러였고 성과는 아주 좋았습니다. 3년 동안 주식을 가지고 있었는데 4~5배가 되었습니다. 저는 제 자신의 예리한 통찰에 뿌듯해 했습니다. 하지만 그 주식은 결국 성장이 멈추었고 1996년 즈음 제자리걸음에 지쳐 주식을 팔았습니다. 여기서 기억해야 할 것은 투자에 대한 생각은 바뀌지 않았다는 것입니다. 그런데도 저는 새로운 행동을 하고 싶어 안달이 나있었습니다.

그 주식을 2007년에 금융 위기 전까지 보유했더라면 100배 주식이 되었을 것입니다. 만약 누군가가 훨씬 더 일찍 매수했다면 200배 이상의 주식이었을 것입니다. 교훈은 간단합니다. 원래 투자에 대한 생각에 충실하고 그것이 변하지 않으면 그대로 보유하십시오. 저는 100배 주식을 연구하려는 당신의 프로젝트가 성공할 가능성이 매우 높다고 생각합니다. 좋은 주식의 공통점을 확인하고 충분한 연구를 통해 확신을 가진 후에는 매수하고 그대로 보유해야 합니다.

뼈아픈 경험에서 우러나오는 좋은 이야기이지 않은가. 이 책에서 다루어지는 여러 중요한 주제가 그의 이야기 속에 녹아 있다. 나는 내 16살 아들과 13살 딸에게도 이 편지를 읽게 해서 아빠만 이렇게 말하는 것은 아님을 알게 해주려고 한다.

다른 이메일도 하나 보자.

어린 시절 아버지는 할머니가 자꾸 눈이 침침하고 백내장이 있다며 불평하는 것을 못마땅해 했습니다. 할머니가 본인이 산 엑손모빌ExxonMobil 주식을 확인할 때는 『월스트리트 저널』의 그 작은 글씨를 잘 만 읽더라는 것입니다. 이는 1972년 즈음의 일이었는데 어쩐지 여전히 내 마음 한 켠에 남아 있습니다.

100배 주식이 불가능한 목표라고 생각한다면 내가 어린 아이였던 당시에 엑손모빌 주식을 사들이기 시작했다고 생각해 보십시오. 그러기 위해서 천재이거나 좋은 주식을 고르는 유전자를 가질 필요는 없었습니다. 그저 100년에 육박하는 시간 동안 세계에서 가장 컸던 석유 회사의 주식을 사기만 하면 됩니다. 그저 눈을 가리고 일생에 걸쳐 계속 사들이는 것입니다. 엑손모빌은 상당히 보수적인 대차대조표를 가지고 있으니 스트레스도 없고 똥줄이 탈 일도 없으며 아슬아슬한 줄타기도 없었습니다. 그래서 1971년 당시 1달러였던 엑손모빌 주식은 현재 얼마의 가치가 있을까요? 내 계산에 의하면 418달러이고, 거기에 더해 그 시간 동안 알차게 배당금을 받았을 것입니다.

놀랍지 않은가? 누구나 하나쯤 이런 이야기거리가 있을 것이다. 너무나 흥미진진하니 하나 더 살펴보자.

시애틀 중심가에 있는 광고판에 "마지막에 나가는 사람은 불을 꺼 주시겠습니까?"라고 박혀 있던 1969~1970년 즈음, 내 친구는 시애

틀의 아파트를 팔았고 세후 약 10만 달러의 자금을 확보했습니다. 그는 보잉Boeing이 지금보다 나빠질 수는 없다고 생각해서 주당 9.5달러에 1만 주를 샀습니다. 약 10년 동안 그는 처음 주식을 살 때 지불했던 금액만큼을 매년 배당금으로 받았습니다. 이 주식은 수년에 걸쳐 모든 배당금과 주식 분할을 고려했을 때 100배 이상의 주식이 었습니다. 2002년이 되어도 아마 여전히 주식을 한 주도 팔지 않았을 것입니다.

여기서 핵심은 자리를 지키고 있어야 한다는 것이다. 1970년 이후 보잉 주식을 팔 만한 이유는 수없이 많다. 인플레이션, 전쟁, 금리에 대한 걱정, 경기 불황 등 팔아야 하는 이유의 목록은 항상 길다. 그러나 당신이 주식을 올바르게 선택했다면 계속 보유하고 있는 것이 낫다.

뛰어난 투자자인 크리스 미틀맨Chris Mittleman의 주주 서한에 실린 일화 하나가 생각난다. 이 일화의 발췌가 『밸류 인베스터 인사이트Value Investor Insight』에 실렸는데, 천천히 음미해 보자.

친구 중 하나가 1972년에 당신에게 워런 버핏을 소개하면서 "나는 지난 10년간 버핏에게 투자하는 행운을 누렸어. 너도 그와 함께 투자해야 해"라고 말했다고 상상해 보자. 그래서 당신은 워런 버핏을 살폈고, 그의 투자 회사인 버크셔 해서웨이Berkshire Hathaway의 주가가 1962년 약 8달러에서 1972년 말 80달러로 상승한 뛰어난 성과를 보였음을 알게 되었다. 깊은 인상을 받은 당신은 1972년 12월 31일에 주식을 80달러에 매수했다. 3년 후인 1975년 12월 31일, S&P 500 지수가 14퍼센트 하락한 기간에 버크서 해서웨이는 53퍼센트 하락하면서 38달러를 기록했다. 그 시점에서 진저리를 치며 그 주식을 팔아버리고 친구에게 다시는 말을 붙이지 않을 수 있다. 그러나 다음 해에 주식은 38달러에서 94달러로 상승했다. 1982년 12월 31일 그 주식은 775달러였고 현재는 223,615달러다. 42년 동안 연평균 20.8퍼센트의 복리 수익을 기록한 것이다.

위의 내용은 인쇄해서 액자로 만들어 둘만 하다. 누구든지 할 수 있는 일이다. 배워야 할 것은 올바르게 매수하는 방법이고, 그리고 나서 보유하는 것이다. 후자는 쉽게 들리지만 실제로는 어렵다. 다음 장에서 매수한 후에 보유할 수 있도록 해 주는 버팀목을 제시할 것이다. 그리고 그 후에는 올바르게 매수하는 방법을 다루려 한다.

제3장

커피캔 포트폴리오

좋은 사례의 성가심보다 참기 힘든 것은 없다.

- 마크 트웨인, 『바보 윌슨의 비극』

커피캔 포트폴리오에 대해 들어본 적이 있나요?

T. 로 프라이스T. Rowe Price의 소형주 가치펀드를 운용하는 뛰어난 투자자 프레스턴 아테이Preston Athey가 나와 점심을 먹으면서 했던 질문이다.

나는 그 개념을 들어 본 적이 있었다. 그는 내가 커피캔 포트폴리오를 알고 있다는 것에 조금 놀랐을 것인데, 처음 그 말이 나왔을 때 나는 불과 12살이었던 데다 그것이 잘 알려진 개념도 아니었기 때문이다. 그런데도 내가 커피캔 포트폴리오를 꿰고 있었던 이유는 간단하다. 재무광들이 잊지 않는 고전적인 개념 중 하나이기 때문이다.

바로 그 커피캔 포트폴리오를 당신에게도 알려주려 한다. 이것은 100배 주식 진영의 든든한 버팀목이고, 주식을 '쥐고 있는' 데 도움이 될 것이다. 커피캔 포트폴리오는 세계 최대 투자관리 회사 중 하나인 캐피털 그룹Capital Group의 포트폴리오 매니저 로버트 커비Robert Kirby로부터 시작되었다. 그는 1984년 가을, 잡지『저널 오브 포트폴리오 매니지먼트Journal of Portfolio Management』에서 처음으로 커피캔의 개념에 대해 썼다.

커피캔 포트폴리오 개념은 서부 개척 시대로 거슬러 올라가는데, 그 당시 사람들은 커피캔에 소중한 물건을 넣고 매트리스 밑에 보관했다. 이 프로그램의 성공은 전적으로 커피캔에 담을 물건을 선택할 때 발휘하는 지혜와 예지력에 달렸다.

개념은 단순하다. 최고의 주식을 찾아서 10년 동안 그대로 둔다. 이런 포트폴리오는 비용이 거의 들지 않는다. 그리고 관리하기도 확실히 쉽다. 하지만 가장 큰 이점은 커피캔이 최악의 본능으로부터 투자자를 지켜준다는 것이다. 커비는 그의 논문에서 이 생각이 어떻게 나왔는지 이야기했다.

커비에 따르면 "커피캔 개념은 1950년대에 불현듯 찾아왔다." 그가 개인 투자자에게 조언을 해 주는 대기업에서 일하던 시절이었다. 10년간 관계를 맺어 온 고객이 있었는데, 그녀의 남편이 갑자기 세상이 떠났다. 그녀는 남편의 주식 포트폴리오를 물려받았고, 그 포트폴리오를 커비에게 맡겼다. 포트폴리오를 확인한 후 커비는 이렇게 썼다.

(남편이) 우리가 아내에게 권했던 포트폴리오를 은밀하게 따라하고 있었다는 것을 발견하고 흥미로웠다. 그리곤 자산의 크기를 보았는데, 충격이었다. 남편은 우리의 조언에 자신만의 방식을 살짝 가미했다. 그는 매도 추천을 무시했다. 대신 매수 추천을 한 모든 종목에는 약 5,000달러씩을 투자했다. 그러고는 주식 증서를 금고에 처박아 놓고 잊어버렸다.

이렇게 하자 멋진 일이 일어났다. 그의 포트폴리오에는 2,000달러 정도의 가치까지 하락한 망한 주식들도 제법 있었다. 그렇게 큰 비중은 아니었다. 대신 몇 개의 주식은 10만 달러까지 상승했다. 그러나 진짜 반전은 이것이다. 남편은 엄청난 주식을 하나 가지고 있었는데, 그 가치는 80만 달러로 아내 포트폴리오 전체 가치보다도 컸다. 커비는 "이는 할로이드^{Haloid}라는 회사에 작게 투자한 것에서 나왔는데, 나중에 엄청나게 많은 제록스^{Xerox}라는 회사의 주식으로 변했다"라고 썼다.

영감을 주는 이야기이자, 무관심과 게으름의 승리다. 이 사례는 커피캔 포트폴리오가 주가 확인에 대한 집착, 잦은 매수와 매도, 경제와 나쁜 뉴스에 안절부절하는 스스로부터 자신을 어떻게 보호하는지 명확하게 보여 준다. 커피캔 포트폴리오는 강제로 당신의 시간 지평을 넓힌다. 10년 짜리 좋은 베팅이라고 생각하지 않으면 아예 커피캔에 아무것도 넣지 않는다.

불쌍한 커비는 부인의 계정을 성심성의껏 관리하고 있었다. 기업 보고들을 충실히 따라가며 기존 주식을 팔고 새로운 주식을 추가했다. 그동안 게으른 자의 신념을 따르고 최초의 생각을 고수했더라면 더 좋았을 것을.

왜 더 많은 사람이 주식을 쥐고 있지 못하는 걸까?

펠프스는 투자자가 사업 성과가 아니라 분기 혹은 연간 실적을 기준으로 주가 성과를 측정하도록 제약받고 있다고 썼다. 많은 사례 중에서 기억에 남는 사례는 화이자^{Pfizer}인데, 그 주식은 1946년부터 1949년까지 그리고 다시 1951년부터 1956년까지 약세를 보였다. "성과 지향적인 고객은 그런 실패한 주식을 사라고 한 투자 조언가에게 계속 불평했을 것이다." 그러나 1942년부터 1972년까지 보유한 투자자는 141배를 벌었다.

펠프스는 뉴스, 주식 시장, 경제 전망 그리고 나머지 모든 것을 무시하고 화이자의 연간 재무 수치만 살펴봤다면 결코 주식을 팔지 않았을 것이라고 밝혔다. 화이자는 내내 높은 자본이익률을 창출하는 등 수익성이 좋았고, 이익도 변덕스럽기는 했지만 더 높은 수준으로 증가했다. 화이자는 좋은 커피캔 주식이었다.

극단적인 커피캔 포트폴리오

극단적인 예를 하나 들어보자. 주식 하나를 80년 동안 계속 보유하고 있다고 상상해 보자. 커피캔 포트폴리오를 참을 수 없게 보이도록 만드는 포트폴리오가 하나 있는데, 보야 기업 리더 신탁기금Voya Corporate Leaders Trust Fund, 이하 보야 펀드이다. 그 펀드는 로이터Reuters의 로스 커버Ross Kerber가 쓴 기사의 대상이었다. 제목은 "80년 동안 새로운 베팅을 하지 않고 성공한 매수 후 보유 펀드"였다.

주식을 80년 동안 보유하는 것에 관심이 없는 사람이 많을 것이다. 나도 마찬가지다. 사실 10년이 한계다. 그렇다고 해서 우리가 그 이야기에서 뭔가를 배울 수 없는 것은 아니다.

커버의 말을 들어보자.

현재 보야 파이낸셜Voya Financial Inc에서 운용하는 보야 펀드는 1935년 30개 주요 미국 기업의 주식을 동일한 양만큼 매수했고 그 이후 새로운 주식을 추가하지 않았다.

만들어 놓고 잊어버리겠다는 의미다!

정말 흥미로운 것은 그 포트폴리오 속에 담긴 이야기다. 그 포트폴리오에는 1935년에 있던 주식 몇몇이 여전히 남아있다. 듀폰DuPont, 제너럴 일렉트릭General Electric, GE, 프록터앤드갬블Proctor & Gamble, P&G, 유니온퍼시픽Union Pacific 등이다.

합병과 분할을 통해 새롭게 생겨난 주식도 있다. 예를 들어 기존에 보유하고 있던 애치슨-토피카-산타페 철도Atchison, Topeka and Santa Fe Railway를 통해 버크셔 헤서웨이를 보유하고 있고, 웨스팅하우스 일렉트릭Westinghouse Electric의 지분을 통해 CBS를 가지고 있다. 얼라이드 케미컬Allied Chemical의 지분을 통해 허니웰Honeywell을 보유하고 있다.

풋라커Foot Locker의 주식은 1935년 투자했던 F. W. 울워스Woolworth와 합병되면서 보유하고 있다. 록펠러Rockefeller의 스탠더드오일Standard Oil에 투자한 덕분에 엑손모빌ExxonMobil과 쉐브론Chevron을 보유하고 있다.

포트폴리오에는 이제 21개의 주식만 남아있는데 아메리칸 캔American Can과 펜실베니아 철도Pennsylvania Railroad Co.처럼 일부는 사라졌기 때문이다. 놀랍게도 이 펀드는 지난 5년 그리고 10년 기간 기준으로 비교 대상의 98퍼센트보다 나은 성과를 보였다. 커버는 이렇게 썼다.

> 2015년 2월 기준으로 지난 5년 동안 이 펀드는 연평균 17.32퍼센트의 수익률(수수료 포함 기준)을 기록했고, 펀드평가사 모닝스타Morningstar에 따르면 이는 S&P 500 지수보다 1.03퍼센트포인트가 높다. 10년 기준의 수익률(수수료 포함 기준)은 연평균 9.4퍼센트였

는데, 이는 S&P 500 지수보다 1.32퍼센트포인트가 높은 것이었다.

사실 이 펀드는 40년 동안 S&P 500 지수보다 성과가 좋았다. 나는 이 펀드의 성과가 시작부터 이랬는지 궁금하지만 아쉽게도 이 펀드의 웹사이트는 40년 전의 데이터까지는 제공하지 않는다.

이 펀드는 수수료가 겨우 52베이시스포인트(혹은 0.52퍼센트)에 불과한 저비용 펀드다(대부분 펀드의 수수료는 이것의 3배다). 그리고 낮은 매매회전율 덕분에 지불할 자본이득세, 매수-매도를 통해 발생한 수익에 대한 일종의 양도소득세도 거의 없다(이 펀드는 여전히 고객들의 현금 인출 요구에 대응하고 새로운 자금을 투자하기 위해 매수와 매도는 해야 한다).

합리적인 투자 전략을 기반으로 신중하게 선택한 주식의 포트폴리오를 유지하는 것이 얼마나 강력한지 보여 주는 주목할 만한 이야기다.

이 펀드의 최초 발기인은 미국 기업 리더Corporate Leaders of America라는 단체였다. 일련의 거래를 거쳐 지금은 보야의 산하에 있다. 보야 펀드의 역사를 써놓은 책자에 쓰여있듯 이 펀드가 처음 만들어졌을 때 그 권한은 단순했다.

신탁기금 설립자들은 1935년에 30개 선도 기업의 주식을 똑같이 매수하고 결코 팔 수 없다고 결정했다. 유일한 예외는 파산, 합병 또는 분할된 회사였다. 더 이상은 이런 식으로 펀드를 만들 수 없지만 뮤추얼 펀드 산업의 초창기에는 대부분의 펀드가 이런 식이었다.

미국 및 세계 최초의 개방형 뮤추얼 펀드는 1924년에 설립된 매사추세츠 투자자 신탁 Massachusetts Investors Trust, MIT이다.

여기서 개방형이란 포트폴리오 가치와 일치하는 가격으로 펀드의 주식을 매매할 수 있음을 의미한다. MIT가 등장하기 전의 펀드는 폐쇄형이었다. 이는 가격이 포트폴리오의 근본 가치와 일치하지 않을 수 있음을 의미한다. 펀드 투자 내역 공개는 부실했고, 짐작할 수 있겠지만 발기인들은 자신의 이득을 위해 종종 가격을 조작했다.

MIT는 당시에 새로운 펀드였다. 이 펀드는 투명성과 공정성을 약속했고 소액 투자자를 위해 저렴한 비용으로 전문적인 관리를 약속했다.

이 펀드는 많은 배당금을 지급하는 주식에 중점을 두는 합리적이고 보수적인 투자 정책을 가졌다. MIT는 주식을 매매하지 않고 매수한 후 보유하는 것을 목표로 한다. 고인이 된 컬럼비아 대학의 루이스 로웬스타인 Louis Lowenstein 교수는 이렇게 적었다.

> MIT는 투명성과 융통성 그리고 소액 투자자에게 제공되는 안전과 편안함으로 아주 독특하고 미국적인 방식으로 재무에 공헌했다. … 훌륭한 아이디어는 보통 단순하게 시작한다. 개념의 단순함 그 자체가 성공의 궁극적인 열쇠다. MIT는 눈부셨다.

로웬스타인은 내가 뮤추얼 펀드에 투자하려는 사람에게 강력하게 추천하는 책 『투자자의 딜레마 The Investor's Dilemma』에서 MIT에 대해 잘 이야기했다(로웬스타인은 내가 좋아하는 기업 재무 관련 책 2권 『기업 재무의 합리성과 비합리성Sense & Nonsense in Corporate Finance』과『월스트리트의 문제는 무엇인가?What's Wrong with Wall Street』의 저자이기도 하다).

보야와 마찬가지로 MIT도 주식을 오랜 기간 보유하고 있었다. 1949년에 펀드의 평균 보유 기간은 27년이었다. 그리고 이는 같은 생각을 가진 투자자를 끌어들였다. 환매는 연간 3퍼센트 미만이었다. 수수료는 겨우 40베이시스포인트(또는 0.4퍼센트)였다. 1960년까지 수수료는 19베이시스포인트까지 떨어졌다.

그러나 보야 펀드와는 달리 이 이야기의 결말은 슬프다. MIT 이야기는 또 다른 오래된 진실을 보여 준다. 월스트리트는 좋은 생각을 종종 나쁜 생각으로 바꿔 놓는다. 월스트리트는 곧 개방형 뮤추얼 펀드의 단순하고 훌륭한 아이디어를 타락시키고 또 다른 월스트리트용 돈벌이 수단으로 바꾸어 버렸다.

월스트리트가 보기에 MIT의 문제는 펀드 투자자를 제외하고는 아무도 그 펀드로부터 돈을 벌 수 없다는 것이다. 그래서 어떻게 했는지는 모르겠지만 누군가가 1969년 외부 관리자를 고용하게끔 설득했다. 그전에는 내부에 자체 관리자를 보유하고 있었다. 이것이 종말의 시작이었다.

외부 관리자와 함께 수수료가 올라가기 시작했다. 1969년까지 관리 자산이 겨우 7배 증가하는 동안 수수료는 36배 증가했다. 또한 외부 관리자는 펀드를 보다 공격적으로 관리하고 더 자주 거래를 했다. 슬픈 하락이 시작되었다. 2004년 블랙록Blackrock은 그 펀드를 사서 다른 펀드와 합쳐 버렸다. MIT는 더 이상 존재하지 않게 되었다.

오늘날의 전형적인 펀드는 많은 수수료를 청구하고, 거래를 너무 많이 하며, 시장을 불완전하게 따라간다. 로웬스타인은 평균적인 펀드는 160개 주식을 보유하고 있고 매년 그 주식을 매매한다고 그의 저서에 적었다. 이건 투자가 아니다. 그러나 월스트리트는 돈을 번다.

현재의 주류들은 신중하게 선택한 주식을 깔고 앉아 있기를 원하지 않는다. 수수료를 청구하기 위해 무언가를 팔고 싶어한다.

이쯤에서 다시 보야 펀드의 이야기로 돌아와 보자. MIT의 이야기는 보야 펀드가 초기의 임무를 그대로 유지하며 그렇게 오랜 기간 유지된 것을 더 놀라워 보이게 한다. 보야 펀드는 너무나 특별하다.

물론 주식을 80년 동안 보유할 사람은 없을 것이다. 그리고 내가 커피캔 접근법에서 제시하는 10년 보유도 너무 길게 느껴질 것이다.

그러나 인생에 장기 투자의 지혜를 공유할 수 있는 젊은 누군가는 분명히 있다. 그들에게 커피캔 아이디어에 대해 이야기하라. 보야 펀드 이야기를 들려주어라. 그들이 월스트리트의 술수에 현명하게 대처할 수 있도록 하라.

이 극단적인 보유 기간에 관해 한 독자는 내게 다음과 같이 썼다.

커피캔 아이디어는 내 아이들과 손자들을 위한 유산을 남기기에 좋은 방법이라고 생각합니다. 저는 66살이고 35년 투자가 현재로서는 아마 좋은 생각이 아닐 것입니다(저는 당신이 커피캔을 10년으로 간주한다는 것을 알지만, 길면 길수록 더 많이 얻을 수 있어 보이긴 합니다). 저는 1935년에 한 바구니의 주식에 투자하고 다시는 건드리지 않은 펀드에 흥미를 느꼈습니다. 오늘날 이 방법을 어떻게 활용할 수 있을지 확신이 없지만, 우리를 우리 자신으로부터 구원하는 접근법임은 분명한 것 같습니다.

질문: 어떻게 35년 커피캔 투자를 위한 회사를 골라낼 수 있습니까?

당신이 제시한 가장 성과가 좋았던 주식의 리스트를 보았을 때, 거의 모두 25년 이상이었거나 아니면 더 큰 성과를 냈습니다. 만약 제가 1970년에 장기적으로 투자할 곳을 고르고자 했다면 아마 시어즈Sears, GE, US스틸US Steel, 웨스팅하우스Westinghouse, 엑손Exxon과 다우DOW 지수를 이루는 주식에 투자했을 것입니다. GE와 엑손과 같은 일부 주식은 괜찮았지만, 월마트Wal-Mart, 애플Apple, 마이크로소프트Microsoft 등에는 투자하지 못했을 것이고, 일부는 좋지 않았을 것입니다. 버핏과 같은 현명한 투자자들의 지분을 사고 그 주식을 계속 보유하는 것이 더 나을까요? 문제는 현재의 현자들 중 누구도 35년 후에는 남아 있지 않을 것이라는 점입니다.

제기된 질문은 특히나 지금은 대답하기가 어렵다. 많은 일들이 빨리 변하기 때문이다. 예를 들어 요즘 S&P 500 지수에 속한 회사들의 평균 수명은 20년 이내이다. 아래의 그래프를 보자.

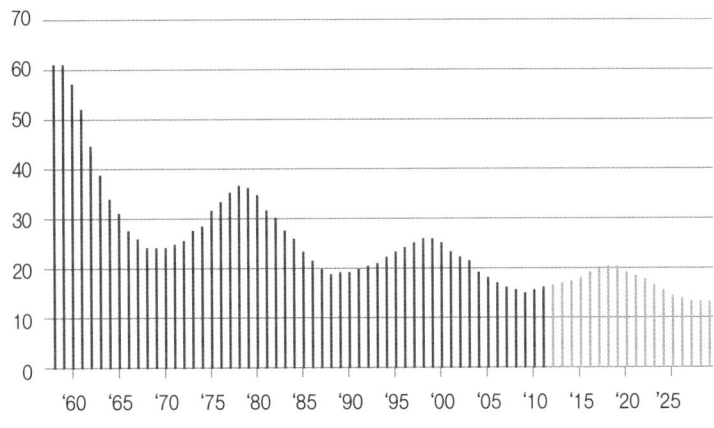

S&P 지수 내 회사의 평균 수명

　1958년 기업의 평균 수명은 61년이었으니 많은 것이 바뀌었음을 알 수 있다. 이노사이트Innosight의 추정에 따르면, 지금 속도라면 현재 S&P 지수의 75퍼센트가 2027년에는 바뀔 것이다. S&P 500에서 떠나는 것이 회사의 죽음을 의미하지는 않는다. 그러나 기업 인수가 없다면 보통 서킷시티Circuit City, 뉴욕타임즈New York Times, 코닥Kodak 또는 베어스턴스Bear Stearns 등과 같이 문제가 있을 때만 S&P에서 탈락한다. 혹은 회사가 너무 작아질 때도 탈락하는데, 이 역시 그 회사가 실적을 제대로 못냈다는 것을 증명하는 한 방법이다.

　요점을 분명히 하기 위해 표를 하나 더 보자. 다음은 2013년 기준 부문별 미국 기업의 평균 자산 수명이다.

	자산 수명(년)
정보 기술	6.6
헬스케어	11.4
소비재	12.4
필수 소비재	15.1
산업	15.4
통신 서비스	16.1
에너지	17.6
소재	18.6
유틸리티	29.4

2013년 기준 미국 기업 평균 자산 수명

이 표는 2014년에 출간된 마이클 모부신Michael Mauboussin의 보고서에서 나온 것이고, 제목은 "단기주의에 대한 장기적 관점"이다. 모부신은 투자 전략가이고 널리 알려진 몇 편의 책과 연구 보고서를 썼다. 그는 "미국 기업들의 평균 자산 수명이 짧아지고 있고" 더 많은 기업이 자산 수명이 더 짧은 산업에 속해 있다고 적었다. 모부신은 이렇게 결론 내렸다.

더 짧은 자산 수명은 경영진들이 더 짧은 시간의 범위에서 투자해야 한다는 것을 의미하며, 이는 비즈니스 세계의 합리적 반영이다. 예를 들어 많은 기술 회사의 경영진은 변화 속도가 너무 빠르다는 이유 하나 때문에 유틸리티 회사가 그러듯이 수십 년 동안을 계획할 수 없다.

그래서 35년은 계획을 세우는 데 너무 긴 시간처럼 느껴진다. 이것이 100배 주식의 개념에 어느 정도의 긴장감을 던져준다. 이 긴장감은 보유하는 것과 시간에 잠재되어 있는 파괴적인 영향 사이에서 비롯된다. 영원한 것은 없다.

100배 투자의 가장 큰 장애물

내가 이렇게 초반부에서 장기 투자의 힘을 보여 주는 데 많은 시간을 쓰는 이유는 그것이 정말로 중요하기 때문이다. 주식으로 100배, 혹은 그저 3배로 만들기 위해 넘어야 할 가장 큰 산은 상승과 하락을 견디는 일이다. 커피캔은 이러한 멀미 나는 상승과 하락에 예방 접종을 하는 안전한 방법이다.

시장이 크게 출렁거리는 것을 보지 못한 사람은 아마 없을 것이다. 빠르게 이득을 챙기거나 '패자'를 놓아 버리려는 충동은 강력하다. 우리는 마치 유명한 실험에서 5분을 기다리면 마시멜로 2개를 먹게 해 주겠다는 약속에도 불구하고 눈앞의 마시멜로 1개에 무너지는 어린 아이와 같다.

심지어 최고 투자자들조차도 기다릴 수 없었을 때가 있음을 고백한다. 그중 하나가 워런 버핏의 이야기이다. 내 글의 독자이자 절친한 친구가 버핏의 1995년 버크셔 해서웨이 주주 서한의 내용을 보내 주었다.

저는 1966년 디즈니Disney에 처음으로 관심을 갖게 되었는데, 1965년 당시에 그 회사는 2,100만 달러의 세전 이익을 벌었고 부채보다 현금이 많은 상태였지만 시장 가치가 9,000만 달러 이하였습니다. 디즈니랜드에서는 1,700만 달러를 투자한 캐리비안의 해적 놀이기구가 곧 공개될 예정이었습니다. 그 놀이기구의 겨우 5배에 거래되고 있는 회사라니! 제가 얼마나 흥분했을지 상상해 보세요.

　좋은 인상을 받았기에 버핏 파트너십Buffett Partnership Ltd.은 디즈니 주식을 분할 조정 가격 기준으로 주당 31센트에 상당량을 매수했습니다. 그 주식이 지금 66달러에 팔리는 것을 고려할 때, 그 결정은 훌륭해 보일 것입니다. 그러나 파트너쉽 관리자가 그 결정을 헛되게 했습니다. 1967년 저는 주당 48센트에 주식을 팔아 버렸습니다.

그는 55퍼센트의 수익률을 올렸지만, (현재 가격을 생각하면) 너무나 값비싼 매매였다.

　문제는 우리가 참을성이 없다는 것만이 아니다. 파도가 너무 거칠기도 하다. 미어미칸 캐피털Myrmikan Capital의 펀드 매니저 댄 올리버Dan Oliver가 2012년에 한 이야기가 떠오른다. 그는 1980년 주식 상장부터 2012년까지 애플 주식이 225배 상승했다고 강조했다.

　하지만 계속 보유한 사람들은 고점에서 저점까지 80퍼센트 하락을 2번이나 겪어야 했다. 2008년 이후 큰 상승 흐름은 60퍼센트의 하락 후에 나왔다. 그리고 40퍼센트의 하락도 몇 번 있었다. 크게 가치가 오른 많은 주식이 비슷하게 무시무시한 하락으로 고생했었다.

　작가인 배리 리톨츠Barry Ritholtz는 『워싱턴 포스트Washington Post』의 칼럼에서 더 많은 예를 들었다. 넷플릭스Netflix는 2002년 이후 60배 상승했는데, 하루에 주가가 25퍼센트 하락한 날이 4번이나 있었다. 최악으로는 하루에

41퍼센트 하락했다. 그리고 4개월 동안 80퍼센트 하락했던 적도 있었다.

물론 모든 것을 계속 쥐고 있을 수만은 없다. 큰 폭의 주가 상승을 기록했던 기업 중에서 많은 수가 완전히 파산하기도 했다. 리톨츠는 리먼 브러더스Lehman Brothers, 월드콤World-Com, 루슨트Lucent, JDS 유니페이즈JDS Uniphase 등을 거론했다. 이 외에도 무수히 많다.

그래서 인내심, 소수의 잘 아는 주식 고르기, 그리고 운이 필요하다. 애플을 처음부터 지금까지 보유한 사람이 아이팟이나 아이폰 또는 아이패드를 알았을 리 만무하다. 애플의 주가가 상승한 수십 년 동안 그 제품들은 존재하지 않았다.

이 부분에서 커피캔 포트폴리오 개념이 도움이 된다. 커피캔 포트폴리오에 모든 돈을 넣을 필요가 없다. 10년 동안 필요하지 않을 일부 자금만 넣으면 된다. 그 최종 결과는 다른 어떤 일에서의 결과보다 나을 것이라고 확신한다.

대재앙을 대비하는 커피캔

당신은 커피캔 포트폴리오가 2015년 연례 보고서에서 워런 버핏이 표현한 것과 같은 낙관적 전망에 의존한다고 생각할 수 있다.

그렇지 않다. 세상을 비관적으로 보는 사람에게도 나는 여전히 커피캔 포트폴리오를 구축해야 한다고 권한다. 그 이유는 이후에 다루겠다.

우선 버핏의 낙관주의를 보자. 나는 그의 연례 보고서와 그 보고서에 대한 많은 논평을 읽는다. 꽤 흥미로운 비판 중 하나는 『SNL 파이낸셜SNL Financial』 칼럼니스트 에이다 리Ada Lee의 비판이다.

버핏 보고서의 가장 큰 결함은 지난 해에 발생한 가장 큰 문제와 동일합니다. 버핏은 곧잘 미국 전망을 낙관했는데, 이는 낙관적 전망에 가장 큰 위험을 안기는 일종의 만족감을 서서히 심어주기 위해 설계된 것처럼 보일 정도입니다.

이 보고서에서 버핏은 그가 어떻게 "지속 상승하는 미국의 번영이 거의 확실하다는 것에 '내기^{bet}'할 생각을 했는지" 이야기한다. "지난 238년 동안 미국에 반대로 내기함으로써 어느 누가 이익을 보았는가?"
이 질문에 대한 에이다 리의 답변이 일품이다.

누구도 없습니다. 불행하게도 그와 같은 진술은 그것이 완전히 틀린 날까지는 완벽하게 사실입니다. 아마도 펠로폰네소스 전쟁의 시작 전까지의 아테네, 아우구스투스^{Augustus} 통치 시대의 로마, 심지어는 1980년경까지의 소련에 대해서도 똑같은 말을 했을 것입니다. 그 후로는 많은 사람들이 그 국가들에 반대로 내기함으로써 엄청난 이익을 보았습니다.

리의 대답은 번영하지 못할 수도 있는 미래에 대해 생각하도록 한다. 과거의 불행이 부의 유지와 관련해서 우리에게 주는 교훈은 무엇인가?
많은 사람들이 이에 대답하려고 애썼다. 내가 떠올린 첫 번째 사람은 고인이 된 바턴 빅스$^{Barton\ Biggs}$였다. 그는 모건 스탠리$^{Morgan\ Stanley}$ 증권의 전략가를 오래 지냈고, 그후 헤지 펀드 매니저를 하며 글을 썼다. 그의 역작

『투자전쟁Hedgehogging』은 읽을 만한 가치가 있다.

그러나 빅스는 일종의 격변론자였다. 엄청난 부가 파괴되는 역사의 시기들이 그를 꼼짝하지 못하게 했다. 그는 재난이 다시 발생하는 것을 걱정했다. "종말이 다가오는 시기에 어떻게 부를 유지할 수 있는가?"라는 질문을 끊임없이 던졌다.

이 질문은 그의 표현대로 "오랫동안 집착했던" 2가지 질문 중 하나였다. 다른 하나는 주식 시장이 스스로 판단할 정도로 현명한가 아니면 단순히 군중의 어리석은 합의에 불과한가였다.

그의 책 중 하나인 『부, 전쟁 그리고 지혜Wealth, War and Wisdom』는 그의 관심사인 제2차 세계대전을 조명하면서 이 질문들을 정면으로 다뤘다.

빅스는 세계의 주식 시장이 대중의 지혜를 기반으로 "역사적인 전환기에 놀랍도록 뛰어난 직관을 발휘했다. 옛말을 빌자면 다가오는 일들은 뉴욕증권거래소New York Stock Exchange, NYSE에서부터 전조를 드리웠다"는 것을 발견했다.

그는 다음과 같은 사례를 들었다.

- 영국 주식 시장은 브리튼 전투가 있기 바로 전인 1940년에 바닥을 쳤다.
- 미국 시장은 1942년 5월 말 장대한 미드웨이 해전 전후로 영원히 바뀌었다.
- 독일 시장은 1941년 12월 초 독일군 선발 순찰대가 모스크바의 첨탑을 실제로 보기 바로 직전 러시아에 대한 독일의 공격이 최고점일 때

정점을 기록했다.

빅스가 말하길 "이 사례들은 제2차 세계대전의 중요한 3개의 분수령들이었다. 그렇지만 그 당시에는 주식 시장을 제외하고 누구도 그 시기를 분수령으로 인지하지 못했다."

놀라운 직관임은 분명하다. 시장 흐름이 원래 가지고 있던 전망에 들어맞지 않을 때 시장이 어리석다고 평가절하하기는 쉽다. 하지만 빅스는 시장의 집단적 판단이 전문가들의 생각보다 현명할 수 있다고 주장했다.

두 번째 질문은 엄청난 재난의 시기에 어떻게 부를 유지할 수 있는가를 다루었다. 빅스는 2차 세계대전의 수많은 대학살에서 답을 찾았다. 챕터 제목과 부제가 이런 식이다. '콜레라 창궐 시기 부의 보전', '폴란드의 토지 약탈', '헝가리의 부동산 압류', '체코슬로바키아의 토지와 귀중품 절도', '적군에 의한 강간과 강도.'

그러나 그 이후에도 격변론자인 빅스는 재산의 75퍼센트를 주식에 투자할 것을 권했다. 이는 부분적으로 격변의 역사에 대한 빅스의 이해가 그러한 행동을 정당화했기 때문이다. 주식은 여전히 수년에 걸쳐 구매력을 보존하기 위한 가장 좋은 방법이었고, 심지어 파괴된 독일에서도 마찬가지였다. 그러나 그가 주식을 권한 또 다른 이유는 재산을 키우기 위한 가장 좋은 방법이 물건을 보유하는 것임을 이해했기 때문이다. 소유자가 되어야 한다.

주식을 소유한다는 것은 현상을 파악하려고 노력하는 실제 사람과 실제 자산 그리고 실제 이익을 가진 실제 사업을 부분적으로 소유하는 것이다. 자산 소유권은 불행을 대비하는 최고의 장기 보호수단이다.

그럼 다른 25퍼센트는 어떻게 해야 하는가?

빅스는 가진 재산 중 작은 일부를 목장이나 가족 농장에 투자할 것을 권했다. 그는 씨앗, 비료, 통조림 식품, 와인, 의약품, 옷 등이 잘 갖추어져 있는 안전한 피난처를 지지하는 사람이었다. 이 생존 물품이 핵심이 아니다. 나는 단지 실제로 붕괴 상황이 닥치면 포트폴리오는 주된 걱정거리가 아님을 짚으려는 것뿐이다. 그러나 적어도 2차 세계대전과 같은 재앙에서도 주식이 최선의 방법이었다.

이제 이 이야기를 커피캔 개념으로 되돌려서 격변에 대비한 커피캔에 대해 생각해 보자. 첫째, 커피캔이 주식을 꼭 포함해야 하는 것은 아니다. 끌린다면 커피캔에 금을 넣을 수도 있다. 나라면 그렇게 하지 않겠지만, 요점은 커피캔 개념이 버핏의 낙관주의와는 다르다는 것이다. 커피캔에는 원하는 무엇이든 넣을 수 있다. 핵심은 잘못된 시기에 매매를 부추기는 감정과 변동성으로부터 스스로를 보호할 수 있는 실질적인 방법이라는 것이다. 커피캔에는 낙관론이나 비관론 어느 것에도 들어가지 않는다.

비관론자라서 커피캔을 사용하지 않는다는 것은 오늘 내린 최고의 판단을 고수했을 때보다 향후 10년간 계속해서 더 나은 단기 결정들을 내릴 자신이 있다고 말하는 것과 같다. 대부분의 투자자가 너무 자주 거래할 때 수익률이 나빠진다는 연구들을 고려하면 기대하기 힘든 일이다. 다른 말로 하면, 커피캔 이론은 일련의 단기 결정들이 오늘 하나의 결정보다 더 나쁠 수 있다고 주장한다. 커피캔은 세계가 10년 후에 얼마나 번영

할지와는 별개다.

만약 10년 후에 세계가 더 나빠지면, 투자 전략에 영향을 미칠 것이다. 그렇다고 해서 "글쎄, 난 미국이 아르헨티나처럼 될 것 같아서 커피캔을 사용하지 않을 거야"라고 말할 수는 없다. 그 결론이 주어진 전제에서 도출되지 않는다. 인간은 여전히 무엇을 해야 할지 결정해야 하니까.

그리고 앞서 말했듯이, 커피캔에 재산 전부를 넣지 않아도 된다. 나는 사람들에게 커피캔에 가진 돈의 일부만 넣으라고 말하는 것일 뿐이다. 커피캔은 사용해야 할 유일한 방법이 아니라, 몇 가지 방법 중 하나다. 요약하면, 대재앙이 무서워서 커피캔 포트폴리오를 포기해서는 안 된다.

커피캔 포트폴리오에 대한 각주

나는 커피캔 개념을 좋아한다. 그 이유 중 하나는 누구나 사용할 수 있기 때문이다. 100배 주식의 아이디어와 너무나 잘 맞아 떨어지는데, 100배 주식을 원하면 매수한 주식에게 시간을 줘야 하기 때문이다. 나중에 더 다루겠지만, 1962년 이래로 내 연구에 포함된 365개 주식 중에서 10년 안에 100배가 된 주식은 20개 밖에 없었다.

주식에게 충분히 숙성될 시간을 준다면 결과는 무척이나 놀라울 수 있다. 팔지만 않으면 된다. 매도에 저항하여 부를 일군 실제 사례를 더 공유하겠다.

여기 당신을 위한 커피캔 이야기가 있습니다. 형과 저는 1998년 프랙에어Praxair 주식 2,000주씩 상속받았습니다. 아마 당시에 약 34,000달러의 가치가 있었을 겁니다. 배당금을 재투자하지 않았지만(그렇게 했어야 했는데), 매년 받은 배당금만큼을 매수 가격에서 조정했습니다.

저는 조정 후 매수 가격이 주당 1.20달러로 떨어졌을 때 조정을 중단했습니다(매수 가격이 0달러 이하로 가길 원하지 않았으니까요). 현재 가격은 약 126달러입니다. 주가 자체로는 100배 오르지는 않았지만, 100배 상승이라는 당신의 기준에 사실상 부합합니다. 실제로 제 아버지는 그 주식을 아마 1달러 근처의 가격에서 매수했을 것입니다. 현재 총 가치는 25만 달러가 넘습니다.

이런 이야기는 매우 고무적이다. 나는 이런 이야기의 평범함을 좋아한다. 위의 편지를 쓴 사람은 뛰어난 기량의 헤지 펀드 매니저가 아니다. 그는 단지 주식을 오래 보유한 평범한 사람일 뿐이다.

다른 이야기를 하나 더 소개한다.

저는 커피캔 시나리오에 관심이 많습니다. 왜냐하면 제 경험상 이것이야말로 진정으로 돈을 버는 유일한 방법이기 때문입니다. 저는 수년 동안 커피캔과 같은 투자로 2번 성공했고 그러지 않아서 1번 실패했습니다.

첫 번째 성공은 마이크로스 시스템Micros Systems라는 작은 스타트업 기업에 200주를 투자한 것이었습니다. 주당 1.3달러에 샀습니다. 1981년인지 1982년인지는 정확히 모르겠지만, 제가 주식을 산 후 주식은 올랐고 몇 번에 걸쳐서 액면 분할을 했습니다. 그리고 작년에 대형 기술 회사에 인수되었습니다. 저는 제 주식에 대해 54,000달러를 받았습니다.

두 번째 성공은 GE 주식에 3,500달러를 투자한 것이었습니다. 저는 3년 동안 GE에서 일했고, GE가 회사 주식을 매칭으로 매수하여 투자해 주는 급여 이연 프로그램을 통해 투자했습니다. 그 투자금은 125,000달러 이상으로 커졌습니다. 그냥 사서 놔두었는데 말입니다.

하나의 큰 실수는 텔레포노스 드 멕시코(Telefonos de Mexico)였습니다. 저는 1982년에 이 주식을 600주 샀고 주가가 2배 되었을 때 팔았습니다. 명백히 실수였습니다. 제가 그 주식을 그냥 놔두었다면, 흠….

이 전략이 더 큰 호소력을 가지고 있다고 생각할 수 있다. 시세 기호를 따라 다니고 화면의 깜박이는 불빛을 염려스럽게 지켜보며 시장의 등락을 쫓으면서 많은 시간을 보내고 싶은 사람은 별로 없을 테니까.

내 생각에는 임대 부동산을 보유할 때처럼, 소유물이 무엇인지를 안 후에 실제로 소유하는 것이 더 좋다. 그러면 포트폴리오의 매일 혹은 월별 가치에 벌벌 떨 걱정이 없이 생활할 수 있다.

이 장점이 잘 담긴 이야기 하나를 들어보자.

답신: 100배 주식이라니. 저는 당신이 같은 경험에 관심이 있을 것이라 생각했습니다. 1987년, 저는 굉장히 좋은 전망을 가진 하이테크 또는 생명공학 기업 10곳에 같은 금액을 투자했고, 그 회사들이 실제로 제품이나 소프트웨어를 시장에 내놓을 수 있다면 엄청난 성

공을 거둘 것 같았습니다. 네, 최대한 머리를 써서 선택한 회사들이었지만, 10개 중 9개는 완전히 망했습니다. 그것도 그리 오래 지나지 않아서 말입니다. 무수한 문제들이 있었지만, 대부분은 자본이 부족했습니다.

그런데 10번째였던 암젠^{Amgen}이라는 스타트업 기업이 대박을 쳤습니다. 나머지 9개의 손실을 만회했을 뿐만 아니라 1994년 제 아이들을 대학에 보내기 위해 주식을 팔기 전까지 총 투자금의 800배를 돌려주었습니다. 그 주식을 보유하지 못해 아쉬울 따름입니다. 하하.

여기서 2가지 시사점이 있습니다. 강렬한 이야기를 골라야 합니다(또는 리더 혹은 국가 등등…). 그리고 기꺼이 위험을 무릅써야 하기 때문에 잃어도 될 만한 돈을 사용해야 합니다. 전부 잃을 수도 있어요.

좋은 지적이다. 커피캔을 사용하면, 한 포지션에서 다 잃을 수도 있다. 그러나 전체 커피캔 포트폴리오의 수익은 그런 재앙을 상쇄시키고도 남는다.

나는 커피캔에 스타트업 기업의 위험을 감수하는 것은 권하지 않는다. 나는 앞으로도 성장 전망이 좋고, 높은 수익률의 복리로 자본을 증가시킬 수 있는 어느 정도 입증된 회사들과 함께 할 것이다.

이제 사서 가지고 있는 것은 다루었다. 이제 어떤 종류의 주식을 커피캔에 넣어야 하는지로 넘어가자.

제4장

100배 주식의 법칙

여러분, 인생을 통틀어서 총 20번만 투자를 할 수 있다고 가정해 보세요.
그래도 지금 투자하고 있는 기업에 계속 투자를 하시겠습니까?

- 워런 버핏

펠프스의 훌륭한 저서 외에도 이미 100배 주식에 대한 연구는 많다. 전부는 아니겠지만 몇 권은 살펴보았는데, 그중 적어도 2개는 펠프스로부터 영감을 받았다. 물론 성과가 뛰어난 주식을 다루는 연구는 수없이 많지만, 여기서는 100배 주식 혹은 그와 비슷한 것에 특별히 집중하려 한다. 이 장에서 100배 주식을 다룬 자료 중 일부를 강조하려고 하는데, 이어질 내용의 토대가 되기 때문이다. 여기에서 이야기할 법칙은 나중에 다시 강조할 것이다. 100배 주식으로 가는 길은 그다지 많지 않으며, 펠프스를 포함한 선구자들이 그 길을 닦아 놓았다.

토니의 100배 주식

TS 어낼리시스$^{TS\ Analysis}$ 소속의 토니^{Tony}라는 사람이 '100배 주식 분석$^{An\ Analysis\ of\ 100\text{-}Baggers}$'이라는 제목의 비공식 자료를 발간했다. 이 자료는 온라인에서 무료로 볼 수 있다. 토니는 "난 투자 조언가나 재무 분석가가 아니고 주식 분석을 좋아하는 일반인"이라고 말했다.

그는 19개의 100배 주식을 살펴본 후 4가지 결론을 내렸다.

- 가장 강력한 주가 움직임은 이익 증가와 함께 주가수익배수Price Earning Ratio, P/E Ratio가 확대될 때 집중적으로 나타나는 경향이 있다.
- 이러한 P/E 확대의 시기는 이익 증가가 가속화되는 시기와 일치하는 경향이 있다.
- 가장 매력적인 기회는 억눌리고 잊힌 주식들에서 발생하는 경우가 있다. 아마 수년간의 손실 후에 흑자로 전환되는 업체들일 것이다.
- 이러한 주가 급등 시기에는 주식 가격이 상당히 높은 P/E까지 도달할 수 있다. 그렇다고 해서 주식을 팔아야 하는 것은 아니다.

지금은 몬스터 베버리지가 된 한센 내추럴Hansen Natural이 이런 법칙에 부합하는 모범적인 실례다.

토니는 이익 증가율이 2001년에서 2002년 사이에 마이너스에서 0퍼센트로 어떻게 바뀌었는지를 보여 주었다. 거기서부터 이익은 분기 기준으로 20퍼센트, 40퍼센트 그리고 100퍼센트 증가했다. 2004년 분기별 이익 증가율은 120퍼센트로 치솟았고, 그 후 150퍼센트, 170퍼센트 그리고 4분기에는 마침내 220퍼센트까지 상승했다.

그 사이 P/E 배수 또한 상승했다. 2001년 이익은 겨우 주당 4센트였고 P/E는 10배였다. 2006년 이익은 주당 약 1달러였고 P/E는 50배였다.

생각해 보자. 이익은 25배나 증가했지만 시장이 이 이익에 더 높은 배수를 부여함으로써 주식은 125배 상승했다. 몬스터 베버리지에 대해서는 다음 장에서 더 자세히 살펴볼 것이다.

성장에 성장 그리고 더 큰 성장이 이러한 큰 움직임을 이끄는 힘이다.

최근에 마이크로캡 클럽Microcap Club이라는 웹사이트에 칩 말로니Chip Maloney가 게시한 좋은 100배 주식 사례 연구가 있다. 이 글은 토니의 법칙을 상술하고 있어 시간을 들여 읽어볼 가치가 있다. 말로니는 MTY 푸즈MTY Foods를 검토했는데, 이 회사는 타이 익스프레스Thai Express, 익스트림 피타Extreme Pita 그리고 TCBY 등과 같은 패스트푸드 레스토랑을 운영하는 캐나다 프랜차이즈 업체다.

2003년 MTY 푸즈의 시가 총액은 500만 달러였다. 당시에 MTY 푸즈에 투자했던 1달러는 2013년 100달러의 가치까지 상승했다. 말로니가 물었던 질문은 내가 이 책을 쓰면서 여러 번 물었던 질문이다. 이 주식이 100배 주식이 된 근본적인 이유가 무엇인가?

이 사례의 경우, 이야기는 2003년에 회사 대표가 된 스탠리 마Stanley Ma와 함께 시작된다. MTY는 한동안 패스트푸드 프랜차이즈 사업을 운영하고 있었는데, 스탠리 마는 그 회사의 첫 레스토랑 개념의 식당인 티키 밍Tiki Ming을 시작한 사업가였다. 티키 밍은 1987년 캐나다에 도입된 중국 요리 전문점이다.

이 이야기에서 가장 주목할 만한 지점은 스탠리 마가 대표가 되었을 때 회사 지분의 20퍼센트를 샀다는 것이다. 전부 합해서 그는 회사 지분의 29퍼센트를 소유하게 되었다. 소유주인 동시에 경영자로서 그는 주가를 상승시켜야 할 동기가 충분했다.

말로니는 MTY가 성공한 이유 중 몇 가지를 짚는다. 시작은 스탠리 마다. 그러나 다른 여러 요소를 봤을 때도 굉장히 좋은 기회였다. 말로니의 목록에서 몇 개만 꼽자면 이렇다.

- 주가가 향후 이익의 2배에서 거래되었다(저렴하다!).
- 사업이 매출총이익률 70퍼센트에 이르는 현금 창출원이었다.
- 확장의 여지가 많았다. MTY는 패스트푸드 산업의 단지 일부일 뿐이었다.

스탠리 마는 새로운 개념의 레스토랑을 만들었고(5개), 다른 레스토랑들도 매수했다(최종적으로 19개). 이런 신규 혹은 매수한 레스토랑을 통해 MTY가 매장을 늘릴 수 있었다는 것이 중요하다. 이러한 비즈니스는 높은 이익을 창출했고, 이 이익을 재투자하면서 매출액과 이익의 급성장 사이클을 만들 수 있었다. 아래의 표에서 명확하게 확인할 수 있다.

	매출(100만)	주당 수익	점포 수	주식 가격
2003	$11.50	$0.10	260	$0.34
2004	$15.50	$0.19	420	$2.50
2005	$18.62	$0.27	527	$3.85
2006	$22.40	$0.33	784	$6.40
2007	$30.53	$0.48	825	$12.63
2008	$34.24	$0.52	1,023	$7.34
2009	$51.50	$0.64	1,570	$9.15
2010	$66.90	$0.81	1,727	$14.40
2011	$78.50	$0.84	2,263	$15.30
2012	$96.20	$1.15	2,199	$22.25
2013	$100.40	$1.34	2,590	$34.34
성장	7.8배	12.4배	9배	100배

여기서 말로니는 흥미로운 발견을 했다. 주당 순이익은 12.4배 증가했다. 그러나 회사의 이익이 12.4배만 증가했다면 어떻게 주식이 100배 상승했겠는가? 해답은 P/E의 확장이다. MTY의 투자자는 2003년에 회사가 죽은 듯이 있을 때 약 3.5배의 수익배수를 적용했는데 2013년에는 더 낙관적인 26배를 적용했다.

다시 말하지만 큰 폭의 이익 증가가 필요하다. 그러나 실제로 폭발적인 장기 수익으로 이어지는 것은 증가하는 이익과 그 이익에 대한 더 높은 배수의 조합이다. 나는 이 두 가지를 100배 주식의 '쌍둥이 엔진'이라고 부른다. 이 점은 다시 다룰 것이다.

초소형주와 100배 주식

일반적인 정의에 따르면 초소형주는 시가 총액이 3억 달러 미만인 주식이다. 초소형주는 주식 수를 기준으로 하면 실제 시장에서 제일 많다. 미국에는 약 16,000개의 상장 주식이 있는데, 약 7,360개가 시가 총액 5억 달러 미만이다. 데이브 젠트리$^{Dave\ Gentry}$가 『초소형 슈퍼스타$^{Microcap\ Superstars}$』에서 시가 총액 기준으로 어떻게 세분하는지 보자.

- 5억 달러 미만: 7,360개
- 2억 5,000만 달러 미만: 6,622개
- 1억 달러 미만: 5,713개
- 5,000만 달러 미만: 5,053개

즉, 주식 시장 내의 최소 40퍼센트가 초소형주다. 굉장히 넓은 영역이라 하겠다. 그리고 이들 중에서 내일의 대기업이 나온다. 너무나 당연한 말이지만, 많은 대기업이 작은 회사로 출발했다. 젠트리는 일부를 예로 들었다.

- 스타벅스Starbucks는 1971년 시애틀에서 커피 원두를 파는 작은 상점으로 시작하여 현재는 주식 시장에서 760억 달러의 가치가 있다.
- 애플은 1976년 1만 달러의 투자금을 가지고 차고에서 시작하여 현재는 7,660억 달러의 가치가 있다.
- 서브웨이Subway는 코네티컷주 브리지포트에 있는 1,000달러 투자금의 샌드위치 가게에서 시작하여 현재는 35,000개 이상의 매장에서 90억 달러 이상의 매출을 창출한다.

감이 오지 않는가. 소규모 기업은 10배 또는 20배까지 성장하고도 여전히 작을 수 있다. 거기서 더 성장해 100배 주식도 될 수 있다. 이와는 대조적으로 애플은 현재 7,660억 달러의 시가 총액을 자랑한다. 우리는 그것이 10배나 20배 상승하지 않을 것이라 말해도 틀릴 확률은 높지 않다. 100배는 확실히 아닐 것이다.

100배 주식의 연금술

나는 초점을 미국 시장에 두고 있었지만, 다른 시장에서는 상황이 어떠했는지 궁금했다. 다행히 그런 연구가 하나 있다. 모티랄 오스왈Motilal Oswal

이라는 회사가 인도에서 100배 주식에 대한 연구를 했다. 2014년 12월에 출간된 이 보고서의 저자는 펠프스의 연구에서 영감을 얻었고 보고서도 펠프스에게 헌정했다.

이 보고서는 잘 쓰였으며 그 안에 많은 지혜가 담겨 있다. 보고서에는 다음과 같이 쓰여 있다.

아주 소수의 투자자만이 100배 주식 투자를 개념화하고, 그보다 더 소수만이 실제로 주가의 100배 상승을 경험한다. 이는 그런 100배 상승이 3년, 5년 혹은 10년보다 더 오래 걸릴 수 있기 때문이다. 그리고 그 기간을 넘어서 주식을 보유하려면 인내심이 요구된다.

지금쯤이면 알 것이다. 정말로 그렇다는 것을. 여기 100배 주식이 되기 위해 요구되는 수익률과 필요한 기간을 깔끔하게 정리한 그래프가 있다.

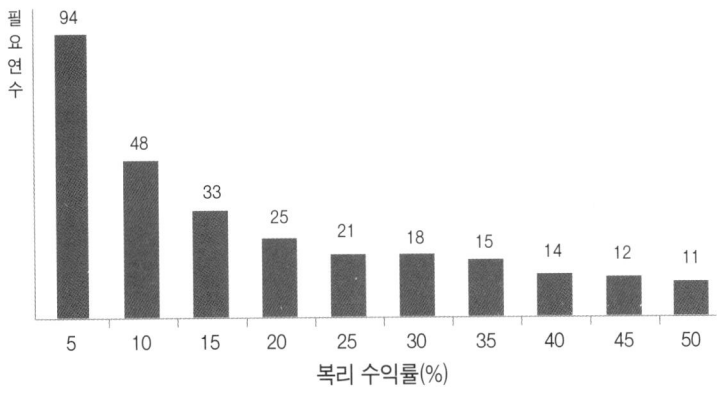

서로 다른 수익률에서 100배가 되는데 걸리는 연수

100배 주식을 손에 넣기 위해 20년 동안 주식을 보유할 필요는 없다. 다만 이 그래프를 보여 주는 취지는 복리의 장기적인 힘을 느끼라는 것이다. 그 힘을 이용하려면 시간이 필요하다.

오스왈은 지난 20년 동안 인도에서 100배 주식이 된 47개 종목을 발견했다. 한 순간 거품이 꺼지는 주식은 배제했다. 놀라운 것은 인도 주식 시장 자체가 1979년에 비해 100배가 되었다는 것이다. 오스왈 보고서에 의하면 "BSE 센섹스 지수$^{BSE\ Sensex\ Index}$는 1979년 100이었다. 이 수치는 2006년 2월에 처음으로 10,000에 도달했다." 27년 동안 100배가 되었으니 매년 19퍼센트 상승한 것이다. 내가 이 글을 쓰는 시점의 센섹스 지수는 27,000이다.

가장 흥미로운 것은 오스왈의 결론이다. 그 연구로부터 배운 것을 오늘날 100배 주식을 발견하는 데 적용하는 것이 가장 중요하니 말이다.

내 연구(그리고 펠프스의 연구)에 따르면 가장 중요한 하나의 변수는 매출액, 수익성, 그리고 밸류에이션^{Valuation}등 모든 측면에서의 성장이라는 오스왈의 글에 쉽게 동의할 수 있다.

대부분의 100배 주식은 모든 측면에서 커다란 성장 곡선을 보였다. 그래서 100배 주식을 공부하는 것은 성장을 공부하는 것으로 귀결된다. 성장이 어떻게 발생하고, 어떻게 지속되면서 100배라는 높이에 도달할 수 있는지를 탐구하게 된다. 앞의 그래프가 보여주듯이 25퍼센트의 연간 수익율으로 100배에 도달하려면 21년이 걸린다(내 연구에 의하면 그것이 100배 주식의 평균이다).

물론 다른 자료도 있다. 그 보고서에는 "우리의 100배 주식 분석에 따르면, 핵심은 SQGLP로 압축되는 5가지 주요 요인의 연금술에 있다"고 쓰여 있다.

- S - 크기^{Size}가 작다.
- Q - 사업과 경영진 모두의 품질^{Quality}이 높다.
- G - 이익 증가$^{Growth\ in\ earnings}$가 높다.
- L - 위의 Q와 G 모두 오래 지속된다^{Longevity}.
- P - 좋은 수익률을 내기에 유리한 가격^{Price}이다.

이 중 대부분은 상당히 객관적이다. 경영진 평가를 제외하고, 이 보고서는 다음과 같이 결론 내린다. "궁극적으로 분석해 보면, 단 하나의 100배 연금술사는 경영진이다. 그들이야 말로 주식 시장이 금으로 보상해 주는 일, 즉 연금술사를 감정하는 일에 정통한 사람들이다."

그것이 내가 사람에게 초점을 맞추는 이유 중 하나인데, 이는 이후의 장에서 더 자세히 알아볼 것이다. 일류 기업가 그리고 소유주인 동시에 경영자에 투자하는 것은 큰 이점을 제공한다. 재능 있는 사람과 다른 요인들이 혼합될 때 큰 수익을 거둘 수 있다. 설사 100배는 아니더라도 말이다.

인도의 100배 주식에 대한 48쪽짜리 보고서는 온라인에서 무료로 찾을 수 있다. 그냥 "Motilal Oswal 100x"라고만 검색하면 바로 나올 것이다.

마텔리의 10배 주식

또 다른 연구는 마텍 파트너스Martek Partners의 케빈 마텔리Kevin Martelli가 작성한 '지난 15년 동안의 10배 주식10x Return Stocks in the Last 15 Years'이라는 45장짜리 발표문이다. 마텔리는 이 자료를 2014년 7월 17~18일 이탈리아 트라니에서 개최된 가치투자 세미나Value Investing Seminar에서 발표했다.

비록 100배 주식에 초점을 두지는 않았지만, 그는 나와 마찬가지로 토머스 펠프스의 책에서 영감을 얻었다. 마텔리는 펠프스의 책에서 언급된 조지 베이커George F. Baker의 격언을 인용하여 그의 생각을 요약했다.

주식으로 돈을 벌려면 "좋은 주식을 꿰뚫어 보는 통찰력, 그것을 살 수 있는 용기, 그것을 쥐고 있을 수 있는 인내심"이 있어야 한다." 펠프스에 따르면 이 셋 중 인내심이 가장 귀하다.

제목에서 알 수 있듯이 마텔리의 연구는 지난 15년간의 10배 주식을 조사했다. 그는 시가 총액 1억 달러 이상의 상장 회사 약 21,000개 중에서 샘플을 선별했다. 이 샘플에서 그는 10배 수익을 낸 주식 3,795개(초기 샘플의 18퍼센트)를 발견했다.

내가 그랬던 듯 그도 많은 것이 예측하기 힘듦을 발견했다. 그래서 그는 "상당히 주관적"으로 "합리적이고 장기적으로 투자하는 투자자라면 발견, 매수, 장기 보유할 수 있을 만한 '합당한 기회'가 있는 몇 배 수익 주식을 100개 정도 더" 샘플로 뽑았다.

이 연구는 훌륭한데, 몇 가지 결론은 다음과 같다.

- 장기간에 걸쳐 몇 배가 되는 주식을 찾는 마법의 공식은 없다.
- 회사의 장기 수익 잠재력에 비해 낮은 가격에 사는 것이 중요하다.
- 작은 것이 아름답다. 선택한 샘플 내의 몇 배 주식들 중 68퍼센트가 최저가 기준으로 시가 총액 3억 달러 미만이었다(즉 초소형주였다).
- 훌륭한 주식은 보통 매수할 수 있는 충분한 시간이 있다.
- 인내심이 특히 중요하다.

내가 덧붙일 점은 그가 선택한 대부분의 주식회사에는 회사 자원을 어떻게 투자할지 잘 결정하는 최고 경영진이 있다는 것이다. 보통 대주주 또는 창업자가 자본 결정에 참여했다. 이런 것들이 성장의 장애물을 극복하게 한다.

흥미로운 사례가 오토존AutoZone이다. 마텔리의 연구를 보면, 오토존은 2~5퍼센트의 따분한 성장률을 기록했음에도 불구하고 24배 주식이 되었다. 오토존은 자기 주식을 대규모로 사들였고 이는 연간 25퍼센트 주당 순이익 증가의 원천이었다. 이 주제는 11장에서 더 다룰 예정이다.

하이저만의 이익 계단

또 다른 연구는 휴잇 하이저만Hewitt Heiserman Jr.의 '벤저민 그레이엄과 성장주 투자자Ben Graham and the Growth Investor'다. 하이저만은 50장의 프리젠테이션 자료를 내게 전달했다. 그는 강력한 성장주에 투자하고 그 투자를 지속 보유하는 것의 매력이 무엇인지 지적하면서 시작했다. 그 일부는 다음과 같다.

- 자본 이득을 연기시킬 수 있다.
- 매매를 줄일 수 있다.
- '타이밍'을 걱정할 필요가 없다.

하이저만의 연구는 100배 주식 연구는 아니지만, 몇 배가 된 성장주가 그의 주요 관심사였다. 그렇다면 가치 투자가 성장 투자를 어떻게 상회하는지를 보여 주는 수많은 연구들은 대체 왜 나오는 것일까?

그건 함정 때문이다. 쉽게 알 수 있는 함정은 투자자가 성장에 과도한 비용을 지불하는 것이다. 100배 주식과 관련해서는 지불하는 가격이 얼마인지 걱정할 필요가 없다고 생각할 수 있다. 그러나 간단한 사고 실험은 그렇지 않다는 것을 보여 준다.

두 회사 A와 B가 있다고 가정해 보자. 두 회사 모두 주당 순이익이 1달러로 시작한다. 둘 다 20년 후에 주당 순이익이 20달러가 될 것이다. 그리고 20년이 지날 즈음 두 주식 모두 주당 500달러 또는 이익의 25배에서 거래될 것이라고 가정해 보자.

이제 첫 해에 이익의 5배 또는 주당 5달러로 A주식을 살 수 있고, 이익의 50배 또는 주당 50달러로 B주식을 살 수 있다고 가정해 보자. 20년 후에 A주식은 이익이 20배, 주가수익배수가 5배 올라 100배 주식이 될 것이다. B주식은 20년 후에 10배가 된다. 나쁘지는 않지만 100배 주식보다는 훨씬 못하다. A주식에 투자한 1만 달러는 20년 후에 100만 달러가 될 것이고, B주식에 투자한 1만 달러는 10만 달러가 될 것이다.

따라서 매수 가격이 문제되지 않는 것처럼 보일 수 있다. 확실히 10배 주식에 대해 불평할 사람은 거의 없을 것이다. 그러나 진정 큰 수익은 이익의 증가와 배수의 상승 양쪽에서 나온다. 이상적으로 양쪽 모두가 작용해야 한다. 이 사고 실험은 극단적일지 모르지만, 그저 되는 대로 비싼 성장주를 사놓고 100배 주식이 되길 기대할 수 없음을 확인시켜 준다.

또 다른 함정은 이익만으로는 한계가 많다는 것이다. 하이저만은 다음과 같은 것들을 제시한다.

1. 이익에는 고정자본 투자가 빠지기 때문에, 자본 지출이 감가상각보다 클 때의 순현금 유출이 제외된다.
2. 이익에는 운전 자본 working capital 투자가 빠지기 때문에, 매출채권 receivables 과 재고자산 inventory 이 매입채무 payables 와 미지급비용 accrued expenses 보다 빠르게 증가할 때의 순현금 유출이 제외된다.
3. R&D, 광고 선전비, 직원 교육과 같이 성장을 위한 무형자산 투자들은 여러 회계 기간에 걸쳐 혜택이 지속되더라도 비용이다(즉, 투자가 아니다).
4. 소유주에게는 기회 비용이 있겠지만 주주 자본은 무료다(즉, 기업은 이익 1달러를 창출하기 위해 50달러를 지출할 수 있다. 주당 이익만 보면 이익을 창출하는 데 드는 비용을 무시할 수 있다).

여기서 중요한 점은 이익에만 집중할 수 없다는 것이다.

나는 이 책에서 회계와 증권 분석에 대한 구체적인 내용까지 다루고 싶지는 않다. 이유는 두 가지다. 첫째, 위의 내용이 왜 진실인지를 가르쳐

줄 기본적인 책은 많이 있다. 펠프스는 증권 분석에 대한 교과서를 원하는 사람들에게 벤저민 그레이엄과 데이비드 도드의 『증권 분석』을 추천했다. 43년이 지난 후에도 그 추천은 여전히 유효하다. 둘째, 100배 주식을 찾는 것이 증권 분석 그 자체는 아니다.

개념적인 힘이 더 중요하다. 이 주식이 100배가 될 수 있다고 설득할 수 있는 증권 분석은 없다. 어떤 사업이 무엇을 달성할 수 있을지와 그 성과가 얼마나 클지에 대한 통찰력과 상상력 그리고 선견지명이 필요하다. 투자는 환원주의자의 예술이고, 모든 것을 핵심으로 압축시킬 수 있는 사람이 승리한다.

증권 분석이 하는 일은 큰 폭의 이익 증가가 있더라도 가치를 창출하지 못하는 회사를 솎아내는 것이다. 나는 이 책의 뒷부분에서 이런 문제를 생각하는 지름길로 안내할 것이다.

하이저만의 연구로 돌아가자. 하이저만은 수많은 몇 배 주식을 발견했다. 이들은 주식 시장의 '최고 히트'로 꼽히는데, 마이크로소프트, 시스코Cisco, 델Dell, 치코스Chico's, 구글Google, 페이첵스Paychex, 한센 등이다.

그는 계단을 올라가는 것처럼 이익이 점점 더 높아지는 듯하다고 말한다. 이 모든 연구가 과거의 몇 배 주식들이 오랜 기간 동안 건실한 성장을 누렸다는 것을 보여 준다.

다음 장에서는 1962년부터 2014년까지 내가 뽑은 100배 주식을 살펴보면서 무엇을 발견했는지 살펴보도록 하자.

제5장

지난 50년간의 100배 주식

시장 리더십은 높은 매출액, 높은 수익성, 더 빠른 회전과 그에 상응하는 강한 투자 자본 수익으로 변환할 수 있다. 우리의 결정은 일관되게 이 초점을 반영해 왔다.

- 제프 베조스, 1997년 주주 서한

· ◆ ·

앞의 연구들을 통해 이미 많은 내용을 다루었다. 비범한 토머스 펠프스와 그의 지혜와 아이디어를 소개했다. 또한 평범한 사람이 좋은 주식을 보유하는 것만으로 100배의 높은 수익을 올리는 방법도 보았다. 100배 주식의 기본적인 특징도 그려 봤다.

100배 주식은 시간과 성장의 산물이다. 수년 동안 고품질의 주식을 보유할 필요가 있다. 나는 이쯤에서 1만 달러를 100만 달러로 바꾸는 일이 현실적으로 얼마나 어려운 일인지를 숫자로 강조해 두려고 한다. 사실 100배 주식 패턴에 대해 더 알아야 할 사실이 있다.

매년 약 20퍼센트의 수익률을 내는 주식을 25년 보유하면 100배가 된다. 그렇지만 만약 20년만 보유하고 매도하면 (세전으로) 40배다. 연간 수익률이 일정하다고 가정하면 마지막 5년이 전체 수익을 2배 이상으로 높인다. 그래서 기다려야 하는 것이다.

당신을 낙담시키려는 것이 아니다. 20년 이내에도 훌륭한 수익을 올릴 수 있다. 하지만 나는 당신이 크게 생각하기를 바란다.

여담으로 보유는 이익에 대한 세금을 내지 않고 대신 그 세금을 복리

수익에 보탤 수 있기 때문에 가장 효율적으로 세금을 아끼는 투자 방법이다. 1장에서 언급했던 척 아크리의 도움을 받아 하나의 사례를 생각해 보자.

존스와 스미스가 1977년 버크셔 해서웨이(이 책 9장에서 살펴볼 슈퍼 파워 주식)에 각각 100만 달러를 투자한다고 가정해 보자. 여기서 존스는 이익을 가져가는 걸 좋아하는 사람이라고 가정해 보자. 그래서 그는 주식을 매도하고 바로 다음 날 다시 매수한다. 존스는 연방과 주 모두 합쳐서 총 33퍼센트의 세금을 내야 한다고 생각해 보자. 반대로 스미스는 주식을 지속 보유한다.

18년 후에 둘 다 수익이 난 주식을 모두 팔아서 세금을 낸다고 하자. 스미스는 존스보다 3.4배 더 많이 가지게 된다. 세금은 중요하고 100배 주식 투자는 세금 효율적이다.

자, 100배 주식으로 돌아가 보자.

성장이 필요하다는 것을 기억하라. 그것도 많이 필요하다. 나는 이 말을 계속해서 반복할 것이다. 성장은 우리가 봐 왔던 것처럼 사업 크기 그리고 시장에서 주식에 부여하는 배수 양쪽 모두에서 필요하다. 나는 이 둘을 '성장의 두 엔진'이라 부른다.

이는 맥도널드McDonald나 월마트 혹은 IBM과 같은 성숙한 대기업이나 유틸리티 주식을 사고는 가까운 시일에 (언젠가는) 100배 주식에 가까워지길 기대해서는 안 된다는 뜻이다. 100배 주식을 발견하는 일은 무엇을 매수해야 할지 아는 것만큼이나 무엇을 매수하지 말아야 할지 아는 것이다. 100배가 될 수 없는 주식의 영역은 넓다. 그런 영역의 상당수를 제거하면 100배 주식을 찾는 일이 훨씬 쉬워진다.

이 기본 지식을 바탕에 두었으니 이제 지난 50년간의 100배 주식을 살펴보며 어려운 질문 하나에 대답할 준비가 되었다(실제로는 52년이다).

다음 100배 주식은 어떻게 찾을 수 있는가?

컴퓨스탯Compustat 데이터(1962년까지 거슬러 올라감)를 이용하여 발견한 365개 100배 주식의 몇 가지 주요 내용부터 살펴보자.

우선 처음으로 강조할 것은 이 주식들의 엄청난 다양성이다(전체 목록과 회사의 총 수익률은 부록에 있다). 예를 들어 다음은 수익률 상위 10개 주식들이다.

기업명	데이터 날짜	총수익 (만 달러)	100배가 되는데 걸린 시간(년)
버크셔 해서웨이	1965/9/30	18,261	19.0
캔자스시티 서던	1972/12/31	16,931	18.2
알트리아 그룹	1962/12/31	15,120	24.2
월마트	1970/10/31	12,382	12.5
홀리프론티어	1966/10/31	12,279	21.2
포레스트 래버러토리스	1972/12/31	7,874	11.5
TJX	1962/10/31	6,946	28.5
사우스웨스트 항공	1971/12/31	5,478	9.5
뉴마켓	1962/12/31	5,077	22.8

버크셔는 그 자체로 하나의 범주에 속하고, 9장에서 더 자세히 살펴볼 것이다.

캔자스시티 서던Kansas City Southern은 철도 주식이다. 이 주식은 1974년 이래로 16,000배 이상 상승했다. 거기에 투자한 1만 달러는 40년 만에 1억 6,000만 달러가 되었다. 나는 철도 주식이 목록의 상위권에 올랐을 것이라고 결코 짐작하지 못했다. 그 아래의 기업은 말보로Malboro를 생산하는 필립 모리스Phillp Morris의 모회사로 전통 있는 미국의 담배 회사인데 무려 15,000배 주식이다. 이것도 예상하기 힘들었을 것이다.

다른 주식들의 일부는 그렇게 놀랍지 않다. 월마트와 맥도널드는 충분히 짐작 가능하다. 이 목록이 전부가 아니다. 단지 상위권일 뿐이다. 1962년 이래로 우리의 100배 주식 요건을 충족시킨 주식이 365개가 있다.

100배 주식의 분포는 특정 산업에 국한되지 않는다. 소매 업체, 음료 제조 업체, 식품 가공 업체, 기술 업체 및 기타 여러 종류가 있다. 그들이 공통으로 가지고 있는 유일한 특징이 이 연구의 주제다. 모두 최소 100배의 수익을 냈다.

이 회사들이 고공 행진을 시작했을 때의 규모도 살펴볼 가치가 있다. 앞에서도 말했듯이 나는 통계를 일반화하기가 조심스럽다. 그래서 증거가 되는 일화와 개념이나 이론에 더 초점을 맞춘다. 그 경고와 함께 나는 365개 주식의 시작 시점에서의 중간 매출액이 약 1억 7,000만 달러였고, 중간 시가 총액은 약 5억 달러였다는 것을 덧붙인다.

이는 두 가지 지점에서 흥미롭다. 첫째는 100배 주식이 되기 위해서는 회사가 아주 작아야 한다는 미신을 걷어내 준다. 100배 주식 회사들은 대체로 중소 회사들이다. 하지만 1억 7,000만 달러의 매출액은 어느 산업에서든 상당한 규모이다. 매출액이 전혀 없거나 아주 적은 그런 50센트짜리 주식은 아니다.

둘째로 이 수치는 매출액 대비 주가 배수의 중앙값이 거의 3이라는 것을 내포하고 있는데, 이는 어떤 기준으로도 저렴하다고 말하기 힘들다. 100배 주식을 쭉 살펴보면, 저렴해 보였던 주식도 발견하겠지만, 과거 실적만 봤을 때 저렴하다고 보기 힘든 주식이 더 많다.

그래서 100배 주식을 발견하기 위해서는 미래를 봐야 한다. 크게 될 수 있는 아이디어를 찾고, 현재의 회사 크기와 향후 예상되는 크기를 생각할 수 있도록 사고방식을 훈련해야 한다. 이것이 눈에 띌 만큼 거대한 시장이 있어야 한다는 의미는 아니다. 물론 큰 시장이 도움이 되지만 말이다. 소규모 회사도 틈새 시장을 장악하면서 충분히 100배 주식이 될 수 있다. 폴라리스Polaris는 스노모빌을 만드는 데도 100배 주식이 되었다.

가끔 예외가 있겠지만, 국가 또는 국제 시장을 보유한 회사에 초점을 맞출 필요가 있다. 100배 주식 목록에 있는 틈새 회사보다 훨씬 일반적인 회사는 컴캐스트Comcast, 애플랙Aflac, 달러제너럴Dollar General, ADP 그리고 록히드마틴Lockheed Martin 등이다. 이런 회사들은 작게 시작했지만 큰 영역을 지배하게 되었다.

1982년 애플랙의 매출액은 5억 8,500만 달러였다. 100배 주식이 된 2002년, 애플랙의 매출액은 102억 달러였다. 그런데 애플랙의 매출액 대비 주가 배수는 약 1.7배에서 5.4배로 상승했다. 매출 성장과 배수 상승이라는 쌍둥이 엔진을 손에 넣었다. 매출액은 약 17배 증가했고, 매출액 대비 주가 배수는 약 3배 상승했다. 이 둘이 결합하면서 주가는 재투자된 배당금을 포함하여 100배 상승했다. 심지어 배당금을 제외하더라도 애플잭은 2년 후인 2004년 100배 주식이 되었다.

살펴볼 또 다른 흥미로운 도표는 이 주식들이 100배가 되는데 얼마나 걸렸는가와 관련이 있다. 평균 시간은 26년이었다. 26년은 중앙값이기도 했다. 100배 주식이 되는데 걸리는 시간 통계를 15년 단위로 나누었고, 그 결과를 아래에서 확인할 수 있다.

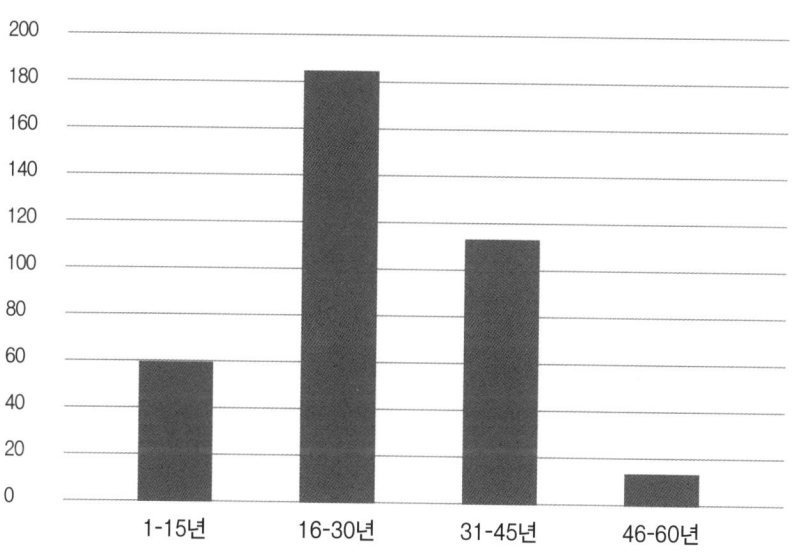

연수로 나누어 본 100배 주식

기업명	100배에 걸린 시간(년)
프랭클린 리소스	4.2
파마사이클릭스	5.0
넥스타	5.0
퀘스트코 제약	5.0
바이오젠 아이텍	5.5
타임 워너	6.0
밸리언트 제약	6.5
델	7.2
L 브랜드	7.3
퀄컴	7.3
시스코 시스템즈	7.3
EMC	7.7
잭 헨리 앤드 어소시에이츠	8.3
벡터 그룹	8.5
에드워즈	8.7
하스브로	9.5
몬스터 베버리지	9.5
사우스웨스트 항공	9.5
홈디포	9.7
NVR	9.7

가장 빨리 100배 주식이 된 회사들

실제 사례들

몇 가지 100배 주식 사례 연구를 살펴보자. 이는 무엇이 100배 주식에 도달하게 만드는지를 가장 생생하게 포착할 수 있는 방법이다.

이런 사례 연구를 위해『아고라 파이낸셜Agora Financial』의 애널리스트 알레한드로 로페즈 드 하로Alejandro Lopez de Haro와 매슈 굿맨Matthew Goodman(요다Yoda라고도 불린다), 그리고 톰슨 클라크Thompson Clark의 도움을 받았다. 아래에서 그들을 만날 것이다.

몬스터 베버리지Monster Beverage

에너지 음료로 유명한 음료 제조 업체 몬스터 베버리지를 자세히 살펴보면서 시작해 보자. 몬스터 베버리지는 10년이 채 되지 않아 100배 주식이 되었다. 2006년에 기록을 달성하고 계속 상승하여 2014년 말에 700배 주식이 되었다.

위에서 언급한 세 명의 애널리스트 중 한 명인 요다가 몬스터 베버리지 사례 연구를 준비했다. 이 이야기는 한 쌍의 이민자 사업가에서 시작한다. 힐튼 슐로스버그Hilton Schlosberg와 로드니 색스Rodney Sacks는 남아프리카공화국에서 캘리포니아로 이민을 했고, 둘 다 억만장자가 되었다.

요다의 리포트에 따르면 힐튼과 로드니는 1992년 한센 내츄럴을 1,450만 달러를 주고 매입했다. 한센의 역사는 1930년 대로 거슬러 올라갈 정도로 길다. 신선하고 저온 살균되지 않은 주스를 판매하는 사업으로 시작했지만 얄궂게도 창업자의 손자에 의해 선반에 진열되는 저온 살균 주스를 판매하는 사업으로 바뀌었다.

한센은 베스트셀러 제품이 없었고 전국에 걸친 유통망도 없었다. 그러나 힐튼과 로드니는 한센이 코카콜라처럼 사내 제조가 없는 마케팅과 브랜드 중심의 회사가 되기를 원했다. 그들은 2001년에 "회사는 탄산 기능성 음료, 특히 에너지 음료 마케팅에 집중하고 있다"고 분명히 밝혔다.

요다의 보고에 따르면 "한센 에너지Hansen Energy의 초기 출시는 빠르게 인기를 얻었지만 레드불Red Bull이 시장을 지배하면서 기운이 꺾였다. 이는 나중에 훌륭한 결정을 내릴 수 있는 교훈을 주었다."

그중 하나는 제품 수를 줄이기로 한 결정이었다. 1999년과 2000년에 그들이 갖고 있던 제품 목록은 요다가 언급한 것처럼 터무니없는 수준이었다. "14온스 유리병의 시그니처 소다, 8.2온스 캔의 슬림 다운, 13.5온스 유리병의 스무디, 64온스 플라스틱병의 스무디, 11.5온스 캔의 프리미엄 기능성 스무디, 라이센싱 브랜드와 상표, 유리병의 100퍼센트 주스, 8.45온스 무균 포장 어린이 멀티 비타민 음료, 독점권을 가진 20온스 병의 '골드 스탠다드' 녹차, 푸드 바, 무GMO 시리얼 등등등등등!!!"

2002년 그들은 훗날 주력이 될 몬스터 에너지Monster Energy라는 제품을 선보였다. 그리고 2003년 컨퍼런스 콜에서 "우리는 올해 신제품을 조금 줄였다"고 말했다. 요다는 이렇게 썼다.

> 한센의 접근법은 탁월했다. 2002년 연례 보고서를 보면 '새로운 제품과 맛의 개발과 관련하여 독립 원료 공급자가 제품 개발 비용의 상당 부분을 부담하면서 우리는 상대적으로 저렴한 비용으로 새로운 제품과 맛을 개발할 수 있었다'고 나온다.

내부 제조 설비가 없어 공장을 운영하는 데 필요한 시간과 비용을 찾는 난항에 빠지지 않았기 때문에 다양한 제품과 포장을 시험해 보기가 쉬웠다. 요다에 따르면 "그들은 차별화된 브랜드가 성공하는 브랜드임을 진심으로 느꼈다. 나중에 밝혀졌듯 포장은 성공의 큰 부분이었다."

앞서 언급했듯이 한센은 레드불에게 점유율을 잃기 전까지는 8온스의 한센 에너지로 성공적인 출발을 했다. 요다는 2003년 4분기 실적 발표 때 한센이 어떤 질문에 대해 답했던 자료를 끄집어내서 꼼꼼하게 살폈다. 질문은 투자자가 몬스터의 성공도 기대할 수 있느냐는 것이었다.

경영진은 이렇게 말했다.

첫째, 저는 지난 7년 동안 저희가 많은 것을 배웠다고 생각합니다. … 에너지 음료를 처음 시작했을 때, 우리는 애초부터 레드불과 경쟁했습니다. 당시 회사의 규모는 브랜드에 도움이 될 정도로 충분한 마케팅을 하기 어려운 인력이었던 것으로 기억합니다. … 되돌아 보면 어쩌면 좀 더 힘을 줬어야 했는지도 모릅니다. … 레드불은 수년 동안 브랜드를 확립하기 위해 그들의 매출액에 어울리지 않는 시간과 노력을 쏟아부었고, **브랜드를 확립하는 일을 훌륭히 해냈습니다**(요다의 강조).

	2001	2002	2003	2004	2005	2006
세일즈 및 마케팅 인력	66	63	114	217	363	591

몬스터를 출시하면서 한센은 실수를 되풀이하지 않았다. 몬스터가 출시된 2002년, 그들이 추가 고용한 판매 및 마케팅 담당자 수를 보라.

그들은 판촉, 마케팅 캠페인, 판매 및 마케팅 직원에 많은 비용을 지출했다. 몬스터와 락스타Rockstar는 같은 시기에 16온스라는 틈새 카테고리에 진입했다. 두 명의 선구자 중 하나인 몬스터는 그 기회를 인지하고 잡았다.

물론, 한센이 '단지' 브랜딩, 마케팅 및 신제품 출시에만 시간과 돈을 투자했던 것은 아니다. 그들은 제품 유통과 소비자에게 다가가고 소매점에서 좋은 선반 위치를 확보하는 다양한 방법에도 집중적으로 시간을 썼다.

많은 측면에서 초기의 한센은 싱크 탱크였다. 그들은 고객에게 다가가기 위해 다양한 방법을 시도했다. 주스 슬램Juice Slam의 경우, 코스트코Costco와 파트너 관계를 맺었다. E2O에너지워터E2O Energy Water의 경우, 소매 고객에게 직접 판매를 시도했다. 심지어 WIC 프로그램(푸드 스탬프Food stamps와 유사하다)에 최저가로 입찰했는데, 그 프로그램은 WIC 승인 식료품 가게에서 제공하는 지정된 사과 주스와 혼합 과일 주스를 100퍼센트 배타적으로 만들 권리를 부여했다.

WIC 계약은 이전까지 한센 제품을 구비하지 않았던 식료품 가게에 접근할 수 있게 했다. 일종의 문이었다. 그 문을 통해 한센의 제품을 알리고 브랜드 인지도를 쌓을 방법이 생겼다.

한센이 새로운 에너지 음료군인 로스트 에너지Lost Energy를 출시하기로 결정하면서 다시 실험을 감행했다. 전통적인 유통 채널을 거치지 않고, 닥터 페퍼Dr. Pepper와 세븐업7-Up 네트워크를 이용하기로 결정했다.

브랜드 정체성도 이용했다. "한센의 연구에 따르면, 16온스의 에너지 음료를 마시는 사람들은 대체로 남성이었다." 검은색 캔과 곰 발톱에 할킨 모양의 M자를 보면 놀랍지 않다. "그들의 데이터에 따르면 '무설탕'이나 '다이어트'와 같은 단어를 사용하는 것은 밝은색, 흰색, 은색 캔과 함께 여성성으로 인식된다는 것도 발견했다. 그래서 다이어트 몬스터 음료를 출시했을 때, 검은색 캔은 유지했지만 M을 푸른색으로 바꿨고 로카브Lo-Carb, 저탄수화물라고 이름을 지었다. 즉각적으로 성공했다."

몬스터 로카브의 또 다른 비범한 측면은 몬스터 자체가 이미 인기가 높았기에 판매가 훨씬 용이했다는 것이다. 그들은 두 번째 제품이 선반 공간을 확보하는 유일한 방법은 첫 번째 제품의 수요가 매우 많도록 확실하게 해 두는 것임을 알아냈다.

제품을 위한 선반 공간이 없으면 당신 회사는 아이디어를 가진 사람의 모임과 음료 가득한 창고일 뿐이다. 몬스터 로카브는 프로모션 지원이 거의 필요하지 않았던 출시 제품 중 하나였다.

이는 브랜드를 만드는 노력, 특히나 음료 회사에게 중요한 노력의 일부였다. 이 모든 것이 급속한 매출 성장을 통해 보상을 받기 시작했다.

	2002	2003	2004	2005	2006
총매출액	112,885	135,655	224,098	415,417	696,322
순매출액	92,046	110,352	180,341	348,886	605,774
총매출액 대비 순매출액 비율	81.54%	81.35%	80.47%	83.98%	87.00%
순매출액 대비 총이익 비율	34.80%	39.70%	46.30%	52.30%	52.30%

요다는 이렇게 썼다. "더 흥미진진한 부분이 있다. 당신이 인기를 얻고, 성장하며, 규모의 경제에 도달한 브랜드를 가지고 있다면, 비용 부담이 천천히 완화되기 시작한다는 것이다."

여기서 두 가지를 주목해야 한다.

1. 총매출액 대비 순매출액 비율이 상승했다. 이는 몬스터가 이제 소매점들이 가져가고 싶은 유명 브랜드이기 때문에 더 이상 프로모션(할인)을 제공할 필요가 없음을 의미한다.
2. 순매출액 대비 총이익 비율도 또한 상승했는데, 이는 포장 업체나 유통 업체가 그들을 좋은 고객으로 인식하고 거래를 유지하기 위해 좋은 조건을 제공하기 시작했음을 의미한다.

이는 매우 강력한 조합이라 주가의 극적인 상승을 가져왔다. 이 추가 마진이 수익에 미친 영향을 살펴보자.

	2002	2003	2004	2005	2006
영업이익	5,293	9,826	33,886	103,443	158,579
순이익	3,029	5,930	20,387	62,775	97,949
주당 순이익	0.04	0.07	0.22	0.65	0.99
장기 부채	3,837	602	583	525	303
주주 자본	28,371	35,050	58,571	125,509	225,084
자기자본이익률	10.68%	16.92%	34.81%	50.02%	43.52%

이 사례 연구 재무 분석의 여러 세부적인 내용은 이 표 한 장으로 요약할 수 있다. 이 표에서 매출이 급증하고 이익이 증가하며 ROE가 상승하는 것을 확인할 수 있다(6장에서 ROE에 대해 살펴볼 것이다). 100배 주식을 발견할 수 있는 공식을 하나 꼽으라면 바로 이것이다.

2004년에 한센 주식을 샀다면 부는 100배가 되었을 것이다. 깊은 수준의 재무 분석을 할 필요도 없다. 어쩌면 그런 재무 분석을 하지 않는 것이 오히려 도움이 될 수도 있다. 똑똑한 금융 전문가들도 그런 분석이 잘 통하지 않는다고 말한다. 그러나 그것 이상이 더 있다.

위의 표를 공부하면 사업의 질을 쉽게 알아볼 수 있다. 그런데 왜 모두가 부유해지지 못했을까? 아주 소수의 사람만이 이 이야기를 초기부터 지켜봤다.

그리고 비록 그 이야기를 알고 있었다 하더라도 지속 보유해야만 했다. 보유하는 것이 어리석어 보이고, 똑똑한 사람들이 몬스터가 성공하지 못할 것이라 말했더라도 말이다.

밸류 인베스터스 클럽Value Investors Club, VIC은 똑똑한 사람으로 가득하고,

폭넓게 인정받는 주식 연구 플랫폼이다. 그리고 2005년에 필명을 사용하는 한 저자가 한센을 공매도 대상으로 꼽았다. 즉, 주가 하락에 베팅하겠다는 말이었다. 이 게시물은 VIC 경연에서 세 번이나 우승했는데, 이는 "지금까지의 최고 기록 중 하나"라고 요다는 믿는다. 그래서 요다는 한센에 대한 혹평에 대해 모르지 않았다.

이 글을 저명한 투자자 그룹들은 쉽게 받아들였다. 심지어 어떤 이는 동의했다. '전략적 사업가라면 이 회사를 매수하지 않을 것이다. 이 회사는 유통상 강점이 없고, 매우 평균적인 브랜드를 가지고 일시적 유행 사업에서 간신히 수익성을 맞추고 있는 회사라 분명하게 고평가되어 있다.' 저자는 분할 조정 가격으로 6.31달러인 시점에서 이 게시물을 작성했다. 한센의 주가는 다시는 6.31달러라는 낮은 가격에서 거래되지 않았을 뿐만 아니라 12개월 만에 26달러까지 상승했다!

한센은 2012년에 현재 대표 제품인 몬스터를 따서 몬스터 베버리지로 이름을 바꾸었다.

과거 데이터를 보면 몬스터가 '고공 행진주'라는 평판에도 불구하고, 정말로 비쌌던 적이 없었다는 점이 흥미롭다. 이 회사의 P/E는 결코 성장률과 크게 어긋나지 않았다.

	2005	2006	2007	2008	2009	2010	2011	2012	2013	2014
P/E	28배	30배	29배	30배	17배	23배	30배	28배	35배	39배
주당 순이익 성장률	218%	60%	36%	-27%	99%	3%	34%	22%	5%	42%

몬스터는 우리에게 높은 매출 성장과 브랜드 구축, 그리고 높은 매출 성장과 수익성 향상 및 자본 이익률 상승의 조합이 얼마나 강력한지를 보여 준다. 또한 투자자가 얼마나 독립적인 사고를 해야 하는지도 보여 준다. 몬스터가 잘 되지 않을 이유에 대해 말했던 똑똑한 사람들이 많았다. 그러나 몬스터는 잘 되었다. 아주 극적으로 잘 나갔다.

아마존 Amazon

소개가 별로 필요없는 회사다. 이 온라인 유통 거인은 100배 주식을 2배 이상 넘어섰다. 앞서 언급한 애널리스트 중 한 명인 톰슨 클라크가 아마존에 대한 사례 연구를 준비했는데, 그의 발견은 놀라웠다. 톰슨은 아마존을 위대하게 만든 비밀을 해독해 냈다.

아마존은 처음부터 어렵지 않게 매수할 수 있는 주식이었다. 주식은 1997년 5월에 거래를 시작했고 주식 분할을 조정한 후의 유효 매수 가격은 1.50달러였다. 톰슨은 이렇게 썼다.

20세기가 끝나기 전에 그 주식은 100배가 되었다. 1999년 4월에 221달러로 최고치를 기록했고 수익률은 매우 좋았다. 14,633퍼센트, 즉 146배였다.

그러나 그 수익은 너무나 순식간에 지나갔기 때문에 연말 데이터를 사용하는 우리 연구의 목적에는 부합하지 않는다. 아마존은 10년 이상 그 정도의 높은 가격을 달성하지 못했다. 아마존은 누구나 예상할 수 있듯이 닷컴 붕괴를 피해가지 못했다. 주식은 2001년 중반에 한 자리 숫자로 떨어지면서 바닥으로 추락했다.

우리 연구의 관점에서 볼 때, 아마존은 100배 주식이 되는데 약 13년이 걸렸다. 그리고 2015년 5월까지 28,300퍼센트를 기록하면서 283배 주식이 되었다.

그렇다면 아마존은 어떻게 이를 달성했는가?

제프 베조스Jeff Bezos에서 시작하자. 뛰어난 소유주이자 경영자가 기업의 수장인 경우이기 때문이다. 베조스는 현재 51세이고, 회사의 지분 18퍼센트를 소유하고 있으며 CEO 겸 이사회 의장이다. "그가 떠날 조짐은 보이지 않는다. 2014년『비즈니스 인사이더Business Insider』인터뷰에서 베조스는 '나는 여전히 일에 열중한다'라고 말했다. 그는 자신이 하는 일을 사랑한다."

그는 30살 때 회사를 시작했으며, 그전에는 투자 관리 회사인 디이쇼DE Shaw에서 일했다. 중요한 것은 그가 빌 게이츠Bill Gates와 같은 프로그래머가 아니라는 것이다. 톰슨의 표현으로는 '월스트리트 남자'에 가깝다.

그는 두 가지를 가슴 깊이 새기고 있다. 사업의 가치가 현재로 할인된 미래 잉여 현금 흐름의 합계라는 것을 알고 있다. 그리고 자본 배분과 투하 자본 수익의 중요성을 이해하고 있다.

우리가 보았던 것처럼(그리고 나중에 더 많이 보게 될 것처럼), 후자가 100배 주식에 결정적으로 중요하다. 톰슨은 핵심 문구들을 강조하면서 베조스 생각을 잘 볼 수 있는 증거를 정리했다.

- 1999년 주주 서한: "앞서 언급한 목표들 각각은 최고의, 가장 수익성 좋고, **가장 높은 자본 수익을 창출하며**, 장기적인 프랜차이즈를 만드는 오래된 우리의 목표에 기여한다."
- 1997년 첫 번째 주주 서한: "시장 리더십은 높은 매출액, 높은 수익성, 더 빠른 자본 회전과 그에 상응하는 강한 **투하 자본 수익으로 변환**될 수 있다. 우리의 결정은 **일관되게 이 초점을 반영해 왔다.**"

그는 장기적 시각을 굉장히 엄격하게 사수한다. "그는 매년 그 해의 주주 서한의 끝 부분에 1997년 주주 서한을 포함시킨다. 그가 강조하려고 하는 요점은 결국 장기적인 것이 중요하다는 것이었다."

모두가 아마존이 온라인 소매업을 장악하게 되었다는 것을 알고 있다. 중요한 것은 100배 주식이 되기 '전에' 펀더멘털을 기반으로 아마존을 매수해야 한다는 주장을 타당하게 할 수 있느냐다. 톰슨은 단호하게 그렇다고 주장한다. 그리고 나는 그의 말에 동의한다.

그 추론에 들어가기 전에 큰 그림을 보는 것에서 시작하자. 톰슨은 그래프 하나를 공유해 주었는데, 정말로 주목할 만하다. 많은 의미들이 내 머리를 강타해서 몇 분을 생각해야 했다. 아래 그래프는 전자 상거래의 성장을 전체 미국 소매 판매의 백분율로 보여 준다.

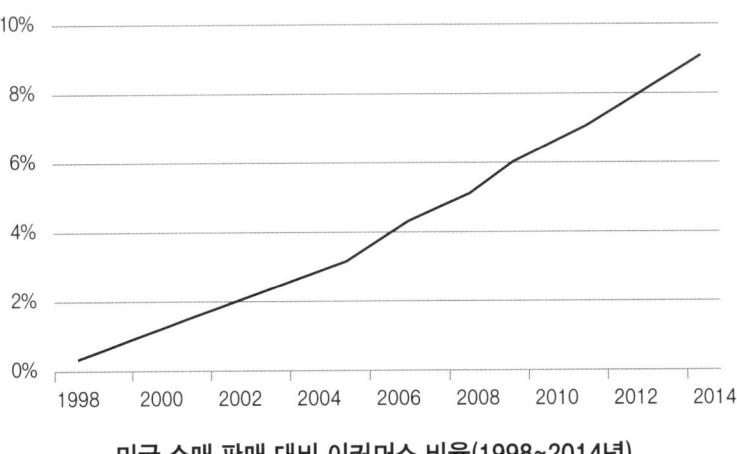

미국 소매 판매 대비 이커머스 비율(1998~2014년)

이제는 거의 분명해 보이지만, 그렇다고 1998년이나 2002년에 인터넷 판매가 언젠가 소매 판매의 2퍼센트 이상을 차지하리라고 전망하는 것이 그리 어려운 일이었을까? 이 그래프를 보면 도대체 나는 머리를 왜 달고 다녔나 싶어진다(나는 아마존을 한번도 보유하지 않았다. 아마존의 서비스를 많이 사용하는 사람이었는데도 말이다).

그리고 놀라운 점은 심지어 오늘날에도 모든 미국 소매 판매의 겨우 9퍼센트만이 인터넷을 통해 이루어진다는 것이다. 아마존은 이 수치가 거의 0에 가까울 때 시작했다. 심지어 지금도 인터넷 판매가 전체 소매 판매의 35퍼센트 혹은 절반을 차지하게 된다는 것이 비현실적인 생각일까? 어쩌면 이 100배 주식은 아직도 갈 길이 먼지도 모른다.

어쨌든 톰슨의 분석으로 돌아가 보자. "첫째, 아마존에 대한 근거없는 통념을 불식시키는 것이 중요하다. 대다수의 의견은 분명하다. 아마존은 돈을 벌지 못한다는 것이다. 진짜인가? 절대 아니다."

1997년 베조스의 첫 번째 주주 서한을 기억하라. 그는 투하 자본 수익과 미래를 위한 투자를 강조했다. 아마존이 이를 수행하는 한 가지 방법은 연구개발에 많은 돈을 지출하는 것이고, 이는 투자의 한 형태다. "나는 아마존의 과거 결과들을 조사했다. 가히 환상적이었다. 1997년 이후로 매출액은 연평균 40퍼센트 증가했다."
　여기서 다시 우리는 중요한 조건을 확인할 수 있다. 성장, 성장, 그리고 더 큰 성장이다. 톰슨이 이어서 이렇게 썼다.

　아마존의 영업이익을 보면, 이익을 내지 못하는 것처럼 보인다. 2014년 매출액은 880억 달러인데, 영업이익은 겨우 1억 7800만 달러를 기록했다. 0.20퍼센트의 아주 적은 영업이익률이다.
　그러나 R&D 비용을 더하면 완전히 다른 그림이 그려진다. 2014년 아마존은 R&D에 92억 달러를 지출했다. 이를 영업이익에 추가하면 2014년 아마존의 조정된 영업이익은 94억 달러. 이는 10.6퍼센트의 영업이익률이다.
　매우 인상적인 성과다. 그리고 더욱 인상적인 것은 이 추세의 일관성이다.

다음은 톰슨이 만든 도표다.

(단위: 백만)	1996	1997	1998	1999	2000	2001	2002
매출	$15.75	$148	$609	$1,639	$2,761	$3,122	$3,933
전년 대비 성장률(%)		838.06%	312.30%	189.13%	68.45%	12.07%	25.98%
영업이익	-6	-32	-109	-605	-863	-412	64
영업이익률(%)	-38.10%	-21.66%	-17.90%	-36.91%	-31.26%	-13.20%	1.63%
R&D 비용 추가	2	13	46	159	269	241	215
조정 영업이익	-4	-19	-63	-446	-594	-171	279
조정 세전 이익률(%)	-25.40%	-12.86%	-10.34%	-27.21%	-21.51%	-5.46%	7.09%

	2003	2004	2005	2006	2007	2008	2009
매출	$5,264	$6,921	$8,490	$10,711	$14,835	$19,166	$24,509
전년 대비 성장률(%)	33.84%	31.48%	22.87%	26.18%	38.50%	29.19%	27.88%
영업이익	270	440	432	389	655	842	1,129
영업이익률(%)	5.13%	6.36%	5.09%	3.63%	4.42%	4.39%	4.61%
R&D 비용 추가	257	263	451	662	818	1,033	1,240
조정 영업이익	527	723	883	1,051	1,473	1,875	2,369
조정 세전 이익률(%)	10.01%	10.45%	10.40%	9.8%	9.93%	9.78%	9.67%

	2010	2011	2012	2013	2014
매출	$34,384	$48,077	$61,093	$74,452	$88,968
전년 대비 성장률(%)	40.29%	39.82%	27.07%	21.87%	19.52%
영업이익	1406	862	676	745	178
영업이익률(%)	4.09%	1.79%	1.11%	1.00%	0.20%
R&D 비용 추가	1,734	2,909	4,564	6,585	9,275
조정 영업이익	3,140	3,771	5,240	7,310	9,453
조정 세전 이익률(%)	9.13%	7.81%	8.58%	9.82%	10.62%

R&D 비용을 더하는 것이 미친 소리처럼 들리지만, 여기서 중요한 것은 R&D를 투자로 생각하는 것이다.

여기서 정말 중요한 것은 아마존이 원했다면 수익을 낼 수 있었다는 것이다. 만약 아마존이 이익을 낼 수 있음을 보여 주고 싶었다면 가능했지만 그러지 않았다. 비전문가들은 아마존에 관심을 가졌다가도 수익성이 없다는 이유로 신경을 꺼버렸을 것이다. 그런데 만약 R&D를 제외했다면(실제적으로는 설비 투자를 제외했다면) 아마존이 얼마나 수익성이 좋은지 알 수 있을 것이다.

톰슨은 이 판단을 제대로 하려면 회사가 장치 비용을 상각하는 것과 같은 방식으로 일정 기간에 걸쳐 R&D 비용을 상각하길 권한다. R&D 중에는 아마존이 유지되는 데 꼭 필요한 요소가 있는가 하면 미래 매출을 창출하는 데 도움이 되는 성장 요소도 있다. 톰슨은 이렇게 묻는다. "성장 R&D와 유지 R&D 사이의 조합은 무엇인가? 모르겠다. 하지만 이는 중요한 질문이고 토론할 가치가 있다."

이 연습을 해 보는 셈치고 아마존이 사업을 성장시키기 위해 투자한 R&D를 살펴보도록 하자. 2003년부터 아마존의 R&D를 제외한 영업이익률은 거의 정확히 10퍼센트였다. 이러면 상식 있는 기본 가치 투자자가 아마존에 투자할 수 있는가? 물론이다.

2003년 초로 돌아가 보자.

- 주가 = 21.94달러
- 기업 가치Enterprise Value, EV = 83억 달러
- 2002년 매출액 = 39억 달러
- 2002년 R&D 비용 조정 이자 및 세전 이익Earnings Before Interest and Taxes, EBIT = 2억 7,900만 달러
- 2002년 조정 영업이익률 = 7퍼센트
- EV/EBIT = 33(엄청나게 높은 배수다.)

톰슨은 이렇게 덧붙였다.

그러나 이 시점에서 온라인은 미국 내 아주 작은 부분이었다. 그리고 소매 판매의 온라인화는 더 작은 부분이었다. 달리 말하면, 갈 길이 아직 멀었다(앞의 도표 참고).

당신이 연간 30퍼센트의 매출 성장률을 예상한다고 가정해 보자. 2005년도 매출액 목표는 85억 달러일 것이다. R&D 비용을 제거한 EBIT 추세와 일치하도록 10퍼센트의 마진을 가정해 보자. 그러면 당신은 아마존 주식을 R&D 비용을 제거한 2005년 영업이익의 10배에 구입하는 것이다. 이는 매우 보수적으로 잡은 주가 배수다.

이익 성장과 함께 주가 또한 상승했다. 당신이 투자한 21.94달러는 2006년 2월에 43.92달러로 상승했다. 이는 3년간 2배로 상승한 것이고, 연평균 26퍼센트의 수익률이다. 같은 기간 동안 S&P 500 지수는 그 절반 수준인 50퍼센트, 연간으로는 14.3퍼센트의 수익률을 기

록했다. 2006년까지 버텼다면 더 긴 여행을 떠날 차례다. 2015년 5월까지 주식을 보유했다면 15배 주식, 즉 연평균 26퍼센트의 수익을 얻었을 것이다. 이것 또한 인상적이다.

아마존으로 100배 주식을 달성하기는 쉽지 않았다. 초기부터 아마존이 옳다는 강한 확신을 가져야 했다. 그리고 가치의 80퍼센트 이상을 잃는 정신을 붕괴시키는 수준의 주가 하락도 견뎌야 했다.

그러나 저렴한 가격에 아마존의 주식을 살 기회도 그만큼 많았으니 설령 100배 주식을 달성하지는 못했더라도 50배 주식은 쉽게 달성했을 것이다. 그리고 아마존의 상승은 아직 끝나지 않았다.

아마존을 붙들고 있으려면 제프 베조스를 믿어야 했고, 그의 생각을 잘 알아야 했다. 베조스는 얼마든지 R&D 비용을 줄일 수 있었고, 만약 그랬다면 아마존은 현금을 창출했을 것이다. 그러나 그는 그 돈을 투자했고 새로운 성장을 창출했다. 톰슨은 다음과 같이 요약한다.

베조스를 신뢰한다면 아마존의 면도날 같이 얇은 영업 마진에 신경 쓰지 않게 된다. 2014년 영업이익률은 0.20퍼센트였다. 그러나 R&D 비용을 추가하여 조정하면 영업이익률은 10퍼센트가 된다.

아마존의 사례를 일반화하여 100배 주식을 얻기는 무척 힘들 것이다. 가장 확률이 높은 방법은 기업 공개[IPO] 때 매수하고 오로지 성장하는 소매 판매만 보고 베팅하는 것이었다. 인터넷 판매에 대한 그래프와 베조스에 대한 신뢰가 그 결정의 핵심이 되었을 것이다.

아마존이 창사 이래로 보여준 숫자와 보수적인 가정에 근거하여 2003년 2월에 아마존 주식을 사는 것은 가능했다. 그랬다면 2014년에 15배, 즉 연간 26퍼센트의 이익을 냈을 것이다.

톰슨은 더 나아가 아마존이 심지어 지금도 매수 대상일지도 모른다고 생각한다. 아래 표는 그의 분석이다.

	단위: 백만
2015년 5월 28일 주가	$427
기업가치	$196,807
2014년 실적	
매출	$88,988
조정 영업이익	$9,453
조정 영업이익률	11%
가정	
매년 매출이 20% 증가	
조정 영업이익률이 15%에 도달	
매출	$153,771
영업이익률	15%
이익	$23,066
2017 EV/EBIT	8.5배
2017 가치 평가	
조정 영업이익	$23,066
배수	20
적정 가치	$461,313
주식수	476
주당 적정 가치	$969
현재 가격	$427
상승 여력	127%
투자 기간(년)	3
연평균 수익률	31%

그의 분석에 따르면 현재 주가를 기준으로 향후 3년 동안 127퍼센트의 수익, 또는 연간 31퍼센트의 연평균 수익률을 얻을 수 있다. 톰슨의 결론은 이렇다.

전달하고 싶은 가장 중요한 요점은 자본 수익률이 엄청나게 중요하다는 것이다. 회사가 높은 수익률로 재투자를 계속할 수 있다면 주식(그리고 수익)이 복리로 늘어나고, 그것은 당신에게 포물선 효과를 가져다 준다.

몇 번이고 다시 되새겨야 할 요점이다.

뒤에서 몇 가지 사례들은 이만큼 재무적 세부 사항이 풍부하게 담겨 있지는 않지만 그 정도로도 100배 주식의 본질적인 특성은 분명해진다. 100배 주식은 성장을 위한 긴 여정이 꼭 필요하다는 특성 말이다. 앞서 언급한 애널리스트 중 한 명인 알레한드로가 다음 사례 연구를 준비했다.

일렉트로닉 아츠 Electronic Arts, EA

미국인 사업가 트립 호킨스 Trip Hawkins는 1982년 애플 컴퓨터의 전략과 마케팅 담당 이사를 그만두고 EA를 시작했다. 캘리포니아주의 레드우드 Redwood 시에 본사를 둔 이 회사는 비디오 게임을 개발하고 판매한다.

EA는 불과 14년 만에 100배 주식이 되었다. 2004년에 그 기록을 세웠고 그 후로도 계속 성장했다. 알레한드로는 이렇게 썼다.

비디오 게임 산업은 아직도 비교적 젊다(40년 정도). 그리고 여전히 엄청나게 경쟁적이다. 이 수십억 달러 규모 산업에서 초창기 회사들은 비틀거리며 새로운 회사들에게 추월당하곤 했다.

그는 아타리Atari, 세가Sega와 같은 초기 실력자들도 더 이상 지배적이지 않다는 것을 지적한다. 심지어 닌텐도Nintendo도 새로운 회사들에게 경쟁 우위를 잃어 왔다.

소니 플레이스테이션PlayStation과 마이크로소프트 엑스박스Xbox가 콘솔 게임기 시장에서 지배적 회사가 되었다. 그러나 그들도 이제는 콘솔이 필요하지 않은 게임 회사들과 치열하게 경쟁하고 있다. 새로운 게임 회사들은 인터넷이나 앱을 통해 소비자에게 직접 다가가고 있다. 그래서 미국 비디오 게임 개발 회사인 EA와 이 회사가 100배 주식이 되기까지의 경로를 면밀히 분석하는 일은 무척 흥미롭다. 이 회사의 성공은 기술의 불확실성과 변덕스러운 인간 취향의 불확실성 모두에 직면했을 때, 어떻게 성공할 수 있는지에 대한 통찰을 제공한다.

EA는 히트작을 연달아 내놓았고, 주요 독점 게임의 핵심 라이센스를 확보하여 경쟁자를 퇴출시키는 방식으로 이를 수행했다.
첫째, 불규칙한 수익성으로 인해 예측하기 어려운 사업의 본질을 볼 수 있다. 차기작 혹은 기존작 최신판의 성공과 실패에 따라 영업 수익성과 자산 수익률이 해마다 상당히 널을 뛰었다.

날짜	순이익률	총자산수익률
1990/12/31	8.5%	13.2%
1991/12/31	10.0%	17.5%
1992/12/31	10.6%	17.3%
1993/12/31	10.6%	17.2%
1994/12/31	11.0%	15.6%
1995/12/31	8.7%	10.7%
1996/12/31	7.6%	8.5%
1997/12/31	7.9%	8.7%
1998/12/31	5.8%	7.0%
1999/12/31	9.6%	11.5%
2000/12/31	0.8%	0.8%
2001/12/31	2.3%	2.1%
2002/12/31	14.2%	14.4%
2003/12/31	17.6%	14.9%
2004/12/31	18.5%	13.2%
2005/12/31	9.0%	6.0%
2006/12/31	2.7%	1.7%

EA의 순이익률 변화

대다수의 기술 회사와 달리 EA는 수익을 지키는 것에 중점을 두었다. EA가 초기에 보여준 수익성 보호 능력 중 하나는 기존 유통망의 회피였다. 대신 소매 업체와 직접 거래했고, 이는 회사에 더 많은 수익을 가져다 주었다.

EA는 다양한 형태의 포장을 실험했다. 예를 들어 뮬M.U.L.E과 핀볼 제작 세트Pinball Construction Set와 같이 1980년대 초반의 게임들이 채택한 앨범 스타일의 포장법을 사용했다. 알레한드로는 "이러한 유형의 포장은 EA가 개척했는데, 레코드 앨범 스타일은 비용을 절감할 수 있었기 때문"이라고 평했다.

EA는 또한 모든 콘솔에 맞는 게임을 만드는데 집중했고, 비용이 많이 들고 경쟁이 심한 콘솔 하드웨어 부문은 생략했다. EA의 임원들은 아직도 이 전략을 사업 성공의 기반이라고 믿고 있다.

무엇이 성공 요소였던 간에 EA는 올바른 선택을 했다. 1990년 매출액은 9,600만 달러에 불과했지만, 2004년 매출액은 31억 달러였다. 32배 증가한 것이다. 또한, 이러한 매출액에 대해 시장에서 부여한 배수는 1990년 2.7배에서 2004년 13배로 폭발적으로 높아졌다.

이익도 튀어 올랐다. 이익은 1990년에 총 800만 달러였지만, 2004년에는 5억 8,600만 달러로 73배가 되었다. 주가수익배수는 약 12배에서 32배까지 올라갔다.

이런 숫자를 만들어 내기 위해서는 모든 콘솔에 맞는 영리한 포장 이상이 필요했다. 사람들이 원하는 게임을 만들어야 했다.

EA 창업자들은 자신들이 만든 게임이 일종의 예술로 알려지기를 원해서 'Electronic Art'라는 이름을 채택했다고 한다. 이때 Art는 할리우드 같은 느낌이었기에 어떤 이들은 전설적인 유나이티드 아티스트 스튜디오United Artists studio로부터 영감을 받았다고 생각한다.

EA는 게임 개발자를 연예인처럼 대했다. 개발자에게 게임 제작에 대한 개인적인 공로를 인정했다. EA에 따르면 이는 단지 금전적인 인센티브뿐만 아니라 작품에 대한 개발자의 공로를 칭송하는 홍보성 행사를 통해 이루어졌다. 또한, 1980년대 게임용 앨범 커버도 게임과 개발자가 화면에 장난스러운 이미지를 만드는 능력을 가진 괴짜 이상이라는 인식을 강화시킨다. 품질에 초점을 맞추는 이 모든 일은 엄청나게 성공적인 게임들로 이어진다.

특히 스포츠 게임들이 대박을 터뜨렸다. EA의 독점 스포츠 게임들은 타의 추종을 불허했다. 1980년대 자란 나는 여전히 EA의 핵심 구호인 "EA 스포츠. 경기에 있는 것은 게임에도 있다"가 아직도 생각나고, 매든 풋볼Madden Football을 하면서 보냈던 대학 생활을 떠올린다. 알레한드로는 이렇게 썼다.

> EA 게임의 현실성은 다른 대부분의 스포츠 게임에 한참 앞서 있었다. 이는 다시 몇몇 프로 리그와 소속 선수로 게임을 개발할 수 있는 독점권으로 이어졌다. 매든 NFL, NBA 라이브, FIFA, NHL 그리고 PGA 투어 시리즈들은 모두 1980년대 후반과 1990년대 초반부터 EA 스포츠의 이름하에서 제품화되었다. 가장 성공적인 스포츠 게임인 FIFA는 2010년에 1억 개가 팔렸다.

EA는 심시티SimCity, 배틀필드Battlefield 및 니드 포 스피드Need for Speed 시리즈와 같은 다른 히트 프랜차이즈도 가지고 있었다. "한 지붕 아래에 이렇게 많은 히트 프랜차이즈를 가지고 있는 것이 이 회사가 설립된 이후 지속적으로 성장한 정확한 이유다"라고 알레한드로는 결론 지었다.

EA는 여러 가지 의미로 흥미로웠다. 이 회사는 변덕스러워 보이는 산업에 속해 있었지만, 성공한 게임을 제작하는 문화를 만들어 냈다. 그리고 거의 모든 100배 주식에서 볼 수 있는 것을 이 회사에도 발견할 수 있다. 폭발적인 매출 성장이다. 이에 덧붙여 불규칙적이긴 하지만 건강한 이익과 수익성을 가지고 있었다.

EA의 경우 회사의 스토리를 믿고 크게 생각해야 했던 곳이다. 이는 100배 주식이 되는데 필수적인 것이기도 하다.

컴캐스트 Comcast

랠프 로버츠 Ralph Roberts 는 미시시피주의 작은 케이블 회사를 오늘날 우리가 알고 있는 업계의 거인 컴캐스트로 변화시켰다. 이야기의 시작은 1960년대로 거슬러 올라간다. 『월스트리트 저널』은 2015년 6월 로버츠 사망 기사에 이렇게 썼다.

> 당시 케이블 텔레비전은 여전히 지역 사회에서 안테나와 팽팽한 전선을 이용하는 작은 사업에 불과했다. 로버츠 씨는 우연한 기회에 서던 Southern 케이블 방송사에서 손을 떼고 싶어하던 케이블 시스템 소유주를 만나 업계 정보를 접했다. 기회를 알아챈 로버츠 씨는 1963년 첫 인수를 단행했다. 인수 대상은 1,200명의 지역 주민에게 방송을 전송하고 있던 미시시피주 투펠로 Tupelo 시의 케이블 운영 업체였다.

주식은 1972년 나스닥^{NASDAQ}에 상장되었고, 그 이후 10만 퍼센트 이상 상승했다. 컴캐스트에는 랠프 로버츠라는 뛰어난 창업자이자 경영자가 있었다. 게다가 그를 이어 1990년 사장이 되고 2002년 CEO가 된 넷째 아들 브라이언 로버츠$^{Brian\ Robert}$ 역시 유능했던 희귀한 사례 중 하나다.

연구의 목적에 맞추어 우리는 1981년 가장 낮았던 시기부터 시작했다. 그 시점부터 100배 주식까지 도달하는 데 약 18년이 걸렸다.

컴캐스트는 아마존처럼 이익이 꾸준히 성장하지 않았기 때문에 주목할 만한 사례 연구다. 실제로 케이블 시스템을 구축하는 데 엄청난 비용을 투자하면서 종종 손실이 발생하곤 했다.

컴캐스트의 가입자 네트워크 가치를 이해하기 위해서는 보고된 숫자 너머를 봐야만 했다. 매월, 매년 요금을 지불하는 충성 고객이 컴캐스트 투자 논거의 중추였다. 수익을 보지 못했던 동안 눈여겨볼만 했던 것은 매출액 증가와 가입자 증가였다.

1980년대와 1990년대 컴캐스트는 다양한 합병을 통해 상당한 성장을 기록했다. 예를 들어, 1986년 그룹 W 케이블$^{Group\ W\ Cable}$의 지분 26 퍼센트를 매수한 덕분에 컴캐스트의 가입자 수는 2배 증가하여 100만 명이 되었다. 1994년 매클린-헌터$^{Maclean\text{-}Hunter}$의 미국 지사를 인수하면서 컴캐스트는 총 350만 명의 가입자를 확보할 수 있었고 미국에서 3번째로 큰 사업자가 되었다.

인수합병은 계속되었다. 1995년 컴캐스트는 15억 7,500만 달러에 E.

W. 스크립스^(E. W. Scripps)를 인수했다. 이 회사는 케이블 가입자가 있는 회사였고, 이로 인해 컴캐스트의 총 가입자 수는 430만 명으로 증가했다.

알레한드로에 따르면 "컴캐스트는 또한 사업 영역을 다각화하기 시작했다." 회사는 1995년 홈쇼핑 텔레비전 네트워크인 QVC의 지분 상당수를 21억 달러에 인수했다.

컴캐스트는 또한 모바일과 인터넷 산업에도 참여했다. "1988년에 2억 3,000만 달러에 지역 모바일 서비스 업체인 아메리칸 셀룰러 네트워크^(American Cellular Network Corporation)를 처음 매수했고, 두 번째로 1996년에 인터넷 서비스를 제공하는 @홈네트워크^(@HomeNetwork)를 출시했다."

이러한 노력으로 컴캐스트는 1997년 마이크로소프트로부터 10억 달러의 투자를 유치했다. "컴캐스트의 케이블 방송 유통, 프로그램 제작 및 통신을 통합하는 접근법은 PC와 TV를 연결하는 그들의 이상을 뒷받침했다. 오늘 발표는 소비자들에게 제공되는 서비스를 확장하기 위해 광대역 통신과 컨텐츠의 통합을 향상시킬 것"이라고 마이크로소프트의 창업자 빌 게이츠^(Bill Gates)가 그 당시 보도 자료에서 밝혔다.

이후에도 인수는 계속되었다. 두 번의 큰 인수는 2001년 AT&T의 케이블 시스템 인수와 2011년 NBC 유니버설^(NBC Universal) 인수였다.

컴캐스트의 네트워크는 인터넷이 들어올 수 있는 중요한 고속도로가 되었고, 이는 성장을 더 가속화했다. 아래 그래프에서 1990년대 후반과 2000년대 초반에 접어들면서 컴캐스트의 매출액이 실제로 얼마나 증가했는지를 확인할 수 있다.

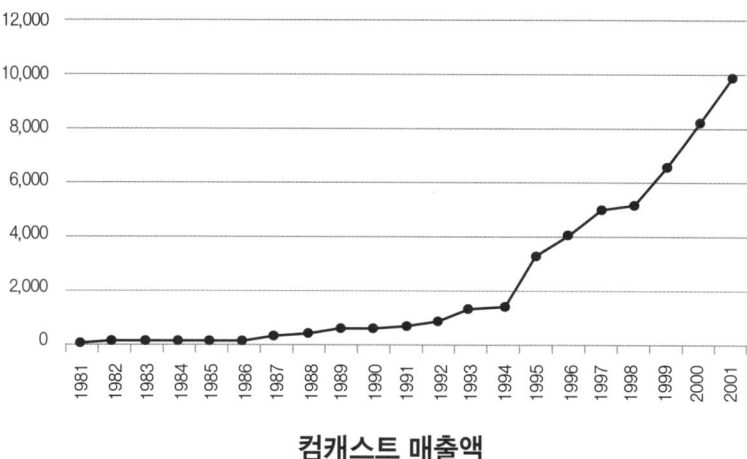

컴캐스트 매출액

정말 흥미로운 점은 이것이 컴캐스트 이야기의 초기 단계일 뿐이라는 것이다. 컴캐스트는 계속해서 확장하고 회사들을 인수하면서 2001년부터 매출액이 결국 6배 이상 증가했다. 알레한드로에 따르면 "그 시기의 대형 인수는 AT&T 브로드밴드AT&T Broadband와 아델피아Adelphia(타임 워너 케이블TIME Warner Cable과 50-50 공동 인수), 그리고 NBC 유니버설의 지분 51퍼센트를 포함한다."

2000년 주식 시장의 거품이 꺼지면서 투자자는 감당하기 힘든 하락을 견뎌야만 했다. 컴캐스트의 주식은 2002년에 최고점에서 반토막 수준인 최저점까지 내려갔다. 하지만 다시 한번 반등하기 시작했다.

2014년까지 컴캐스트 주식을 계속 보유한 사람은 188배 수익을 냈을 것이다. 이는 짧은 사례 연구이지만 매출액의 성장이 얼마나 강력한지, 보고된 수익을 넘어서 보는 능력이 얼마나 중요한지를 다시금 환기한다.

결국 100배 주식을 챙기려면 비전과 끈기, 그리고 때때로 재무제표에 명확하게 보이지 않는 어떤 아이디어에 대한 확신이 필요하다.

펩시 Pepsi

펩시는 아마도 모두에게 친숙한 전형적인 100배 주식일 것이다. 펩시는 수익이 많이 남는 복잡하지 않은 사업을 영위하고, 성장하고 또 성장해서 큰 시장을 이루었다.

펩시는 펠프스의 연구와 내 연구 모두에서 100배 종목으로 분류된 또 다른 사례이다. 펠프스의 책에서 이야기는 로프트Loft Inc에서 시작되는데, 이 회사는 1941년 펩시코PepsiCo에 흡수되어 브랜드 이미지가 쇄신되었다(삼천포로 한없이 빠질 만한 재미있는 이야기가 많다. 사소한 이야기 하나만 잠깐 하자면, 펩시는 1923년 그리고 1931년 두 번이나 파산 신청을 했다). 펠프스에 따르면 1938년에 해당 주식의 매수 단가는 주당 75센트였고 1971년에 427달러가 되었다. 33년 동안 569배가 된 것이다.

우리 연구에서는 1962년부터 다루는데, 알레한드로에 따르면 결과는 다음과 같다.

> 뉴욕 기반의 청량 음료와 스낵 업체가 1962년부터 100배 주식이 되기까지 28.5년이 걸렸다. 사실 1962년부터 1980년대 후반까지 이 주식이 100배 주식이 될 것이라는 어떠한 징후도 없었다.
>
> 그러나 그때 펩시는 엄청난 글로벌 확장을 시작했다. 1985년까지 150

여 국가에 진출했다.

진출 국가들에는 막 문호를 개방한 중국과 10년 전에 문호를 개방한 소련을 포함한다. 이 두 초기 시장들은 향후 수십 년 동안 펩시코에게 많은 돈을 벌게 해 줄 것이었다.

그 과정에서 회사는 계속해서 신제품을 출시했고 스낵 사업을 확장했다. 1982년에 펩시는 소량의 과일 과즙이 함유된 청량 음료 슬라이스^{Slice} 브랜드를 개발했다. 이는 새로운 시장을 창출했고 그 결과 음료 산업 내 시장 점유율이 상승했다.

1986년에는 패스트푸드 산업에 진출하여 KFC와 타코벨$^{Taco\ Bell}$을 인수했다. 1989년 펩시코는 영국 과자 시장을 선도하는 회사들인 워커스 크리스프$^{Walkers\ Crisps}$와 스미스 크리스프$^{Smith\ Crisps}$를 인수했다.

알레한드로의 의하면, 아래와 같이 글로벌 히트들이 계속 이어졌다.

· 1990년 펩시코는 소련과 역사상 가장 큰 소비 무역 협정에 서명했다. 같은 해, 멕시코 최대의 쿠키 회사 가메사^{Gamesa}에 대한 지배권을 확보했다.
· 1994년 펩시코는 베트남으로도 확장했다. 베트남 내에서 생산과 유통을 시작한 최초의 대형 청량 음료 제조사가 되었다. 또한, 미국에서는 스타벅스^{Starbucks}와 협업으로 기성품 커피 음료들을 출시했다.
· 1998년에 펩시는 베네수엘라의 엠프레사스 폴라 SA$^{Empresas\ Polar\ SA}$와

공동 협약을 체결하고 남미에서 가장 큰 과자 유통업체가 되었다. 이 거래는 전세계의 20개 시장에 추가로 레이^{Lay} 제품을 출시하려는 1995년 계획의 일부였다.

새로운 소유권들에 대한 인수도 계속되었다. 1997년에는 아쿠아피나$_{Aquafina}$를, 1998년에는 트로피카나^{Tropicana}를 인수했다.

나는 재무적인 차원에서 두 가지 사실을 알게 되었다. 첫째, 펩시의 매출총이익률은 지속적으로 57퍼센트 혹은 그 이상이었다. 나중에 12장에서 보게 되겠지만 이는 펩시가 얼마나 경쟁력 있는지를 잘 보여 준다.

둘째, 매출액과 이익의 성장은 시간이 지남에 따라 기대했던 것 이상의 괄목할 만한 수준이었다. 1962년 매출액은 겨우 1억 9,200만 달러에 불과했다. 2014년까지 매출액은 640억 달러를 넘어섰다. 이 금액은 나중에 결국 분할되어 나간 염브랜즈$^{YUM\ Brands}$를 포함하지 않은 것이다. 마찬가지로 순이익도 1,500만 달러에서 60억 달러로 증가했다.

우리의 연구가 포함한 기간 동안 펩시코는 1,000배 이상의 수익률을 달성했다.

질레트^{Gillette}

질레트는 100배 주식이 되는데 거의 32년이 걸렸다.

이 회사는 면도날 제조업체로 알려져 있다. 알레한드로에 따르면 "지난 10년 동안 P&G 소유의 질레트는 면도날 시장의 70퍼센트를 점유하고 있는 것으로 추정된다."

1901년에 설립된 이 회사는 일찍부터 큰 성공을 거두었다. 덧붙이자면 펠프스도 질레트를 100배 주식으로 꼽았다. 질레트 주식은 1943년부터 1971년까지 100배 주식이었다. 1943년의 매수 단가는 4.75달러였는데 1971년까지 364달러로 상승했다. 『포천Fortune』의 1962년 7월호는 질레트를 미국에서 세 번째로 수익성이 높은 회사로 뽑았다.

알레한드로는 "100배 주식에 대한 연구에서, 나는 사업을 성장시키겠다는 끊임없는 열망이 핵심 특징이라는 것을 알았다"고 덧붙였다. 그는 질레트의 역사에서 이러한 특징을 발견했다. 항상 새로운 시장으로 확장했고 새로운 제품을 개발했다. 알레한드로는 질레트의 기술 활용도 중요했다고 말한다.

그들의 효과적인 성장 비결 중 하나는 제품 개발과 마케팅에 기술을 현명하게 사용하는 것이었다. 질레트의 경영진은 역사적으로 경쟁 업체들에 비해 우위를 점할 수 있는 기술에 대한 이해가 있었다. 다윈Darwin이 말했듯이 "살아남을 수 있는 사람은 가장 강하거나 지적인 사람이 아니라 변화를 가장 잘 관리할 수 있는 사람이다."

예를 들면, 질레트는 TV 광고를 일찍 받아들였다. 1944년 텔레비전이 무시당할 때, 질레트 경영진은 도박을 감행했다. 이는 질레트 브랜드의 인지도를 크게 향상시켰다. 질레트는 단순히 광고에 비용만 지출한 것이 아니라, 데이터를 활용하여 판매를 추적했다. 결국 TV 광고는 질레트의 초기 판매를 늘리는 데 기여했다. 그러나 이것이 전부가 아니었다.

질레트에게 도움이 된 또 다른 기술은 지속적인 개선 노력이었다. 질레트는 심지어 시장을 빼앗아 갈 수 있는 제품을 가진 경쟁자가 나온다는 신호가 없을 때도 이러한 노력을 했다.

이런 노력은 부분적으로 현재 사용하는 것보다 조금 더 좋은 면도날에 기꺼이 더 많은 비용을 지불할 수 있는 충성 고객을 찾았기 때문이다. 알레한드로는 2001년 질레트의 미용 부문 사장인 피터 호프만Peter K. Hoffman의 말을 인용한다. "역사는 우리의 다음 혁신을 갈망하는 시장이 있음을 보여 주었다." 이것이 질레트가 일찌감치 발견해 낸 사실이었다.

연구개발에 중점을 두는 것이 경쟁자들의 시장 진입을 막는 강력한 해자임도 증명되었다. 심지어 질레트가 시장의 선두 주자가 아닌 경우에도 말이다. 질레트는 자체 특허를 사용하여 경쟁자를 따돌릴 수 있었다. 알레한드로의 이야기를 들어 보자.

1962년 런던의 타이니 윌킨슨 소드Tiny Wilkinson Sword는 많은 스테인리스강 면도날을 출시하여 큰 성공을 거뒀다. 사용자들은 이 제품을 사용하면 부드러운 면도를 적어도 12번 할 수 있는데 질레트의 탄소강 면도날은 고작 3~4번이 전부였다고 주장했다.

윌킨슨의 면도날이 질레트의 지배적 위치에 심각하게 영향을 줄 수 있었다. 하지만 질레트 연구원들은 윌킨슨이 특허를 취득하기 전에 스테인레스강 코팅 공정에 대한 특허를 먼저 보유하고 있었다. 그래서 질레트는 윌킨슨이 판매한 각 스테인레스 면도날마다 사용료를 받았다. 이것은 윌킨슨을 힘들게 했다.

소위 '윌킨슨 쇼크' 사건 1년 후인 1963년, 질레트는 자체 스테인리스강 면도날을 출시했다. 질레트는 가격을 윌킨슨과 다른 미국 내 경쟁자들보다 낮게 책정했다. 이렇게 함으로써 다시 본래의 시장 지위를 회복했고, 몇 년 후에는 성능이 개선된 면도날들을 연이어 출시했다.

질레트는 훌륭한 회사다. 과거에도 그랬고, 현재도 그랬으며, 미래에도 그럴 것이다.

상장 기업이 된 질레트의 처음 몇십 년을 보면, 언젠가는 100배 주식이 될 것이라는 징후를 찾기 어렵다. 사실 처음 20년 동안 주식은 그다지 상승하지 않았다. 약 40퍼센트 상승했고 그게 전부였다.

모든 배당금을 받고 재투자했다면, 투자금 100달러는 약 340달러가 되었을 것이다. 이렇게 보면 그다지 나쁘지 않다고 생각할 수도 있지만 20년 동안의 수익치고는 굉장하지 않다. 이는 연간 약 6.5퍼센트의 수익률로 낮은 편이다. 10퍼센트의 연간 수익을 내더라도 100배 주식이 되는데 걸리는 시간이 48년이라는 것을 생각해 보라. 질레트의 속도는 그것의 겨우 3분의 2 수준이었다.

알레한드로에 따르면 "이 기간 동안 지속적인 순이익 증가에도 불구하고 겨우 3.5배 올랐다." 이유 중 하나는 가치평가였다. 질레트는 "쌍둥이 엔진"의 이점을 얻지 못했다. 수익은 증가했지만, 그 수익에 대한 배수는 실제로 줄었다. 1962년에는 수익 대비 약 20배에서 거래되었지만, 20년

이 지난 후에는 고작 수익의 10배에서 거래되고 있었다.

다른 이유는 질레트의 수익성 하락과 자산 수익률 하락이었다.

날짜	순이익률	총자산수익률
1962/12/31	16.4%	23.8%
1963/12/31	14.0%	23.3%
1964/12/31	12.6%	18.6%
1965/12/31	12.5%	19.4%
1966/12/31	12.6%	20.6%
1967/12/31	13.2%	16.2%
1968/12/31	11.3%	15.4%
1969/12/31	10.8%	14.7%
1970/12/31	9.9%	13.0%
1971/12/31	8.6%	11.2%
1972/12/31	8.7%	11.0%
1973/12/31	8.1%	10.7%
1974/12/31	7.0%	8.8%
1975/12/31	5.7%	7.8%
1976/12/31	5.2%	7.2%
1977/12/31	5.0%	6.7%
1978/12/31	5.5%	7.3%
1979/12/31	5.6%	7.2%
1980/12/31	5.4%	7.3%
1981/12/31	5.4%	7.0%
1982/12/31	6.0%	8.0%
1983/12/31	6.7%	8.6%

다른 말로 하자면, 일정 수준의 이익을 창출하려면 점점 더 많은 매출액과 더 많은 자산이 필요했다. 6장에서 살펴볼 또 다른 중요한 척도인 자기자본 수익률도 떨어졌다. 1962년에는 투자한 1달러당 31퍼센트를 벌었지만, 1982년에는 18퍼센트를 벌었다.

많은 이점들에도 불구하고 질레트의 사업은 분명히 1962년만큼 좋지는 않았다. 여기에는 몇 가지 이유가 있었다.

질레트는 윌킨슨 스테인레스강 면도날과 경쟁할 때 그랬던 것처럼 때로는 제품 가격을 낮춰야만 했다. 또한, R&D 비용과 지속적인 제품 출시 비용(국내와 전 세계 모두)은 상당한 자본을 필요로 했다.

100배 상승으로의 진정한 행진이 본격적으로 시작된 것은 질레트가 이러한 추세를 뒤집었을 때였다. 가치평가도 바닥을 쳤다. 1964년부터 1995년 중반까지 100배 주식이 되었을 때, 주식의 주가수익배수는 높은 수준인 28배였다. 매출액과 수익 역시 빠르게 증가했다. 매출액은 1982년부터 15년 동안 매년 11퍼센트씩 증가했다. 동일한 기간 동안 수익은 더 빠르게, 거의 15퍼센트 수준으로 증가했다.

그리고 1970년대 대비 1980년대와 1990년대의 실적이 향상된 것에 건강한 경제 환경이 기여했음은 의심의 여지가 없다. 그렇다고 해도 그런 경제 환경은 예측할 수 없기 때문에 나는 (그리고 펠프스와 다른 사람들도) 경제 예측가가 되려고 노력할 필요가 없다고 권한다. 이것에 대해서는 이후 장들에서 더 자세히 이야기할 것이다.

질레트 사례 연구는 우리가 지금까지 짚은 몇 가지 사항들, 예를 들면 성장의 중요성 등을 강조한다. 이 점을 아마존이나 컴캐스트보다 쉽게 확인할 수 있다. 질레트는 수익성을 유지했고, 자기자본과 자산 모두에서 높은 수익률을 누렸다.

질레트의 사례 연구는 또한 주식이 낮은 수익배수에서 높은 수익배수로 이동함에 따라 가치평가가 어떻게 큰 변화를 가져오는지를 보여 준다.

그렇긴 해도, 평범한 사업에 저렴한 가격을 지불하는 것보다는 빠르게 성장하고 높은 수익을 올리는 사업(예를 들면, 몬스터 베버리지)에 대해 적당한 가격을 지불하는 것이 더 낫다. 간단한 계산이 왜 그런지를 보여 준다. 피터 린치가 그의 책 『전설로 떠나는 월가의 영웅 One Up on Wall Street』에서 제시한 사례 하나를 보자.

다른 모든 것이 동일하다는 조건에서, 수익의 20배에서 거래되는 (P/E 20배) 20퍼센트 성장 회사가 수익의 10배에서 거래되는(P/E 10배) 10퍼센트 성장 회사보다 훨씬 낫다.

계산은 다음과 같다.

	회사 A (20% 수익성장률)	회사 B (10% 수익성장률)
기준 연도	$1.00	$1.00
1	$1.20	$1.10
2	$1.44	$1.21
3	$1.73	$1.33
4	$2.07	$1.46
5	$2.49	$1.61
7	$3.58	$1.95
10	$6.19	$2.59

고속 성장 회사가 5년, 7년, 그리고 10년 후에 근본적으로 다른 위치에 서게 된다는 것을 볼 수 있다. 두 주식이 모두 P/E를 유지한다면, A회사는 123.80달러에 이를 것이고, 수익은 5배가 된다. B회사는 25.90달러에 거래될 것이고, 수익은 2배일 것이다. 심지어 20배 P/E 주식이 10배 P/E로 떨어지더라도, 여전히 3배 더 많은 돈을 손에 쥘 수 있다.

펠프스는 "좋은 주식들이 친구가 없는 경우는 거의 없다"라고 거듭 말한다. 그래서 보통의 경우 100배 주식이 될 만한 회사의 주식은 그다지 싸지 않다. 겉보기에 높은 초기 수익배수에 놀라서 위대한 주식에서 멀어지는 실수를 해서는 안 된다.

요약

이런 종류의 분석은 끝이 없다. 우리는 365개의 100배 주식 각각에 대한 사례 연구를 만들 수 있지만 그러면 읽다 지칠 것이다. 그래서 사례 연구에 너무 많은 시간을 할애하지 않으려 한다. 이 정도 100배 주식이면 충분하다. 여기서도 우리 연구가 통계적 접근 방식에 지나치게 너무 많은 신경을 쓰지 않는다는 점을 강조하고자 한다. 나는 전형적인 100배 주식이 어떻게 생겼는지를 보여 주기 위해 더 많은 숫자를 제공하고 싶다. 그러나 그것은 오하이오주 콜럼버스에 있는 부동산 평균 가격을 제공하는 것과 같다. 주거용 부동산, 상업용 부동산, 산업용 부지 등등이 있기 때문에 부동산 평균 가격은 많은 것을 알려주지 못한다. 분포가 너무 다양하다. 숫자는 아무 의미가 없다. 100배 주식도 마찬가지다.

다음 몇 개의 장에서는 큰 폭으로 상승하는 주식들에서 어떤 요소에 주목해야 하는지 다루려고 한다.

제6장

100배 주식의 열쇠

20년 혹은 30년 동안 자본에 대해 18퍼센트의 수익률이 나오는 사업이 있다면, 당신이 비싸 보이는 가격을 지불하더라도 훌륭한 결과를 얻을 수 있다.

- 찰리 멍거

돈빌 켄트 자산 운용Donville Kent Asset Management의 제이슨 돈빌Jason Donville은 흥미로운 가설을 제기한다. 그는 뒤에서 볼 '놀라운 수익률' 표에 나타나는 만큼의 수익을 제공하는 펀드 매니저의 펀드에 15년 전에 투자했다고 가정해 보라고 한다. 처음에는 거짓으로 꾸며내 놀라운 수익률을 낸 버니 매도프Bernie Madoff와 같은 사람이라고 생각할 수 있을 것이다.

하지만 아니다. 이런 매니저는 정말로 존재하며, 그 매니저 이름은 게리 솔로웨이Gerry Solloway다. 그리고 솔로웨이는 홈캐피털 그룹Home Capital Group, HCG라고 불리는 캐나다의 소비자 금융 회사의 CEO다.

물론, 이러한 수익률은 펀드 수익률이 아니다. 다음 페이지의 표는 1998년도에서 2012년도까지 15년 동안 홈캐피털의 자기자본이익률ROE을 보여 준다.

ROE는 사업에 투자한 자본에 대해 기업이 얼마의 수익률을 내는지 측정한 값이다. 예를 들어 구두닦이 사업을 하기 위해서 100달러를 투자했다고 치자. 첫 년도에 25달러를 벌면, ROE는 25퍼센트다.

돈빌의 말에 따르면, "시간이 흐르면, 주식 수익률과 ROE는 아주 잘 맞아 떨어진다." 1998년 1월 1일에 홈캐피털에 투자했다면 주식당 1.63달러를 지불했을 것이다. 2014년 1월에는 주당 80달러다(1주당 2주로 주식분할을 조정한다면, 현재는 주당 98달러이다).

연도	연간 수익률
1998	20.7%
1999	21.8%
2000	23.2%
2001	23.8%
2002	24.3%
2003	27.4%
2004	31.4%
2005	31.8%
2006	27.4%
2007	28.9%
2008	27.8%
2009	28.2%
2010	27.3%
2011	27.1%
2012	25.5%

돈빌에 따르면 "배당금을 제외하고 주식은 지난 16년 동안 49배가 되었다." 배당금을 더하면 홈캐피털의 ROE와 비슷한 수준인 연간 28퍼센트의 수익률이 된다.

돈빌은 펀드 수익률을 높이기 위해 홈캐피털 같은 회사를 찾는 데 많은 시간을 보낸다. 지속적으로 20퍼센트 이상의 ROE를 벌어들이는 회사 말이다. 물론 높은 ROE의 회사도 좋지 못한 투자처일 수 있기 때문에 그것만 보지는 않는다. 예를 들면 가격 역시 문제가 된다(마이크로소프트는 늘 ROE가 훌륭했지만 2000년 이후 10년 동안 형편없는 주식이었다).

일단 홈캐피털과 같은 주식을 찾아내기만 하면 목표는 "이 주식이나 비슷한 종류의 주식을 회사가 수익률을 낼 수 있을 때까지 보유하고 버티는 것이다. 실제로 실천하기 쉽지는 않지만, 불가능한 일은 아니다."

돈빌은 「ROE 리포터ROE Reporter」라는 분기별로 발행되는 뉴스레터를 쓴다. 그는 자신의 기준에 맞는 주식에 대해 글을 쓰는데, 캐나다 지역에 집중하기 때문에 대부분은 캐나다 회사다. 2014년 1월 뉴스레터에서 선정된 회사 중에 홈캐피털이 포함되어 있었다.

여기서 몇 가지 사항을 강조하기 위해 돈빌의 이야기를 공유하려 한다. 첫째, 회사가 투자한 돈으로 얼마나 벌 수 있는지를 생각해야 한다. 어떤 회사가 시간에 따라 높은 속도로 주당 장부 가치를 구축할 수 있다는 것은 그 회사가 높은 수익률에 투자할 힘이 있음을 의미한다.

둘째, 그러한 주식을 보유할 때 시간은 친구이다. 겨우 16년 만에 홈캐피털은 투자자들의 부를 49배로 늘렸다. 그런 수익은 좋을 때나 안 좋을 때나 주식을 보유해야만 얻을 수 있다. 항해가 항상 매끄럽지는 않다. 2008년과 같이 극단적인 상황에서는 주식이 반토막까지 나지만 그때 매도했다면 굉장한 실수였을 것이다.

그렇기 때문에 ROE에 집중하는 돈빌의 접근법은 매우 유용하다. 위의 '놀라운 수익률'을 알고 있으면 누구도 매도하지 않을 것이다. 나는 돈빌의 표와 비슷한 ROE를 본 적이 있다. 펠프스가 소개했던 화이자의 20년 동안의 연간 수익률을 기억하는가? 20년간 꾸준히 15~19퍼센트의 ROE를 보였다. 펠프스는 "이러한 수치만 본 사업가가 있다면 주식을 샀다 팔았다 할까?"라고 묻는다.

답은 당연히 '아니다'다. 여기서 또다른 의문이 뻗어나온다. 왜 수많은 투자자들이 버티지 못하는 것인가? 이는 스스로 답을 찾아야 할 문제다. 사람들은 온갖 대답을 내놓았지만 이것만은 확실하다. 펠프스가 말했듯이 49배의 수익이나 100배의 수익을 내는 유일한 방법은 "올바르게 사서 버티는 것이다."

이보다 낮은 수익률도 쌓이면 놀라운 수익률이 된다. 15퍼센트 수익률은 5년 만에 투자액이 2배가 되고, 10년 후에는 4배가 된다. 20년 후에는 그 금액이 초기 금액의 14배 이상이 된다.

높은 ROE 주식 중에서 100배 주식 찾기

제이슨 돈빌의 캐피털 아이디어 펀드Capital Ideas Fund는 2008년 시작한 이후로 줄곧 최고 성과 펀드였다. 그의 펀드가 이런 성과를 낼 수 있었던 원천은 높고 지속적인 ROE를 가진 회사에 투자하는 것이었다. 나는 돈빌에게 전화해 100배 주식 프로젝트와 내 발견을 설명했다. 수많은 100배 주식이 대부분 매년 15퍼센트 혹은 그 이상의 높은 ROE를 기록했다.

돈빌은 "정확히 그런 주식이 우리가 찾는 주식이다"라고 말했다. 우리는 그의 접근법과 뛰어난 성과를 내는 주식의 마법에 대해 이야기를 나눴다.

돈빌은 워런 버핏으로부터 상당한 감명을 받았다. "버핏은 경력 중반쯤에 자신의 스타일을 발전시켰다"라며 '오마하의 현인 Oracle of Omaha'에 대해 말했다.

그는 경력 초반에 고전적인 벤저민 그레이엄 스타일의 가치 투자자였다. 저평가를 낮은 주가자산배수 P/B, 낮은 주가현금흐름배수 P/CF, 낮은 주가수익배수 P/E 등과 같은 단기적인 회계 지표로 정의했다.

그 후 버핏은 찰리 멍거를 만나 미래 현금 흐름의 순현재가치에 비해 저렴한 주식에 집중하는 새로운 가치 정의 방식을 받아들인다. 돈빌의 이야기를 들어보자.

초창기의 버핏에게 미래 현금 흐름의 예측은 그렇게 중요한 문제가 아니었다. 해야 할 일은 현재 연도의 재무 상태표나 손익 계산서에 비해 현저히 저렴한 주식을 사는 것뿐이었기 때문이다. 두 번째 단계의 버핏은 수익이 어디로 가는지를 알아내려고 한다. 그리고 그것이 그가 이해할 수 없는 회사에 투자하지 않는 이유다. 수익을 예측할 수 없기 때문이다.

순현재가치 기반으로 가장 매력적인 주식은 높은 성장률을 보일 가능성이 큰 주식이다. 그리고 평균을 넘는 성장률을 갖추려면 지속 가능한 경쟁 우위를 가져야 한다. 이런 주식이 높은 ROE를 창출한다.

바로 여기서 다수의 100배 주식이 나온다. 다른 곳에서는 나오지 않는다는 말이 아니다. 다른 회사들도 100배 주식이 될 수 있지만 미리 예측할 수가 없다. 할 수 있는 일이라고는 자산도 없고 수익도 없던 주식이 어떻게 100배 상승했는지 경외심을 갖고 쳐다보는 것뿐이다. 100배 주식을 찾는 것이 불가능하다.

나도 동의한다. 100배 주식들을 살펴보면 크게 두 가지 종류가 있다. 정말로 뜬금없이 100배가 된 타입(예를 들면, 유정을 찾은 정유 회사)과 높은 ROE를 가진 예측할 수 있는 타입이다. 돈빌은 후자를 더 선호한다.

돈빌의 이야기대로 던킨 도너츠Dunkin' Donuts가 35개의 매장 밖에 없었을 때 상장을 했다고 가정해 보자. 우리는 던킨 도너츠를 본 후, 컨셉이 좋고 경제성도 뛰어나며 상품도 대단한데 매장이 35개 밖에 없다고 말할 것이다. 미국은 큰 시장이다. 언젠가는 8,000개의 매장이 생길 수도 있다.

그런 주식이 20년이나 30년 뒤에 100배 주식이 된다. 그런 사업은 찾을 수 있다. 작지만 ROE가 높은, 성장이 상대적으로 분명한 사업이다. 만약 어떤 회사가 4년이나 5년 동안 연속으로 높은 ROE를 보이고, 그것을 부채가 아닌 높은 수익성으로 달성했다면, 그 회사는 검토를 시작해 보기 좋은 회사다.

하지만 ROE 하나만으로 충분하지 않다. 돈빌은 몇 배로 뛰는 주식을 만들어 내는 핵심 요인 중 또 하나를 짚는다.

두 번째 부분은 느낌과 판단을 필요로 한다. 그것은 경영진의 자본 배분 기술이다.

돈빌이 예시를 들어 주었다. 1억 달러의 자본으로 2,000만 달러의 이익을 벌어들이는 사업을 가지고 있다고 가정하자. 20퍼센트의 ROE다. 배당금은 없다. 만약 연말에 2,000만 달러를 인출해서 은행에 넣는다면, 그 금액에 대해 2퍼센트의 이자를 받을 수 있다. 하지만 사업의 나머지는 20퍼센트의 ROE를 계속 벌어들일 것이다.

그 20퍼센트의 ROE는 첫 해에는 실질적으로 약 17퍼센트로 하락할 것이고, 그 후 15퍼센트가 될 것이다. 2퍼센트의 수익률을 내는 현금이 20퍼센트의 수익률을 내는 사업과 섞이기 때문이다. 매년 20퍼센트의 ROE를 보이는 회사가 있다면 그건 누군가가 그해 말의 수익을 가져다가 사업에 다시 투자하기 때문이다.

많은 사람들은 이렇게 수익을 재투자해 높은 ROE를 벌어들이는 것이 얼마나 중요한지 모른다. 돈빌은 경영진과 이야기할 때 다음과 같은 것들을 주로 이야기하고 싶다고 말한다.

당신은 회사가 벌어들이는 돈을 어떻게 재투자하고 있는가?
성장률 전망은 잊고, 당신이 한 최근 5개의 인수에 대해 이야기해 보자.

ROE가 직선일 필요는 없다. 돈빌은 석유/가스 회사인 슐럼버거^{Schlum} ^{berger}의 예시를 들었다. 그는 그가 '경기순환 조정 ROE'라 부르는 것을 사용한다. 만약 좋지 않았던 해의 ROE가 10퍼센트고, 좋았던 해의 ROE가 30퍼센트면, 평균 20퍼센트 ROE인 것이다.

돈빌은 그런 주식을 매수하는 것이 편안하다고 한다. 그리고 이상적으로는 그런 주식을 경기가 좋지 않은 해에 주로 매수하려고 한다.

그러나 돈빌은 좋지 못한 시기에 손실을 내는 회사에는 관심이 없다. 그래서 대부분의 광산 주식과 수많은 석유/가스 주식이 자연스럽게 배제된다.

광산 주식과 석유/가스 주식에서 벌어들일 수 있는 돈은 사실상 우리 같은 사람이 분석할 수 있는 데이터가 있기 전에 만들어진다. 100배로 뛰는 석유/가스 주식이 있는 것은 사실이지만, 그 주식이 1배 혹은 2배 올랐을 때 애널리스트들이 이러한 주식을 파볼 만한 근거가 없을 가능성이 높다. 이러한 주식을 초기에 매수한 사람은 로또를 사서 당첨된 것과 같다. 하지만 그러한 주식을 골라내는 시스템을 만들 수는 없다.

이와 달리 초기 단계의 작은 파네라^{Panera}나 작은 치폴레^{Chipotle}나 작은 던킨 도너츠를 살 수는 있다. 분석할 것이 충분했다. 돈빌에 따르면 "그러한 패스트푸드점의 아이디어에서 정말로 좋은 장기 투자처를 발굴할 수 있었을 것이다."

나는 ROE를 높일 수 있는 자기 주식 취득에 대해 물었다. 돈빌은 보통은 알 수 없다는 주의다. 하지만 그는 매출 성장이 없는 자기 주식 취득은 경계한다.

만약 어떤 회사가 현금 흐름은 풍부하지만 매출 성장률이 5퍼센트 미만이라면, 그 주식은 오르지 않을 것이다. IBM이 좋은 예다. ROE도 좋고 저렴하다. 하지만 외형 성장의 부재는 주식 수의 감소가 주가배수의 축소로 상쇄되어 왔음을 의미한다.

그 결과, 주식은 오르지 않는다.

돈빌은 ROE가 높더라도 외형 성장률이 최소 퍼센트가 되지 않는 주식은 꺼린다. 하지만 그는 좋은 주식을 찾았을 때 큰 돈을 건다.

나는 내 돈을 직접 관리하기 위해서 펀드를 시작했다. 사람들에게 승리하는 주식을 택할 수 없다면 상장지수펀드^{exchange-traded funds, ETF}를 사야 한다고 말했다. 하지만 승리하는 주식을 택했는데도 최고의 아이디어에 겨우 1퍼센트만 투자한다면, 그건 비상식적인 일이다.

돈빌의 펀드는 한 주식에 최대 20퍼센트까지 투자할 수 있게 한다. 자신 스스로가 규정하는 한도는 12.5퍼센트이지만 말이다. 비중이 높은 5개 종목이 펀드의 50퍼센트 정도를 구성한다. 아주 좋은 회사들이다.

포트폴리오에 버릴 것이 없다. 만약 이러한 회사들 중 한 회사가 분기 실적이 부진하다 하더라도 그 주식은 35퍼센트가 떨어지지 않는다. 3퍼센트 떨어졌다가 ROE가 효과를 나타내기 시작하면 지체없이 정상으로 복귀한다.

언제 매도하냐고 물으니, "일반적으로 ROE가 20퍼센트 미만으로 떨어지지 않는다면 매도하지 않는다. 물론 가치평가가 터무니없이 바보 같지 않으면 말이다."

그렇다면 내부자 보유는 어떻게 생각하는가? 돈빌은 우리의 연구가 보이듯이 소유자인 동시에 경영자(이에 대해서는 이후에 더 자세히 알아볼 것이다)인 경우를 선호하는 듯하다. 이런 주식을 찾지는 않지만, 종종 발견한다고 한다. 지속적으로 좋은 결정을 내리는 사람들은 회사에 지분을 꽤 투자한 소유자이기도 하다. 그리고 그들은 회사를 위험에 빠뜨리는 모험을 하지도 않는다.

똑똑한 사업가는 엄청난 한방을 노리지 않는다. 그들은 수많은 단타를 친다.

돈빌은 자신이 크게 투자한 컨스텔레이션 소프트웨어Constellation Software와 MTY 푸드 그룹MTY Food Group을 언급했다. 경영진이 여전히 많은 주식을 보유하고 있다. 그리고 단타를 많이 친다. 그 결과 위험 없이 성장하는 정말 좋은 흐름이 생겨난다.

요약해 보면, 수익을 높은 비율(20퍼센트 이상)로 재투자할 수 있는 회사의 주식을 갖는 것이 중요하다. ROE는 좋은 시작점이자 괜찮은 대용물이다. 나는 그것을 맹신하지는 않지만, 이 개념이 중요한 것은 사실이다.

자본 수익률을 어떤 방식으로든 생각하는 것이 좋다. 더 높을 수록 좋다. 투자한 돈으로 사업이 얼마의 돈을 벌어들일지와 현금을 그 비율로 재투자하는 능력을 생각하는 것이 좋다. 더 길수록 좋다. 그러지 않으면 100배 주식을 찾기란 불가능할 정도로 힘들다.

제7장

소유자-경영자를
어떻게 볼 것인가?

내 머니 매니저의 경험에 비추어 보건대 기업가적 본능은 상당한 수준의 주식을 보유하고 있어야 살아난다.… 만약 경영진이 회사 지분의 최소한 10~20퍼센트 이상을 가지고 있지 않다면 내팽개치고 다른 곳을 보라.

- 마틴 소스노프, 『침묵의 투자자, 침묵의 패배자』

TV 시리즈「사인필드Seinfeld」의 에피소드 중 '주식 조언Stock Tip?'을 기억하는가? 그 에피소드에서 조지는 제리에게 함께 주식 투자를 하자고 설득한다. 그리고 윌킨슨이라는 사람을 언급한다. 조지의 말에 따르면 이 윌킨슨이라는 사람은 주식 시장에서 상당한 돈을 벌었다. 제리가 머뭇거리자 조지는 "윌킨슨이 이 주식에 수백만 달러를 투자했다고!"라고 말한다. 결국 주식은 잘 되어서 조지는 8,000달러를 벌어들인다.

이 에피소드는 재미도 있지만 주식 시장의 지혜도 보여 준다. **게임에 관여하고 있는 사람들과 같은 곳에 베팅하라는 것이다.**

여기서 나는 내가 가장 좋아하는 주제이자 100배 주식에도 적용되는 무언가를 소개하려 한다. 소유자-경영자, 혹은 매수하려는 주식을 이미 많이 보유하고 있는 사람들과 함께 투자하라. 하지만 그전에 소유자-경영자라는 주제를 시기적절하게 만드는 오늘날 주식 시장의 특징 하나를 먼저 공유하고자 한다. 그것을 위해 호라이즌 키네틱스Horizon Kinetics라는 자산관리 회사의 연구를 살펴보자.

나는 이 연구를 호라이즌 키네틱스의 펀드 매니저인 피터 도일Peter Doyle

과 전화 회의를 하면서 들었다. 우리는 상장지수펀드[ETF]가 얼마나 시장을 왜곡하는지에 대해 이야기했다. ETF는 기본적으로 미리 만들어 놓은 증권 다발로, 주식처럼 살 수 있다. 부동산 ETF, 유가주식 ETF, 금 ETF 등이 있다. 사람들이 ETF에 몰려들면 ETF는 미리 만들어 놓은 포트폴리오를 복제해야 한다. 주식의 가격이 얼마인지 상관없이 말이다.

이러한 ETF를 만드는 사람들은 ETF에 크고 유동성 좋은 주식을 포함시키고 싶어 한다. 그런 주식이 매수하고 매도하기 쉽다. 문제는 내부자들이 통제하는 회사는 그들의 높은 지분 때문에 다른 회사처럼 유동성이 풍부하지 않다. 그래서 ETF는 그런 회사를 건너뛰거나 낮은 비중을 둔다. 결과적으로, 도일의 말을 빌자면 "이러한 소유자-경영자 회사는 … 시가 아래의 가격이 매겨지지만 … S&P 500 지수나 다른 어떤 지표보다 높은 자본 수익률을 가지고 있다."

주식 종목 투자자에게는 대단한 기회다. 더 낮은 가격에 더 나은 기업을 고를 수 있다. 도일은 이런 일이 얼마나 제대로 이뤄지고 있지 않는지를 보여 주기 위해 좋은 예시를 들었다. 사이먼 부동산[Simon Properties]이라는 회사다.

사이먼 부동산은 미국에서 가장 큰 부동산 업체를 운영한다. 주식은 수직 상승했다. 2009년도 3월에는 주당 26달러였지만, 도일이 이야기한 2014년도에는 주당 158달러였다. 주식의 배당 수익률은 2.9퍼센트였고, 수익의 30배 이상에서 거래되었다.

사이먼 가문은? 매도자였다.

이 가족은 주식 시장에 10억 달러 어치의 주식을 팔아버렸는데, 이는 주식의 유동성을 제공한 것이었다. 이미 ETF가 많이 가진 주식이었는데, 이를 통해 ETF는 더 많이 보유하게 되었다.

그러니까 이런 상황인 것이다. 주식은 비싸고, 내부자들은 그 주식을 내다 팔고 있고, ETF들은 분별없이 더 많이 사들이고 있다. 사이먼 가문이 소유한 다른 사업체 중에는 사이먼 부동산 대비 가치평가는 절반이지만 배당 수익률은 2배인 회사도 있었다. 하지만 그 회사들은 유동성이 크지 않아서 무시당했는데, 바로 그런 증권들이 도일이 찾고 펀드에 더 많이 포함하려고 하는 것들이었다.

이상하게 꼬인 오늘날의 시장에서 소유자-경영자의 존재는 그 주식이 가치 있다는 신호일 수 있다. 그리고 가치와 관련해서는 소유자-경영자가 있는지 여부가 미래에 더 나은 성과를 내리라 예측 할 수 있는 요소다. 오랜 시간 동안 소유자-경영자는 일반적인 주식 시장의 수준을 한참 뛰어넘는 성과를 보이곤 했다.

이 주제에 관한 수많은 연구와 실험이 있다.

- 2012년 조엘 슐만$^{Joel\ Shulman}$과 에릭 노이스$^{Erik\ Noyes}$는 전 세계의 억만장자들이 관리하는 회사들의 주식 가격 성과를 살폈다. 그 결과 그 회사들이 연간 7퍼센트 정도로 시장 지수를 상회했음을 발견했다.
- 2009년 루디거 파렌브라크$^{Ruediger\ Fahlenbrach}$는 창업자가 이끄는 CEO들을 살폈고, 이들이 다른 CEO보다 연구개발에 더 많이 투자했으며 가치를 파괴하는 인수를 하기보다는 주주 가치를 쌓아올리는 것에 집중했음을 발견했다.

· 2005년 헨리 맥베이Henry McVey와 제이슨 드라호Jason Draho는 가족이 운영하는 회사들을 살폈고, 이들이 분기별 수익 전망을 피해갔음을 발견했다. 대신 이들은 장기적인 가치 창출에 집중해 다른 회사를 능가했다.

더 많은 예시가 있지만 이 정도로도 어떤 이야기를 하려는 것인지 알 수 있을 것이다. 집단으로 봤을 때, 자신의 부가 위험에 처할 수 있는 사람이 고용자보다 더 나은 선택을 한다. 최종 결과를 보면 주주는 소유자가 운영하는 회사와 함께 할 때 더 결과가 좋았다.

머레이 스탈Murray Stahl과 매슈 훅Matthew Houk이 운용하는 버투스 웰스 마스터 펀드Virtus Wealth Masters Fund, VWMCX는 소유자-경영자 회사에 집중한다. 어떤 주식이 펀드에 포함되기 위해서는 경영진이 "상당한 지분을 유지해야 한다." 스탈과 훅의 말을 들어보자.

소유자-경영자 개인 자산의 상당량이 리스크가 걸려 있는 덕분에, 그들은 일반적으로 더 큰 행동의 자유와 장기적인 사업 가치(예를 들면, 주주 자본)를 구축하는 것에 집중할 수 있다. 소유자-경영자의 개인 자산은 단기적인 재무 목표들을 달성했을 때 나오는 스톡옵션, 보너스 혹은 연봉 인상 등이 아니라 보통주의 장기적인 가치 증가를 통해 늘어난다.

이런 회사의 대표적인 예는 다양한 산업 제품을 만드는 콜팩스Colfax

Corp., CFX다. 형제인 스티븐 레일즈Steven Rales와 미첼 레일즈Mitchell Rales가 주식의 24퍼센트를 보유하고 있다. 또한 유사한 회사인 다나허Danaher Corp의 주식도 15퍼센트 보유 중이다. 지난 10년 동안 다나허 주식의 수익률은 3.4배를 넘겼을 것이라고 펀드 매니저들은 말한다. 그리고 22년 동안 보유했다면 59배가 넘었을 것이다. 콜팩스는 초기 성장 단계에 있는 다나허라고 보면 된다.

그래서 여기서 다시금 강조한다. **소유자-경영자에게 붙어 있어라.**

내가 이 장을 시작하면서 언급했던 「사인필드」에피소드에서 제리는 주가가 하락하자 뭔가가 잘못되었다고 두려워하면서 공포에 휩싸여 주식을 매도한다. 하지만 내부자인 윌킨슨은 결코 매도하지 않는다. 조지는 윌킨슨과 같이 버틴다. 조지는 "내가 팔지 말랬잖아"라고 제리에게 말한다. "윌킨슨이 깔끔하게 해결했잖아."

나는 소유자-경영자의 구석구석을 좀 더 자세하게 알아보기 위해 버투스 펀드의 공동 운용자인 매슈 훅에게 전화를 걸었다.

백만장자에게 돈을 걸기

매슈 훅의 말부터 들어보자.

> 어머니가 요즘 무얼 하냐고 물으셨을 때 저는 이렇게 설명했어요.
> "어머니, 워런 버핏이 다가와서 (작은 수수료로) 어머니 돈을 관리해 준다고 한다면 하시겠어요?"
> "물론이지."

"칼 아이칸^{Carl Icahn}은요?"

"아무렴."

"빌 애크먼^{Bill Ackman}, 데이비드 아이혼^{David Einhorn}, 로우스^{Loews}의 티시^{Tisch} 가문은요? 그 정도 수수료를 내고 관리를 받으시겠어요?"

"물론이란다."

"이 펀드가 그래요. 사람들이 매우 타당한 수수료에 돈을 관리해 주고, 어머니는 사모펀드 계열의 재능있는 사람들에게 접근할 수 있어요."

뒤이어 매슈는 이렇게 말한다.

이런 상품이 이전에 없었다는 것은 정말 이상한 일이에요. 매우 단순한 개념인데 말이죠. 회사에 돈을 투자하면, 그 회사의 회장, CEO, 그리고 경영진에게 그 돈을 맡기는 것입니다. 이들이 당신과 함께 투자한다는 것은 정말 좋은 일이에요.

이러한 생각은 내 투자 철학의 핵심이기도 하다. 그리고 100배 주식을 골라내는 데에도 도움이 된다. 지난 50년 동안 가장 뛰어난 주식을 생각해 보면, 그 뒤에는 소유자-경영자가 있는 경우가 많았다. 애플의 스티브 잡스, 월마트의 샘 월튼, 마이크로소프트의 빌 게이츠, 스타벅스의 하워드 슐츠, 버크셔 해서웨이의 워런 버핏. 이 목록은 끝없이 이어진다. 이 사람들은 모두 백만장자다. 매슈의 말을 계속 들어보자.

어느 날 머레이와 저는 이런저런 생각을 나누고 있었는데, '포브스 400Forbes 400과 같은 자산가 목록 중 일부에 투자한다면 대단하지 않을까? 어떨지 궁금하네'라는 말이 나왔습니다. 우리 사업은 거기서 시작했어요.

부유 지수Wealth Index가 그 결과 생겨났다. 이 지수에 포함되기 위해서 소유자-경영자는 5억 달러를 초과하는 자산과 1억 달러를 초과하는 지분액을 가져야 한다. 이렇게 걸러 내면 과거 실적이 검증된 148명의 소유자-경영자가 남는다. 이 목록을 만들기 쉽지 않았고, 그것으로 버투스 펀드의 독특함을 설명할 수 있다.

일반적으로 사람들은 쉽게 정량화할 수 있는 데이터 포인트로 펀드와 지수를 만든다. 이런 자료는 잘 만들어진 데이터 사이트에서 쉽게 내려받을 수 있다. 부유 지수를 뽑아내는 일은 훨씬 어려웠다.

시간이 꽤 걸렸어요. 우리는 80년대 초반까지 부유한 개인을 찾아서 뉴욕 공립도서관에서 마이크로필름 자료를 뒤지기도 했어요. 그리고 매 분기마다 우리는 SEC 서류, 대리인 위임장 및 내부자 거래 신고서 등을 구석구석 찾았습니다. 엄청나게 힘든 수작업이었죠.

경영자는 매우 중요합니다. 모든 것을 과도하게 정량화하는 시대라 사람들은 모든 사업을 실제로 운영하는 사람이 가장 중요하다는 사실을 잊어요. P/E나 과거 수익 성장률만 중요한 것이 아니에요.

어떤 주식은 규모가 너무 작기 때문에 지수에 포함되지 않는다. 하지만 매슈는 이렇게 더 작은 소유자-경영자 주식을 담아내기 위한 지수가 곧 생길 수 있다고 말한다.

우리는 사실 그 자리에 오른 개인이 아니라 승승장구하고 있는 개인을 포착할 수 있는 부유 지수의 더 작은 버전을 만들어 볼까 고민했습니다. 버크셔 해서웨이와 같은 회사가 매력적이긴 해요 … 하지만 그 회사는 성숙했고, 워런 버핏의 경력은 끝나가고 있어요. 그가 제공할 수 있는 혜택이 아인혼이나 애크먼과 유사할까요? 그렇지진 않죠. 그렇기 때문에 저는 부유 지수의 더 작은 버전이 흥미로울 수 있다고 생각합니다.

우리는 소유자-경영자의 행동 중 일부를 논의하기 시작했다. 예를 들면, 다른 사람들이 공포에 떨 때 거래를 추진하는 것 말이다. 매슈가 추가적으로 설명했다.

저는 이 부분이 부유 지수에 포함된 회사들의 좀 더 중요한 요소라고 생각합니다. 이러한 회사를 경영하는 사람들은 통제권을 갖고 있어요. 그렇기 때문에 우리가 2008년도와 비슷한 하락을 경험할 때, 이들은 더 많은 부채를 감수하고 현금을 풉니다. 기회가 상당하기 때문이에요. "이때가 돈을 써야 할 순간이다, 이때가 투자를 해야할 순간이다." 이렇게 생각하는 거죠. 이 행동을 대리인이 경영하는 회사와 비교해 보세요. 이들은 심하게 변동하는 환경에서 현금을 지출하거나 부채를 떠안는 것을 혐오합니다. 대리인-경영자는 대중과 임원진이 자신을 어떻게 생각할지에 대한 공포를 크게 느끼고, 이것이 자신의 경력에 어떤 영향을 미칠지에도 큰 관심을 쏟습니다. 그들은 그저 현금 더미 위에 계속 앉아 있으려 합니다. 너무 자명한 사실이에요. 회사들이 왜 그렇게 높은 수준의 현금을 쌓아놓고 있는지를 다룬 수많은 글이 있습니다.

소유자-경영자들은 항상 기회를 노리고 있다. 우리는 저 유명한 칼 아이칸과 같은 사례에 대해 이야기했다. 부유 지수에는 아이칸이 이끄는 다양한 회사가 있다. 세 가지 예를 들자면, 아메리칸 레일카$^{American\ Railcar}$, CVR 에너지$^{CVR\ Energy}$, 그리고 체사피크^{Chesapeake}다.

매슈에 연구에 따르면 칼 아이칸은 이러한 회사들을 체스 말처럼 사용하고 있다. 아메리칸 레일카, CVR 에너지를 살펴보자. 석유가 풍부한 바켄^{Bakken}에는 정유 시설에 닿기 위한 파이프가 부족했다. 유일한 선택은 레일카에 싣는 것이었는데, 바로 그것을 아메리칸 레일카가 만들었다. 매슈는 "그가 게임을 하는 것을 보면 흥미로워요"라고 말했다. "이제 그는 체사피크에 관여하고 있습니다. 그래서 그가 하는 모든 일에는 확실히 전략적인 요소가 있다는 거에요."

소유자-경영자는 또한 세금을 효율적으로 다룬다. 여기서 매슈는 리버티 미디어$^{Liberty\ Media}$의 존 말론$^{John\ Malone}$을 언급했다.

그가 한 일을 살펴보시죠. 그는 세금 내기를 싫어합니다. 그래서 세전 소득을 최소화해 세금을 최소화합니다. 하지만 리버티 미디어를 살펴보면, 그가 수익을 줄이려 노력하기 때문에 주가수익배수 기준으로는 비싸 보입니다. 전통적인 관점에서 접근하면 핵심을 놓치기 쉽죠.

이러한 소유자-경영자의 흥미로운 점은 이들이 시장을 상징하는 지수로 거론되는 S&P 500 지수에서는 저평가되고 있다는 점이다. 매슈가 지적했듯이 S&P 500은 지수의 가중치를 결정할 때 유동성을 감안한 시가총액을 사용한다. 이는 S&P가 내부자가 아닌 사람들 손에 있는 것만 고려한다는 뜻이다. 매슈의 설명을 들어보자.

이는 대중이 보유한 시가 총액입니다. 그렇기 때문에 워런 버핏과 같은 사람이 버크셔 해서웨이의 주식을 더 사들이면 S&P 500에서의 가중치는 떨어져요. 이는 주주들이 원하는 것의 정확하게 반대인 셈이죠. 만약 사업을 경영하는 사람이 주식을 더 사들인다면, 보통은 가중치가 올라가기를 원하지 않을까요? 웃기게도 S&P는 정확히 반대로 하고 있어요.

반대로, 만약 내부자가 주식을 판다면 S&P 500의 가중치가 올라갈 것이다. S&P 500과는 반대로 부유 지수는 중요한 내부자가 있는 회사를 찾는다.

백문이 불여일견이다. 부유 지수의 성과는 최고였다. S&P 500을 20년 동안 연간 약 2.7퍼센트 정도로 능가했다. 웰스 마스터스 펀드는 이 전략에 투자하기 위한 하나의 방법이다.

부유 지수 아이디어에 대한 학술적 근거 역시 존재한다.

부유 지수를 출시할 즈음에 『저널 오브 인덱스 인베스팅Journal of Index Investing』에 「부자들이 더 부유해 진다. 그리고 당신도 할 수 있다: 억만장자 지수에 투자하라The Rich Get Richer and So Can You: Investing in a Billionaire's Index」라는 글이 실렸어요. 부유 지수를 만들 때 했던 생각에 매우 근접한 글이었죠. 우린 너무 놀랐고 누군가가 우리를 앞지르고 있다는 생각에 불안했어요. 그러나 한편으로는 독립된 제3자가 부유 지수 개념을 검증한다는 것이 좋았어요.

이 논문을 더 살피고 싶다면, '부가 부를 낳는다Wealth Begets Wealth'라는 관련 기사를 참조하라.

우리는 부유 지수의 구성에 대해 이야기했다. 가장 높은 가중치(37퍼센트)는 자유 소비재 주식에 부여되었다. 예를 들면, 오토네이션AutoNation, 카니발Carnival, 하얏트 호텔Hyatt Hotels, 웬디스Wendy's 등이다. 광산 주식에는 가중치가 거의 없는데, 여기서 무언가 느낄 수 있을 것이다. 금융/부동산 회사는 많다. 일례는 오클라호마주에서 조지 카이저George Kaiser가 경영하는 BOK 파이낸셜BOK Financial이다. 매슈의 말에 따르면 "이 회사는 역사상 가장 잘 운영되는 은행 중 하나다. 우리는 시티 은행Citi Bank나 제이피 모건을 이야기하는 것이 아니다." W.R. 버클리^{W. R. Berkley} 보험 회사도 또 다른 좋은 예시다. 매슈가 덧붙이길, "아인혼이 운영하는 그린라이트 RE^{Greenlight RE} 역시 있다. 금융 회사지만 데이비드 아인혼의 엔진이다."

공개된 펀드의 보유 주식을 살펴보기만 해도 모든 회사의 이름을 알 수 있다. 일종의 준비된 관심 종목군인 것이다.

이 지수는 또한 다양한 내부자와 뛰어난 사람을 포함한다. 메리어트^{Marriott} 가문이나 프리츠커^{Pritzker} 가문과 같이 오랜 시간 동안 가치를 창출한 가문들 말이다. 그리고 지금은 웬디스에 관여하고 있는 넬슨 펠츠^{Nelson Peltz}, 존 말론, 아이칸, 애크만, 아인혼, 에디 램퍼트^{Eddie Lampert}와 같은 투자자 유형이 있다.

매슈는 이렇게 요약했다.

일반적인 사람의 경우에 그러한 수준의 투자자에게 다가가는 것이 쉽지 않다. 헤지 펀드나 사모 조합^{private equity partnership}을 통해서나 가능한 일이다. 그리고 자격을 갖추기 위해 높은 수준의 생활을 유지하고 있어야 한다. 하지만 부유 지수를 이용하면 그런 뛰어난 사람들에게 간접적으로 다가갈 수 있다. 넬슨 펠츠가 당신의 돈을 투자하게 할 수 있다. 칼 아이칸이나 워런 버핏이 투자하게 할 수도 있다.

부가 부를 낳는다

대부분의 부는 호기심 많은 구경꾼들이 알아채지 못하는 사모 금융 계약들에 숨겨져 있다. 대중은 이 돈 뒤에 숨겨진 비밀을 절대 알 수 없을 것이다.

조엘 슐만Joel Shulrnan과 에릭 노에스Erik Noyes라는 교수들의 말이다.

하지만 모든 부가 숨겨져 있는 것은 아니다. 매슈 혹이 보여 주었듯이 세계의 가장 부유한 사람들 중 일부는 상장 회사를 소유하고 운영한다. 우리는 이들의 발자취를 쫓을 수 있다. 슐만과 노에스가 바로 이런 일을 했다. 이들은 주식의 결과가 평균적으로 좋았음을 발견했다. 놀라운 일은 아니다.

우리는 전체적으로 … 세상에서 가장 부유한 사람들이 대표하는 공개 거래 주식의 포트폴리오나 지수가 좋은 결과를 낸다는 결론에 이르렀다.

두 교수의 억만장자 지수Billionaires Index(웰스 마스터스 지수Wealth Masters Index와 매우 유사하다)는 비슷한 다른 지수들을 훌쩍 능가했다. 결과적으로 억만장자 지수가 높은 주식을 매수해야 한다는 생각을 제시했다. 지금은 웰스 마스터스 펀드를 매수함으로써 이런 결과를 기대할 수 있다.

두 교수는 왜 이러한 회사들의 성과가 대단한지에 대해 그리 오래 고민하지 않았다. 하지만 몇 가지 단서를 남기긴 했다. 그 단서 중 하나는 부유한 사람들의 인맥이 사회적으로, 그리고 사업적으로 뛰어나 더 나은 정보를 얻을 수 있다는 점이다. 이런 정보는 인맥이 없는 사람보다 앞서 나가게 한다.

훅 역시 이러한 측면을 언급했다. 훅은 일례로 에어리스Air Lease Corp의 CEO 스티븐 우드바-헤이지Steven Udvar-Hazy를 들었다. 우드바-헤이지는 비행기 임대 사업의 아버지이다. 그는 이 업계에서 대단한 인맥을 갖고 있고, 전화기를 들어서 그 누구와도 통화할 수 있다. 이는 비행기 임대 사업에서 큰 이점으로 작용한다.

이런 장점은 재무제표나 주가수익배수에는 나타나지 않는다. 하지만 당신이 걷고 있는 땅 만큼이나 실질적이다.

두 교수는 성공의 또 다른 요인들을 열거한다. 낮은 비용, 과하지 않은 차입, 경제 사이클을 고려한 수익, 고위 경영진의 낮은 이직률과 모든 주주에게 인센티브를 제공하려는 시도 등이다. 두 교수의 말에 따르면 "이러한 요인들이 잘 갖추어져 조합되었을 때 그 시너지는 조직의 모든 관련자에게 폭발적인 부를 안겨 준다." 그 요소들이 어떻게 조합되어야 하는지 알기는 힘들겠지만, 결과를 설명할 수는 있다. 하지만 가장 중요한 것은 결정을 내리는 사람들이 개인의 자산을 사업에 걸고 있다는 점이다. 이는 모든 이야기를 관통하는 독특한 특성이다. 그것이 돈 뒤에 숨은 비밀이다.

100배 주식을 찾는 과정에서 재능 있는 사람을 돕게 된다. 차세대 잡스, 차세대 월튼Sam Walton, 혹은 차세대 칼 아이칸이 될 사람이 누구인지 고민해 보도록 하자. 지난 50년 동안 최고의 주식 뒤에는 그와 같은 핵심 인물이 있었다. 이게 바로 이번 장의 핵심 메시지다.

제8장
___

아웃사이더: 최고의 CEO들

CEO가 가진 모든 선택권을 도구라고 생각한다면, 장기적으로 주주의 수익률은 CEO가 어떤 도구를 사용할지 선택하는 결정에 큰 영향을 받는다.

- 윌리엄 손다이크 『아웃사이더』

‧◆‧

많은 사람들은 잭 웰치Jack Welch가 뛰어난 CEO라고 생각한다. 윌리엄 손다이크William Thorndike의 책 『아웃사이더The Outsiders: Eight Unconventional CEOs and Their Radically Rational Blueprint for Success』에 따르면, 만약 웰치가 경영권을 승계한 1981년 GE에 1달러를 투자했다면 이는 제프리 이멜트Jeffrey Immelt에게 자리를 넘겨준 2001년에 48달러로 불어났을 것이다. 그것은 복리 수익률 20.9퍼센트이고, 동일기간 동안 전체 시장 수익률은 14퍼센트였다. GE의 총수익은 시장 수익의 3.3배였다.

이는 준수한 기록이다(웰치가 떠나고 나서 무슨 일이 있었는지는 언급하지 않겠다). 손다이크는 웰치를 뛰어난 성과를 낸 CEO의 기준으로 삼는다. 그렇다면 웰치는 역사상 최고의 CEO였는가? 전혀 그렇지 않다.

다시 손다이크의 책으로 돌아가보자. 이 책은 뛰어난 CEO가 어떻게 가치를 창출하는지를 다룬 중요한 연구다. 꼭 한 번 읽어보기를 권한다. 당신을 더 나은 투자자로 만들어줄 것이다. 이 책은 또한 내가 정말 많은 시간을 들여 찾는 것에 대한 길잡이 역할도 한다. 바로 진정으로 뛰어난 소유자-경영자다. 무엇보다 미래의 100배 주식에 대한 탐구는 이미 그 대업을 이룬 현인들을 연구하는 것에서부터 시작할 수밖에 없다.

손다이크는 8명의 CEO를 거론한다. 이들이 경영한 회사의 주식 중 네 개가 이들이 경영하는 시기에 100배 주식이 되었다. 이러한 CEO 중에는 텔레다인Teledyne(180배)의 헨리 싱글턴Henry Singleton, 캐피털 시티Capital Cities(204배)의 톰 머피Tom Murphy, 그리고 TCI(900배)의 존 말론이 있다. 아, 그리고 물론 워런 버핏도 있다.

아쉽게 100배 주식이 되지 못한 4명도 만만치는 않다. 워싱턴 포스트Washington Post(89배)의 캐서린 그레이엄Katharine Graham과 랄스턴 퓨리나Ralston Purina(52배)의 빌 스티리츠Bill Stiritz이다. 100배 주식이 되지 않았다고 해서 너무 엄격하게 굴 생각은 없다. 스티리츠의 경우, 52배 주식이 되는데 19년밖에 걸리지 않았다. 1만 달러를 투자했다면 52만 달러가 되었다는 것을 상상해 보자. 그것은 은퇴를 앞당길 수 있게 한다. 요점은 이런 사람들에게 투자했다면 많은 돈을 벌었을 것이라는 사실이다. 심지어 처음부터 계속 함께 하지 않았더라도 말이다.

일단 이 책의 기본적인 주제부터 시작하자.

핵심은 이 모든 CEO가 모두 뛰어난 자본 배분가나 대단한 투자자였다는 것이다. 자본 배분은 투자와 같다. 손다이크의 말에 따르면 CEO는 다섯 가지의 기본적인 선택권을 가지고 있다. 기존 사업에 투자하거나, 다른 사업을 인수하거나, 배당금을 지불하거나, 부채를 갚거나 자기 주식을 매수한다(현금을 보유하는 것이 여섯 번째 선택권이라고 말할 수도 있지만, 그것은 그저 현금을 가지고 무엇을 할지에 대한 선택을 미루는 일일 뿐이다).

또한 CEO는 돈을 모으는 세 가지 방법을 가지고 있다. 주식을 발행하거나, 부채를 발행하거나, 혹은 사업의 현금 흐름을 건드리는 것이다.

이 모든 선택권을 도구라고 생각한다면, 장기적으로 주주의 수익률은 CEO가 어떤 도구를 사용할지 선택하는 결정에 큰 영향을 받는다.

무엇이 8명 CEO의 특징이 아닌지가 중요하다. 이들은 '위대한 사업'을 한 것도 아니고, '성장하는 시장'에 속했던 것도 아니다. 소유할 특별한 자산도 없었다. 아웃사이더들은 성장하는 시장과 위축하는 시장 모두에서 큰 부를 이루었다. 소비재 제품과 미디어, 금융 서비스와 제조업에서 그 위업을 이루었다. 산업은 크게 중요하지 않았다.

그 누구도 경쟁업체와 비교해 인기 있고 쉽게 반복할 수 있는 소매 컨셉이나 지적 재산권 우위를 갖고 있지 않았다. 그럼에도 불구하고 경쟁자들에 월등하게 앞섰다.

아웃사이더들은 CEO의 도구를 이용해 최대의 효과를 냈다. 그 과정에서 몇 가지 생각을 공유했다. 각각의 아웃사이더는 "그들에게 작은 지적 마을의 시민권을 부여한" 세계관을 공유했다. 손다이크에 의하면 그들 모두 다음을 이해했다.

- 자본 배분은 CEO의 가장 중요한 책무다.
- 전체적인 크기나 성장이 아니라 주식의 가치가 중요하다.
- 수익이 아니라 현금 흐름이 가치를 결정한다.
- 분산된 조직은 사업가적 에너지를 방출한다.
- 독립적인 사고가 장기적인 성공에 필수다.
- 종종 최고의 기회는 당신 자신의 주식을 보유하는 것이다.
- 때때로의 대담함처럼, 인내는 인수합병에 있어서 중요하다.

8명의 CEO는 "시대에 뒤떨어진, 현대 이전의 가치들"을 공유했다. 그들은 '전형적'이지 않았다. 이는 때때로 그들의 지리적 위치에서 드러났다. 뉴욕은 그들의 근거지가 아니었다. 그들은 금융의 꽃(뉴욕) 밖에 있었다.

이런 특징은 이들이 기존 무리의 관습적인 사고방식과 소음으로부터 벗어날 수 있게 했다. 대신 그들은 "초점의 단순화"를 추구했다. 손다이크는 아웃사이더들이 "단순함의 천재성"을 보인다고 말했다. 이는 그들이 "동종 집단과 언론의 소음을 피해 사업의 핵심적인 경제적 특성에 집중"할 수 있게 한다. 손다이크는 이러한 특성을 많은 예시를 통해 보여 준다.

텔레다인의 헨리 싱글턴을 보자(내가 비즈니스 역사를 통틀어 가장 좋아하는 사례다). 텔레다인은 대기업이었지만 그리 특별한 것은 없었다. 하지만 싱글턴이 그가 가진 도구를 사용한 방식은 평범하지 않았다. 그는 배당금 지급을 꺼렸다. 회계상 이익도 무시하고 현금 흐름에 집중했다. 그는 텔레다인이 꾸준히 자기 주식의 90퍼센트를 사들이게 했다. 싱글턴이 부임한 1963년에 1달러를 투자했다면, 1990년 그가 은퇴할 즈음에는 180달러가 되었을 것이다. 그는 시장을 상대로 12배 승리를 거둔 것이다.

싱글턴과 경영진은 모두 소유자이기도 했다. 너무나 중요한 부분이다. 싱글턴이 은퇴할 때, 임원진이 주식의 40퍼센트를 소유한 상태였다. 모든 아웃사이더의 이익은 곧 주주의 이익이었다.

또 다른 예시로 톰 머피와 캐피털 시티를 보자. 톰 머피는 5개의 TV 방송국과 4개의 라디오 방송국으로 시작했다. 경쟁자인 CBS의 시가 총액은 캐피털 시티의 시가 총액 대비 16배였다. 머피는 대양주 여객선을 상대하는 나룻배와 같았다. 하지만 머피가 물러날 즈음에 캐피털 시티는 CBS보다 3배의 가치가 있었다. "단연코 나룻배가 이겼다"라고 손다이크는 평가했다.

머피의 공식은 단순함 그 자체였다. 현금 흐름에 집중한다. 차입금을 사용해 더 많은 자산을 확보한다. 운영을 개선하고 부채를 갚는다. 그리고 이를 반복한다. 머피가 CEO가 된 1966년에 1달러를 투자했다면 29년 뒤 디즈니Disney에 매각되었을 때 204달러를 벌었을 것이다. 수익률은 연간 약 20퍼센트로 이는 시장 수익률보다 17배 가까이 높다(그리고 경쟁자들도 4배 앞질렀다). 머피의 경영 아래 캐피털 시티는 자기 주식의 47퍼센트를 사들였다.

손다이크 책에 등장하는 또 다른 좋은 예는 케이블 회사 TCI의 존 말론이다. 그의 기록은 어마어마했다. 1973년에 투자한 1달러는 1998년에 900달러가 되었다. 오랜 기간 동안 연평균 30퍼센트의 수익률을 달성한 것이다. 경쟁자들은 20퍼센트의 수익률이었고, 시장 자체는 14퍼센트 정도였다. 말론 역시 상장 주식의 40퍼센트를 사들였고, 이 자기 주식 취득을 통해 40퍼센트의 수익률을 달성했다(모든 아웃사이더가 자기 주식 취득으로 큰 수익률을 만들어 냈음을 짚어둔다. 그들은 저렴하게 매수하는 법을 알고 있었다).

하나 더 살펴보자. 랄스턴 퓨리나의 빌 스티리츠다. 스티리츠는 기본적인 지표에 회사를 집중시켰다. 자기자본이익률^{ROE}이다. 이 지표를 높이기 위해 그는 부채를 사용했다. 그는 자신의 높은 기준에 부합하지 않는 사업부는 팔아버렸다. 그가 한 일들은 멋지게 맞아떨어졌다. 그에게 투자했던 1달러는 19년 뒤에 57달러가 되었다. 연간 20퍼센트의 수익률이고, 동종 회사들(17.7퍼센트)과 시장(14.7퍼센트)을 따돌리는 수치다. 그는 위에서 서술한 수많은 원칙을 따랐다. 자기 주식도 상당히 많이 취득했는데, 랄스턴 주식의 60퍼센트를 사들였다.

여기서 모든 사례를 상세하게 다룰 수는 없다. 손다이크가 8명의 CEO에 대해 정리하는 존경할 만한 작업을 했다. 그것을 통해 이들의 가치가 무엇이고 그 가치가 어디서 오는지 알 수 있다. 또한 이러한 아웃사이더들이 아까 서술한 작은 지적 마을의 핵심 원칙을 어떻게 밀고 나갔는지도 구체화한다.

정확한 공식은 없다고 말할 수 있다. 그러나 손다이크는 아웃사이더들의 근본적인 특성과 그들의 CEO 도구 사용법을 상세하게 설명해 준다.

배당을 피했고, 심사숙고한 (종종 큰 규모의) 인수를 했으며, 레버리지를 선별적으로 이용했고, 상당한 규모의 자기 주식 취득을 했으며,

세금을 최소화했고, 분산된 조직을 운영하며 회계상 순이익보다는 현금 흐름에 집중했다.

아웃사이더들이 이 모든 일을 항상 했던 것은 아니다. 적절한 도구는 때에 따라 달랐다. 하지만 모두가 투자자처럼 생각했고, 도구를 현명하게 사용해 기존 CEO들이 하지 못한 방식으로 큰 영향력을 발휘했다.

나는 이미 이 책을 몇몇 CEO와 동료 투자자에게 추천했다. 내가 가진 책에는 이미 여기저기 중요하다는 표시들로 가득 찬 상태이다. 이 책을 집어 들고 꼼꼼하게 읽어라. 『아웃사이더』는 당신을 "극단적으로 이성적인" 세계로 이끌 것이다. 놀랍게도 여전히 많은 투자자들이 이 책을 저평가한다. 하지만 이 책은 공부한 것의 몇 배를 나중에 되돌려줄 것이다.

다음 아웃사이더

최근 나는 이 책을 쓰며 손다이크에게 100배 주식에 대해 물어볼 기회가 생겼다. 뉴욕에서 손다이크는 윌리엄 코한^{William Cohan}(라자드^{Lazard}라는 회사의 투자 은행가였고, 최근 집필과 TV 출연도 한다)이 주재하는 북토크 시간에 앉아 있었다. 뉴욕 증권분석가 모임^{New York Society of Security Analysts}이 이 행사를 주최했는데, 정말로 가치가 있는 행사였다.

이 토론 전체에 대해 자세히 말하지는 않겠다. 하지만 흥미로운 부분 하나를 강조하고 싶다. 바로 내 질문에 대한 손다이크의 답이다. 나는 어느 CEO와 회사가 다음 아웃사이더 기준에 부합하는지 물었고, 그는 몇 가지 생각을 들려주었다.

- **트랜스다임**TransDigm, TDG의 닉 하울리Nick Howley. 손다이크는 트랜스다임을 "클리브랜드Cleveland에 기반을 둔 놀라운 회사"라고 불렀다. 트랜스다임은 고도의 특수 비행기 부품을 만든다. 이 부품은 대체하기도 힘들다. 비행에 결정적으로 중요하고, 그래서 대체재가 없기에 놀라운 사업인 것이다. 하울리의 공격적인 자기 주식 취득까지 더해져서 진정 막강한 주식이 되었다. 2012년도 10월 책이 나온 바로 직후 이 주식을 샀다면 45퍼센트 가량 상승했을 것이다. 나에게 이 주식은 충분히 싸 보이지 않지만, 승리자라는 것을 부정할 수는 없다. 2006년도에 상장한 이후로 660퍼센트 상승했다.

- 다나허와 콜팩스의 스티븐 레일즈와 미첼 레일즈 형제. 레일즈 형제는 이 두 회사를 움직이는 힘이었다. 다나허라는 회사는 제법 알려져 있다. 580억 달러 규모의 거대 회사다. 레일즈 형제는 작은 산업을 만들어 완벽하게 다나허의 일부로 만들었다. 콜팩스는 더 작고(시가 총액 60억 달러) 젊기 때문에 더 흥미롭다. 이 회사는 2008년도에 주당 18달러로 상장했다. 레일즈 형제는 아마도 다나허에서 적용했던 공식을 콜팩스에 다시 적용시키고 있을 것이다. 일정 기간 반응이 뜨거웠다. 주식은 지금 고점에서 30퍼센트 정도 할인된 듯한 가격에 거래 중이다.

- **밸리언트 파마슈티컬스**Valeant Pharmaceuticals, VRX의 마이크 피어슨Mike Pearson. 이 사람은 논란의 여지가 있다. 일부 비판가들은 밸리언트의 사업 모델이 소리만 요란하지 알멩이가 없다고 생각한다. 또한 회계에 대한 논쟁과 주가에 대한 불안도 있다. 반면, 나는 그랜트 컨퍼런스Grant's

Conference에서 퍼싱 스퀘어Pershing Square 빌 애크먼의 설득력 있는 변호를 들었다. 그는 증가하는 현금 수익과 피어슨의 거래 논리를 근거로 들었다.

- **NVR Inc.** 이 회사는 건축 회사 중에서 분명한 아웃사이더이다. 호라이즌 키네틱스의 머레이 스탈이 2013년 말 즈음 이 회사에 대해 쓴 글이 있다. 그는 눈에 띄는 특성들을 다음과 같이 요약했다. "NVR은 주택 건축 산업 내에서 다소 특이한 존재다. 이 회사는 캘리포니아나 애리조나 같이 급격하게 성장하는 시장에 들어가지 않았고, 주택 위기 동안에도 굳건한 수익성을 유지했으며, 현재 부채보다 많은 현금을 보유하고 있다. 이 보수적인 운영으로 지난 10년 동안 유통 주식 중 절반을 사들였다." 주택 건축 회사를 소유하고 싶다면, 이 회사부터 시작하는 것이 좋다.

- **엑손모빌**ExxonMobil, XOM. 손다이크는 35년이라는 긴 기록을 인용했다. 엑손모빌은 크고 지루하다. 게다가 허약해진 것처럼 느껴진다. 주식은 5년 동안 지지부진했다. 하지만 여전히 이 회사에서 돈을 꽤 벌 가능성이 있다.

- 작은 버크셔 보험 회사들 전체. **마켈**Markel, MKL, **화이트 마운틴스**White Mountains, WTM 그리고 **페어팩스**Fairfax Financial Holdings, FFH 등이 있다. 모두가 같은 모델을 따른다. 그들은 보험 회사를 가지고 있고, 창의적인 방식으로 펀드에 투자하여 시간이 지남에 따라 평균 이상의 수익률을 창출한다. 나는 이 회사들 모두에 주목하고 있다. 시장이 하락할 때 주의를 기울여라. 낮은 가격에 이 주식들을 매수할 수 있는 유일한 시

간일 수 있다.

- **루카디아 내셔널**Leucadia National, LUK. 참고 삼아 이야기하면, 손다이크는 자기 책에 이안 커밍Ian Cumming과 조지프 스타인버그Joseph Steinberg를 포함하고 싶어했다. 이 둘은 250배 주식인 루카디아 내셔널을 이끌었다. 하지만 이 은둔자들은 저자와 협력하지 않았다. 그래서 손다이크는 이들을 포함하지 않기로 결정했는데, 모든 생존 CEO들을 만나는 것이 중요하다고 생각했기 때문이다. 그는 이들과 관련된 내용을 쓰기는 했지만 책으로 출간하지는 않았다. 오늘날의 루카디아는 완전히 다른 회사다. 투자 은행인 제프리스Jefferies와 큰 합병이 있었다. 커밍은 은퇴했고 스타인버그는 아직 회장이다. 제프리스의 회장인 리치 핸들러Rich Handler가 현재 루카디아의 최고 경영자이기도 하다. 제프리스를 좋아하지 않는다면 루카디아의 주식을 사지 마라. 아마 예전 루카디아의 문화가 계속될 수도 있다.

- **오토존**AutoZone, AZO. 나는 예전에 오토존에 대해 쓴 적이 있다. 오토존은 대단한 인센티브 계획을 가지고 있다. 모든 인센티브 측정법, 즉 자본수익률, 주당 순이익, 그리고 총주주수익률 등은 주주의 이해관계와 완벽하게 일치한다. 놀랍지도 않겠지만 오토존의 CEO는 자기 주식 취득을 좋아한다. 오토존의 주식수는 지난 13년 동안 75퍼센트 감소했다. 주주의 연간 복리수익률은 21퍼센트고, 반면 시장 전체의 수익률은 겨우 3퍼센트다(오토존의 예는 돈빌의 IBM과 자기 주식 취득에 대한 비판과 배치된다. 자기 주식 취득에 대해서는 11장에서 좀 더 자세히 살펴볼 것이다).

마지막으로 손다이크는 낯이 익은 회사 하나를 언급했는데, 처음에는 어떻게 받아들여야 할지 고민했다.

- **컨스텔레이션 소프트웨어**의 마크 레너드^{Mark Leonard}. 손다이크는 이 회사를 "캐나다의 작지만 엄청난 회사"라고 평했다. 그러자 드디어 머리에서 떠올랐다. 내가 어디에서 이 회사의 이름을 접했는지. 돈빌의 「ROE 리포터」였다. 나는 돈빌의 노트를 다시 끄집어 냈다. "나는 기술 회사를 좋아하고, 내가 몇 년 동안 살핀 두 회사는 컨스텔레이션 소프트웨어와 데카르트 시스템^{Descartes Systems}이다. 둘 모두 매우 성공적인 소프트웨어 회사고, 상품을 만들고 파는데 있어서 흠잡을 데가 없다. 하지만 우리는 컨스텔레이션이 자본을 더 잘 배분한다고 생각하기 때문에 데카르트보다 컨스텔레이션을 선택했다. 컨스텔레이션의 자기자본수익률은 데카르트의 그것보다 일반적으로 세 배 높다. 컨스텔레이션의 놀라운 자본 배분 전략이 장기적인 주가 성과에 있어서 상당히 유의한 차이를 만들어 냈다."

컨스텔레이션은 2007년 상장 이후로 주당 24캐나다달러에서 322캐나다달러로 상승했다. 13배 주식인 것이다. 같은 기간 데카르트는 4배 올랐다.

캐나다의 글로브앤드메일^{Globe and Mail}의 조 치들리^{Joe Chidley}는 2014년 4월에 CEO인 레오나르드에 관해 "컨스텔레이션의 규정하기 힘든 CEO"라는 글을 썼다. 치들리는 레너드가 "워런 버핏과 프렘 왓사^{Prem Watsa}(페어팩스 금융의 수장)에 긍정적인 의미에서 비교되곤 한다"라고 썼다. 레너드는 또한 상장 기업에서 그 정도 성공을 한 사람 치고는 놀라울 정도로 익명성을 잘 관리한다.

컨스텔레이션은 다나허와 유사한 인수합병 회사다. 수많은 회사를 사들여서 회복시키고 그 현금을 재투자한다. 2013년도에는 30번의 인수가 있었다. 인수 대상이 부족하지 않다. 이 회사는 10,000개의 인수 대상 데이터 베이스를 가지고 있다.

레너드는 또한 4억 캐나다달러가량의 지분을 가진 대주주이기도 하다. 글로브 앤드 메일에 따르면 "그는 주주를 강하게 보호한다. 2007년 이후로 컨스텔레이션은 단 한 주도 발행하지 않았다."

놀라운 이야기다. 컨스텔레이션은 『아웃사이더』 두 번째 판에 실릴 가치가 있는 회사다. 아, 하지만 손다이크에 따르면 두 번째 판은 없을 것이다. 정말 안됐지만, 우리는 다음 아웃사이더에 대한 손다이크의 분석을 읽을 수 없다. 하지만 그들에게 투자할 수는 있다.

제9장

18,000배 주식의 비밀

사람들이 종종 틀리지 않았더라면, 우리는 부자가 될 수 없었을 것이다.
- 찰리 멍거, 2015 버크셔 해서웨이 주주 총회

버크서의 주주 총회에 참석하기 위해 40,000명이 넘는 사람들과 함께 네브라스카주 오마하에 있었던 적이 있다. 버크서 해서웨이의 50주년을 축하하는 자리이기도 했다. 여기서 워런 버핏(84세)과 찰리 멍거(91세)가 사람들을 즐겁게 해 주었다. 이 대단한 두 투자자는 청중의 질문을 받고 거의 모든 질문에 대답을 했다. 버크서 해서웨이는 워런 버핏에 대해 어떻게 생각하든 모든 투자자가 반드시 공부해야 하는 회사다.

버크서 해서웨이의 주식은 18,000배 이상 상승했는데, 이는 1965년에 1만 달러를 투자했다면 50년 뒤에는 1.8억 달러라는 어마어마한 금액이 되었음을 의미한다. 두 노장이 어떻게 이런 일을 해냈는지는 수많은 책들이 다루고 있다. 가장 최근 책은 엘레나 치르코바Elena Chirkova가 쓴 『워런 버핏의 투자 철학The Warren Buffett Philosophy of Investment』이다.

치르코바의 책은 러시아어로 쓰였고 러시아에서 출간되어 베스트셀러가 되었기 때문에 주목할 만하다. 치르코바는 모스크바에서 금융학을 가르치는 부교수다. 버핏에 대해 뭔가 새로운 내용을 쓰기는 어려움에도 치르코바는 많은 사람이 간과하는 한 가지를 잘 포착해서 그 어려운 일을 멋지게 해냈다. 바로 버크셔가 레버리지를 사용한다는 것이다. 치르코바에 따르면 "버크셔 해서웨이의 자본 구조 중에서 레버리지의 양은 평균적으로 총자본의 37.5퍼센트에 달했다." 대부분의 사람들은 아마 이점에 놀랄 것이다.

이 레버리지는 보험 플로트^{Float}(보험 지급준비금)로부터 나왔다. 버핏은 보험회사를 소유했고, 지금도 소유하고 있다. 보험은 버크셔 사업의 큰 부분을 차지한다. 보험사는 보험료를 먼저 수취하고 보험금은 나중에 지불한다. 그 중간에 보험료를 투자하고 발생하는 이익은 보험사로 귀속된다. 만약 수취하는 보험료가 지불하는 보험금을 초과하면, 그것 역시 보험사로 귀속된다. 이를 보험인수이익$^{underwriting\ profit}$이라고 부른다.

모두가 버핏이 플로트를 투자했다는 것은 안다. 사람들이 잘 알지 못하는 부분은 그 투자금의 원천이 오랜 시간 동안 엄청나게 저렴했다는 것이다. 간략하게 요약하면, 버핏은 미국 정부보다도 낮은 이율로 돈을 빌릴 수 있었다.

어떻게 그것이 가능한가? 보험료가 보험금을 초과하면, 버핏은 마이너스 이자율로 효과적으로 돈을 빌릴 수 있었다. 그는 보험료를 수취했고, 이 돈을 재투자해서 모든 수익을 가져갔다. 그리고 보험금으로 돈을 지불할 때 빌린 액수보다 낮은 액수를 지불하곤 했다.

한 연구에 따르면, 버크셔는 1965년 이후 47년 중 29년 동안 돈을 빌리는 비용이 들지 않았다. 치르코바는 다른 연구를 인용하면서 버크셔의 평균 자금 조달 금리가 2.2퍼센트였다고 언급한다. 이는 같은 기간의 미국 재무부 단기 증권보다 약 3퍼센트가 낮다.

이것이 바로 버크셔 성공의 핵심이다. 자본의 거의 40퍼센트가 무료일 때, 잘 하지 못하는 것이 오히려 어렵다. 이는 보험이 부자가 되는 쉬운 방법이라는 뜻이 아니다. 버크셔는 어떤 보험의 위험을 감당할지 현명하게 선택했다. 이는 위험과 보상이 제대로 작동하지 않을 때 뒷걸음칠 수 있어야 한다는 것을 의미한다. 버크셔는 자주 그랬고, 지금도 그러하다.

　예를 들면, 내셔널 인뎀너티National Indemnity를 살펴보자. 이 회사는 버크셔의 가장 오래된 자회사이다. 여기서 1986년에 보험료로 3.66억 달러를 거둬들였다. 그리고 1989년에서 2000년까지 보험료로 1억 달러 이상을 거둬들인 적이 없다. 치르코바의 말을 들어 보자.

　1986년부터 1999년까지 매출액 감소는 무능해서 발생한 것이 아니었다. 버크셔가 가격을 낮추었다면 보험료로 수십억 달러를 거둬들일 수 있었다. 그러나 버크셔는 다른 보험회사와 경쟁하기 위해서가 아니라 이익을 내기 위해서 가격을 책정했다. 버크셔는 고객을 떠난 적이 없다. 고객들이 버크셔를 떠난 것이다.

　기회가 다시 돌아왔을 때, 내셔널 인뎀너티가 나섰다. 2003년과 2004년에 매년 6억 달러 이상을 보험료로 거둬들였다. 일반 보험회사들은 이렇게 행동하기 대단히 힘들다. 일반 주주들이 경영진에게 "사업이 몇 년 동안 성장하지 않았다!"라고 소리치는 것을 상상해 보라.

　버크셔의 부회장 찰리 멍거가 최근 주주 서한에 썼듯이, "버크셔 보험 사업에서의 놀라운 성과는 그냥 자연히 일어난 일이 아니었다. 일반적으로 보험사업은 매우 잘 관리했을 경우에도 평범한 수준의 결과를 낸다. 그리고 그 결과가 쓸모 있지도 않다."

그래서 요약하면 핵심은 세 가지다.

1. 버핏은 다른 사람의 돈을 사용해서 부자가 되었다.
2. 다른 사람의 돈을 마이너스 이자율로 빌릴 때도 있었고, 평균적으로는 미국 재무부 채권 금리보다 낮았다.
3. 그렇게 낮은 이자율을 내기 위해서 위험과 보상이 제대로 작동하지 않을 때는 시장에서 한발 물러날 수 있는 의지가 있어야 했다.

나는 왜 더 많은 사람이 버크셔를 흉내내지 않는지 궁금하다. 성공을 고려하면 버핏처럼 보험 플로트를 잘 이용하는 회사가 더 많아야 한다. 그러나 대부분의 보험회사는 플로트를 겨우 채권에 투자하고 만다. 그리고 다른 보험회사들과 이자율로만 경쟁하려고 한다.

워런 버핏은 분명 유일무이하다. 그가 운이 좋았다는 것도 사실이다. 멍거조차도 버크셔의 성공이 너무 커서, 버핏이 젊어져서 더 작은 자본으로 다시 시작한다 해도 그 정도의 성공을 하기 힘들 것이라 인정한다.

그럼에도 멍거는 "버크셔 시스템은 다른 곳에서도 자주 시도되어야 한다"라고 말한다. 나도 그렇게 생각한다. 18,000배 주가 상승은 놀라운 일이다. 정신이 아찔할 정도다. 누구도 이 정도의 성과를 내보지 못했다. 하지만 그래서 어떻다는 건가? 겨우 100배라도 충분하지 않은가? 버크셔를 참고하면 그 비밀에 다가갈 수 있다.

다음 20년 동안의 버크셔 해서웨이들

투자의 황금 기준을 분석했으니, 이제 또 다른 버크셔 해서웨이가 존재할 수 있을지를 따져보자. 지주회사를 생각해 보자.

상장되어 거래 중인 투자 지주회사는 경영진이 적합하다고 보는 대로 투자할 수 있는 폭넓은 자유를 가진다. 지주회사가 소유한 기업에 투자할 수도 있고, 외부 회사에도 투자할 수 있다. 공개기업과 비공개기업 모두에 투자할 수도 있다. 심지어 다른 산업에 투자할 수도 있다.

최고의 사례는 앞에서 이야기한 워런 버핏의 버크셔 해서웨이다. 이 회사는 코카콜라나 IBM 같은 상장 거래 중인 주식을 소유하고 있다. 하지만 가이코GEICO나 시즈캔디See's Candies 같은 회사를 완전히 소유하기도 한다. 보험에서 소매까지 다양한 산업에 관여하고 있다.

버크셔 해서웨이는 투자 지주회사의 전형이다. 그 가치는 1965년도부터 매년 20퍼센트 증가해서 18,000배가 되었다. 우리가 언급했던 다른 회사들도 있다. 루카디아 내셔널, 로우스Loews Corp., 브룩필드 자산운용Brookfield Asset Management 그리고 페어팩스 금융지주 등이다. 이들은 수십 년 동안 시장을 넘어서는 수익을 기록하면서 매년 복리로 돈을 불린 기록을 가지고 있는 유명한 회사들이다.

20~30년 전에 이런 회사 중 어디라도 돈을 투자하고 그냥 놔뒀다면 엄청난 행운이라 할 수 있다. 이제 이 회사들은 모두 잘 알려져 있다. 하지만 다음 세대의 뛰어난 지주회사를 찾으려면 어떻게 해야 할까? 다음 20~30년 동안의 또다른 버크셔 해서웨이를 찾으려면 어떻게 해야 하는가? 자, 그것이야말로 가슴을 두근거리게 하는 프로젝트다.

나는 최근에 그런 프로젝트를 시작한 토드 피터스Todd Peters와 대화한 적이 있다. 그는 린허스트 얼라이언스Lyndhurst Alliance라는 회사의 자금 관리를 맡고 있으며 20년 동안 컨설팅 직무에서 전문적으로 머니 매니저들을 연구해 왔다. 그는 이미 113개의 후보를 골라놓았고, 투자 포트폴리오 전략도 짜놓았다. 여기서 토드와 대화한 메모 및 그가 제공해준 자료를 공유하려고 한다.

토드가 하려는 일은 명확했다. "스스로 성장할 능력이 있거나 혹은 30년 전을 돌아봤을 때 버크서 해서웨이와 유사한 수익 패턴을 갖춘 더 작고 덜 알려진 기업들을 찾는 일"이었다.

토드에 따르면 지주회사의 경영자들은 기본적으로 투자하는 방식에 있어서 구조적인 강점을 가진 머니 매니저다. 내부와 외부를 끊임없이 오가는 자금 흐름을 가진 뮤추얼 펀드 매니저와는 달리 그들에게는 영구적인 자본이 있다. 게다가 지주회사는 단순히 주식을 사고 팔지 않고 직접 사업을 만들어 나간다. 토드가 관심을 가진 부분이 바로 이것이다.

토드는 이 주제에 열정과 열의를 갖고 임했다. 직업에 필요하다거나 마케팅 수법에 써먹으려는 의도에서 가볍게 살펴본 정도가 아니다. 그는 지주회사들의 역사를 꿸 만큼 열심히 공부했다. 토드는 자신이 구상한 지주회사 집중 포트폴리오에 금융가였던 토머스 포천 라이언Thomas Fortune Ryan, 1851-1928의 이름을 따 라이언 포트폴리오T. F. Ryan Portfolio라는 이름을 붙였다.

라이언은 미국의 첫 지주회사인 메트로폴리탄 트랙션Metropolitan Traction Co.을 설립한 사람으로 잘 알려져 있다. 그는 빈털터리에서 시작해 백만장자가 되었다. 가난한 집안에서 태어났지만 사망할 때는 2억 달러가량의 재산을 가진, 미국에서 10번째로 부유한 사람이었다.

토드는 시간이 날 때마다 1860년대부터 1920년대까지의 금융가들을 공부한다고 한다. 어떤 도시를 방문할 때마다 그 지역에서 부자가 된 사람들이 살았던 집을 찾아서 둘러보는 것을 즐긴다.

나는 10대부터 이 사람들을 공부하기 시작했다. 밴더빌트 가문Vanderbilts, 록펠러 가문Rockefellers, 카네기 가문Carnegies을 연구했다. 그러나 이제는 잘 알려지지 않은 두 번째, 세 번째, 그리고 네 번째 등급의 가문들도 찾고 있다. 그리고 이중에는 놀라운 사례들이 있다.

하지만 토드가 수집한 이야기 모두가 좋게 끝나는 것은 아니다. 이 사람들 중 일부는 돈을 많이 벌었지만 많이 잃기도 했다. 바로 그렇기 때문에 이들을 공부해서 엄청나게 많은 것을 배울 수 있다. 토드의 말에 따르면 역사적으로 봤을 때, 자신의 '지주회사' 아이디어에 영감을 준 것은 다섯 정도다. 시간 순서상으로 보면 라이언이 첫 번째고 그 다음은 클리브랜드의 반 스웨링겐Van Sweringen 형제다. 이들은 한때 미국 철도의 대부분을 소유했다. 하지만 대공황 때 파산했고, 그들의 지주회사는 결국 앨러가니Alleghany가 되었다. 앨러가니는 오늘날의 전형적인 지주회사 중 하나다.

다음은 캐나다의 금융가 아이작 월턴 킬람Izaak Walton Killam이다. 1955년 사망했을 때, 그는 캐나다에서 가장 부유한 사람이었다. 네 번째는 시그램Seagram에서 쫓겨난 브론프만Bronfman 형제다. 이들의 지주회사 에드퍼Edper가 브래스칸Brascan을 사들이면서 훗날 브룩필드 자산운용이 된다(80년대에

에드퍼는 토론토 주식거래소의 15퍼센트를 움직였다). 마지막은 현재 벨기에에서 가장 부유한 사람인 알베르트 프레르Albert Frere이고, 그가 소유한 지주회사는 구루페 브뤼셀 램버트Groupe Bruxelles Lambert, GBL다.

토드는 좋은 지주회사가 좋은 사업을 만든다는 것을 보여주기 때문에 역사를 봐야 한다고 말한다.

또한 부의 형성, 1등석 비행기를 타는 수준의 부가 아니라 자신의 이름을 딴 도서관이 생기는 수준의 진정한 부는 사업을 소유하고 운영하고 구축하여 오랜 기간 동안 헌신하는 것에서 발생한다고 말한다. 내가 브룩필드, 로이스, 그리고 루카디아에서 바로 그것을 봤다.

토드는 프레르를 만난 2000년에 온 힘을 다해서 지주회사 목록을 만들기 시작했다. 주식 시장은 GBL을 오로지 상장된 회사만으로 평가했다. 하지만 GBL은 그 당시 비상장이었던 독일 미디어 회사인 베텔스만Bertelsmann의 지분 25퍼센트를 갖고 있었다. 이 회사가 상장을 했으면 GBL의 가치는 아마 세 배로 뛰었을 것이다. GBL 같은 회사는 여러 종류의 지분 보유하기 때문에 가치를 평가하기가 어렵다. 이들은 쉬운 것을 찾는 월스트리트의 기준에 잘 들어맞지 않고, 그래서 대개는 잘 분석되지 않는다. 이는 종종 좋은 주식을 싸게 살 수 있는 기회가 되기도 한다.

지주회사에 빠져들기 시작한 토드는 GBL과 같은 회사를 더 찾기 시작했다. 몇 년 동안 그는 어떤 그룹 또는 지주회사에 대한 이야기나 기사를 발견하면 그의 데이터베이스에 추가했다. 2007년 그는 이렇게 모은 자료를 어떻게 독자적인 투자 전략으로 이어갈 수 있을지 진지하게 생각하기 시작했다. 그 시기 즈음에 그는 50개 정도의 회사를 모았고, 그 이후로도 새로운 회사를 찾으면 추가했다. 이제는 113개 정도까지 모은 상태다. 모두 엄청나게 흥미로운 회사들이다.

나와 이야기를 하던 당시에 토드가 모은 회사들 중 북미 회사는 18개, 미국 회사는 12개였다. 즉, 정말 알짜 회사는 보통 미국 밖에 있는 회사였다. 그래서 토드는 가격이 완전히 떨어지지 않는 이상 미국 주식에 투자하지 않겠다고 말했다. 그렇기 때문에 라이언 포트폴리오는 처음부터 국제적인 포트폴리오로 시작했다. 보유 주식 안에는 스웨덴의 AB 키네빅^{AB Kinnevik}, 프랑스의 볼로레 그룹^{Bollore Group}, 캐나다의 던디^{Dundee Corp}, 그리고 홍콩의 퍼스트퍼시픽^{First Pacific Co.} 등이 있다.

토드는 초기 신흥 시장을 선호한다. 그러나 카자흐스탄과 같은 시장을 믿는다 하더라도 그곳의 지주회사에 투자할 준비는 되어 있지 않다. 대신 그는 선진국에 기반을 두고 있으면서 초기 신흥 시장과 신흥 시장에서 사업을 하는 지주회사를 선호한다. 이렇게 해야 최소한 지주회사 수준에서 금융과 정보공개 등에 대한 손쉬운 접근을 제공하는 성숙한 자본 시장의 혜택을 누릴 수 있다.

토드의 투자 철학은 많은 부분에서 이 책의 내용과 겹친다. 예를 들면, 토드는 지주회사를 개별 사업부의 가치 합산보다 할인된 가격에 매수하려고 한다. 또한 내부자의 높은 지분 소유와 소유자-경영자 구조를 선호한다. 그는 견고한 재무 상태와 낮은 부채 수준을 선호한다.

버크셔 해서웨이가 증명하듯이, 지주회사 구조는 100배 그리고 그 이상으로 뻗어나갈 가능성이 높다.

제10장

얼마나 투자해야 하는가?

나는 50개 또는 75개의 주식들에 관여할 수 없다. 그것은 노아의 방주 투자법이고, 그렇게 하면 동물원처럼 될 것이다. 나는 몇 개 주식에 의미있게 투자하는 것을 좋아한다.

- 워런 버핏

토머스 펠프스는 "작은 물건을 쏘고 싶은 유혹에 흔들리지 마라"라면서 100배가 될 잠재성이 있는 주식에 자본을 집중해야 한다고 말했다. 주식을 잔뜩 가지고 있으면서 평범한 결과 정도에 만족할 사람은 없을 것이다.

여기서는 집중 투자라는 개념을 살펴보려 한다.

취리히에서 열린 밸류X^{ValueX} 컨퍼런스에서 피터슨 자산운용$^{Peterson\ Capital\ Management}$의 매트 피터슨$^{Matt\ Peterson}$이 켈리 공식$^{Kelly\ criterion}$에 대해 발표했다. 이 공식은 어렵고 복잡해 보일 수 있지만 기본적인 생각은 간단하다. 가장 좋은 아이디어에 크게 베팅을 하라는 것이다.

이는 모두 존 켈리$^{John\ L.\ Kelly\ Jr.,\ 1923-1965}$라는 사람으로부터 시작되었다.

켈리는 텍사스 출신으로 2차 세계대전 당시 해군 조종사였고, 물리학 박사였다. 그는 저 유명한 벨 연구소$^{Bell\ Labs}$에서 일하면서 1956년에 켈리 공식을 만들어냈다. 이 이야기는 윌리엄 파운드스톤$^{William\ Poundstone}$의 책 『행운의 공식$^{Fortune's\ Formula}$』에서 흥미진진하게 다루고 있다.

켈리가 해결하고 싶었던 질문은 하나였다. 한 도박꾼이 도박이 어떻게 진행될지에 대해 귀띔을 받았다고 가정해 보자. 100퍼센트 믿을 만한 정보는 아니지만, 그래도 그에게 우위를 안겨 준다. 그가 다른 사람들과 조건이 같다고 가정할 때, 그의 자금 중 얼마를 베팅해야 할까?

켈리는 이 질문에 대한 답을 위험을 떠앉는 사람의 질량-에너지 등가 원리$^{E = mc2}$ 버전으로 압축시킨다.

f= 엣지/배당률(f = edge/odds)

f는 가진 자금에서 베팅할 돈의 비율이다. 예를 들면, 당신이 켄터키 경마 대회$^{Kentucky\ Derby}$에서 유명 경주마인 빅 브라운$^{Big\ Brown}$에 5-1 배당률로 베팅할 수 있다고 하자. 1달러를 걸고 빅 브라운이 이기면 5달러를 받을 수 있는 것이다(게다가 원래 걸었던 1달러도 돌려받을 수도 있다.) 그러면 배당률은 5다.

엣지는 어떠한가? 내부자 정보에 따르면 빅 브라운이 우승할 확률은 1 대 3이라고 하자. 이러면 1달러 베팅이 6달러(5달러+초기 1달러)가 될 확률은 3분의 1이다. 평균적으로 1달러의 베팅은 2달러의 가치가 있고, 순이익은 1달러다. 이럴 경우 엣지는 순이익을 베팅 크기, 여기서는 1달러로 나눈 것이다. 결국 엣지는 1이 된다. 이를 켈리 공식에 대입하면 빅 브라운에 자금의 20퍼센트를 베팅해야 한다는 결론이 나온다.

수학에 약하다고 너무 걱정하지 마시라. 이 공식의 목표는 최적의 베팅 금액을 찾는 것일 뿐이다. 켈리 공식이 하려는 말을 간추리면 좋은 물건을 찾았을 때 크게 베팅하라는 것이다. 이 공식은 당연히 투자자에게도 유용하다. 투자자 역시 한 가지 질문에 맞닥뜨리기 때문이다. "한 주식에 얼마나 많이 투자해야 하는가?"

켈리의 공식은 이 질문에 대해 객관적으로 생각해 볼 수 있도록 돕는다. 그러나 단점도 있다. 우선 이 공식은 너무 탐욕스럽다. 파운드스톤이 썼듯 "더 많은 부를 달성하려면 끊임없이 위험을 감수해야 한다고 한다." 이 공식은 가장 많은 부를 가장 빨리 만들기 위한 방법이지만, 모든 사람들이 그 목표를 가지고 있는 것은 아니다.

그런데 켈리 공식은 파멸을 예방한다는 점에서 보수적이기도 하다. 어떤 교수가 말했듯이, 켈리 공식은 "자동으로 내장된, 잘 짜여진 생존 동기"다. 켈리 공식이 보수적이기는 하지만 가진 자금에 큰 변동을 가져온다. 빅 브라운의 예에서 알 수 있듯이, 베팅이 실패할 경우 은행 잔고의 20퍼센트가 날아간다. 그래서 어떤 사람들은 켈리 공식을 절반만 따르는 '하프 켈리half-Kelly'를 사용하여 변동을 약간 완화시키려 했다. 즉, 공식이 계좌의 20퍼센트를 하나의 주식에 넣으라고 말하면, 그 금액의 절반, 즉 10퍼센트를 넣는 것이다.

나도 하프 켈리를 선호한다. 수익을 희생하지 않으면서 변동성을 크게 줄일 수 있기 때문이다. 파운드스톤은 켈리 공식을 사용해서 나오는 수익이 10퍼센트라고 하면 하프 켈리를 사용하면 7.5퍼센트가 된다고 말한다. 그러나 다음을 주목하라.

켈리 기준을 사용하는 도박꾼은 돈을 두 배로 늘리기 전에 자금이 반으로 줄어들 수 있는 가능성 3분의 1이다. 하프 켈리 기준을 사용하는 도박꾼은 그 확률이 9분의 1밖에 되지 않는다.

이 공식에는 내가 여기에서 다루는 것보다 더 많은 논쟁이 있다. 이 공식은 수십 년 동안 수많은 격론을 낳았다(혹시 그 토론을 보고 싶다면 파운드스톤의 책을 참조하라. 마이클 모부신의 2006년 논문, 「크기는 중요하다Size Matters」에 논쟁이 잘 요약되어 있다. 이는 온라인에서 무료로 내려받을 수 있다).

내가 보기에 켈리 공식을 가로막는 커다란 장애물 중 하나는 주식 시장에서 배당률이나 엣지를 확실하게 알 수 없다는 점이다. 추측을 해야 한다. 그럼에도 불구하고 켈리 공식은 매력적이다. 에드 소프Ed Thorp는 그의 헤지 펀드인 프린스턴/뉴포트Princeton/Newport에서 이 공식을 사용했다. 1974년 시작된 이후 이 펀드는 손실이 난 해가 하나도 없어 약 30년 동안 평균 19퍼센트의 수익률을 기록했다. 물론 이 결과에 켈리 공식과 소프의 천재성이 어느 정도 비율로 관여했는지는 단언하기 힘들다.

소프가 유일한 사례는 아니다. 많은 훌륭한 투자자들이 켈리의 공식을 직감적으로 사용하는 듯하다. 매트가 발표에서 사용한 자료를 보자(이 데이터는 2014년 말에 만들어졌고, 공개 자료에 의존하고 있다. 이는 몇 가지 한계 때문에 포트폴리오를 파악하는 정확한 방법은 아니다. 예를 들면, 투자자들은 외국 주식과 다른 포지션을 공개할 필요가 없다. 다만 매트의 자료는 공개된 주식들에 대한 펀드 매니저들의 집중에 대한 대략적인 아이디어를 제공한다).

앞으로 뛰어난 투자자들이 자신의 최고 아이디어에 얼마나 크게 베팅했는지를 보게 될 것이다. 이 포트폴리오들은 켈리 공식이 요구하는 것과 매우 비슷하다.

켈리의 후손들?

바우포스트의 세스 클라만 Baupost: Seth Klarman
10개 종목 포트폴리오의 93%
마이크론 테크놀로지 Micron Technololy, MU 14%
셰니에르 에너지 Cheniere Energy Inc., LNG 7%

ESL 인베스트먼트의 에디 램퍼트 ESL Investments: Eddie Lampert
4개 종목
시어스 홀딩 Sears Holdings, SHLD 55%
오토네이션 AutoNation, AN 24%

페어팩스의 프렘 왓사 Fairfax: Prem Watsa
10개 종목 포트폴리오의 98%
레솔루트 포레스트 Resolute Forest, RFP 35%
블랙베리 Blackberry, BBRY 31%

페어홀름의 브루스 버코위츠 Fairholme: Bruce Berkowitz
8개 종목
뱅크 오브 아메리카 Bank of America, BAC 22%
시어스 홀딩스 Sears Holdings, SHLD 13%

헤이만의 카일 바스 Hayman: Kyle Bass
6개 종목
제너럴 모터스 General Motors, GM 46%
네이션스타 모기지 Nationstar Mortgage, NSM 21%

파브라이 펀드의 모니시 파브라이 Pabrai Funds: Mohnish Pabrai
7개 종목
호스헤드 Horsehead, ZINC 24%
제너럴 모터스 General Motors, GM 22%

퍼싱 스퀘어의 빌 애크먼 Pershing Square: Bill Ackman

> 7개 종목
> 엘러간Allergan, AGN 40%
> 캐나다 태평양 철도회사Can. Pacific Railway, CP 20%
>
> **WL 로스의 윌버 로스**WL Ross & Co: Wilbur Ross
> 4개 종목
> 네비게이터 홀딩스Navigator Holdings, NVGS 54%
> 엑스코 자원EXCO Resources, XCO 17%

나는 이들 중 누구도 앞에서 본 엣지/배당률 공식을 이용해서 어디에 얼마나 투자해야 하는지 골머리를 앓지는 않았을 것이라고 본다. 그러나 이는 내가 언젠가 들었던 미네소타 패츠Minnesota Fats(미국 당구 선수)와 물리학의 비유와 같다. 패츠는 풀샷Pool shot (당구의 기술 중 하나)을 칠 때 물리학의 수학 공식을 사용하지 않았다. 그럼에도 불구하고 물리학의 원리는 작동했다. 미네소타 패츠는 경험을 통해 그것을 습득했을 뿐이다.

슈퍼 투자자들의 경우에도 똑같은 말이 적용된다. 엣지와 배당률을 사용하는 원리는 그들이 하는 일의 일부다. 매트의 슬라이드는 이 사실을 충격적인 방식으로 보여 준다. 수익을 극대화하려면 이 사례들을 따르는 것이 좋다. 뒤집어서, 실패한 투자자들이 무엇을 하는지 보라. 일반적인 뮤추얼 펀드는 약 100개의 주식을 보유하고 있다. 그중 오래 보유할 만큼 중요한 것은 거의 없다. 그리고 대부분의 펀드들은 시장에 대한 부실한 모방일 뿐이다.

버핏이 말하는 것처럼, 노아의 방주 투자 방식을 거부하라. 많은 위대한 투자자들이 그러는 것처럼 말이다. 그것이 내 자신의 포트폴리오에서 하려고 하는 것이다. 투자 대상 목록을 비교적 짧게 유지하고, 최고의 아이디어에 집중하라. 가지고 있는 주식이 100배가 되었을 때, 의미가 있어야 하지 않겠는가.

제11장

자기 주식 취득: 수익 가속화

만약 좋은 사업이 그 내재 가치보다 낮은 가격에 시장에서 거래되고 있다면, 그 할인된 가격으로 모든 소유자의 이익을 확대하는 것보다 자본을 더 확실히 혹은 더 수익성 있게 활용하는 방법이 뭐가 있는가?

- 워런 버핏, 1980년 주주 서한

· ◆ ·

톤틴tontine이란 무엇인가?

비싼 프랑스 빵이라고 생각한다면, 절반은 맞다. 프랑스어 단어인 것은 맞지만 빵은 아니다. 대신에 합법적이고 과하지 않게 부를 불리는 방식이다. 하지만 먼저 이 톤틴이라는 단어의 어원인 로렌조 톤티Lorenzo Tonti라는 사람에 대해 이야기하고 싶다.

이 장면을 상상해 보라. 1652년도다. 장소는 프랑스고, 부르봉Bourbon 왕가의 통치 기간이다. 루이 14세King Louis XIV가 왕좌에 앉아 있던 시대이다. 프랑스 국고는 비어 있다.

그 와중에 스페인과의 전쟁이 계속되고 있고, 전쟁을 계속하기 위해서는 돈이 필요하다. 그래서 루이 16세는 나폴리의 은행가인 로렌조 톤티를 그의 쇠락해 가는 궁궐로 초정한다. 톤티는 좋은 아이디어를 가지고 있었다.

시민들이 정부가 운영하는 예산에 투자하게 하시죠. 이 예산으로부터 정기적인 배당금을 지불하겠습니다. 대신 투자자들은 자신의 지분을 양도하거나 판매할 수 없습니다. 그리고 그들이 사망하면 지분을 잃어 버립니다. 우리가 취소하는 것이죠."

톤티는 눈을 게슴츠레 뜨고, 생각에 잠겨 콧수염 한 쪽을 잡아당긴다. 그러더니 눈썹을 치켜뜨며 말한다.

대신 우리는 얼마의 지분이 남아 있든지에 상관없이 전체 배당금의 금액은 동일하게 유지하겠다는 약속을 합니다. 즉, 주주 한 명이 사망할 때마다 남은 주주들은 더 많은 수익을 받게 됩니다. 그 보상이 투자자들로 하여금 더 많은 투자를 하도록 할 것이고 왕께서는 원하시는 기금을 마련하게 되실 겁니다.

왕이 흥미가 동하자 톤티가 잽싸게 말을 이어가며 마무리를 짓는다.

마지막 주주가 사망하면, 이 자금은 국가로 귀속됩니다.

왕이 음흉하게 웃으며 탐욕스럽게 손을 비빈다. 톤티의 계획은 왕의 목표에 부합한다. 하지만 아둔한 왕조차도 이 계획에서 가장 큰 혜택을 보는 사람은 가장 오래 사는 주주라는 점을 눈치챈다. 이들은 다른 주주가 사망하면 배당금의 지분이 늘어나고, 점점 더 부유해진다. 왕은 톤티의 제안을 받아들이지 않았지만 다른 사람이라면 받아들였을 것이다. 톤티가 현대 사회에서 그의 아이디어가 살짝 변형된 것을 본다면 흥

11. 자기 주식 취득: 수익 가속화 | **189**

미로워하지 않을까(톤티가 실제로 이 아이디어를 구상한 사람이 아니라고 주장하는 사람들도 있다. 몇몇 자료들은 톤티가 단순히 고대 이탈리아의 아이디어를 가져다가 쇠락한 프랑스 왕정에서 제시했음을 시사한다).

오늘날의 톤티는 왕이 아닌 CEO 앞에서 주식 소각이 얼마나 좋은지를 설명하는 행동주의 투자자다. 그리고 100배 주식 중 많은 회사가 시장에서 싸게 살 수 있을 때 자기 주식을 탐욕스럽게 사들였다.

자기 주식 취득: 현대판 톤틴

자기 주식 취득은 별도의 장으로 다뤄질 자격이 있다. 잘만 이용하면 주식 가치가 빠르게 뛰기 때문이다.

자기 주식 취득은 회사가 자신의 주식을 되사는 행위를 말한다. 회사가 주식을 사들이면, 미래의 수익, 배당금, 자산이 주식을 팔지 않은 주주들에게 집중된다.

오늘날 많은 회사들이 자기 주식 취득을 한다. 성장이 느리거나 멈춘 경제에서 이 전략은 주당 순이익 증가에 있어 더더욱 중요한 동인이 되고 있다.

하지만 자기 주식 취득이 의미가 있으려면 상장 주식의 수를 실제로 줄여야 한다. 1998년 이후로, 미국에서 규모가 가장 큰 500대 회사는 달러 가치로 주식의 4분의 1을 사들였지만, 실제 상장 주식 수는 증가했다. 이 회사들이 탐욕스러운 임원들에게 사치스러운 인센티브로 주식을 나누어 줬기 때문이다. 이러면 아무런 소용이 없다.

그러나 이 나쁜 사례들이 자기 주식 취득의 지혜를 깎아내려서는 안 된다. 이 전략이 잘 실행되었을 때 어떻게 되는지 실증하는 회사들이 있다. 하나의 예는 내가 이전에 언급한 오토네이션이다. 에디 램퍼트는 2000년에 이 주식을 샀다. 뛰어난 투자자인 램퍼트는 톤틴이 어떻게 굴러가는지 알고 있다. 그가 관여하고 나서 오토네이션은 자기 주식을 많이 사들였다. 주식 중 65퍼센트나 사들였으니 말이다.

이는 연간 8.4퍼센트를 사들였다는 뜻이다. 오토네이션의 지분 5퍼센트를 보유하고 있는 호라이즌 키네틱스의 스티브 브레그먼Steve Bregman은 이렇게 말했다.

이는 규모와 기간에 있어서 굉장히 특이한 경우다. 회사가 서서히 비공개로 바뀌는 과정을 공개 시장에서 목격하거나 그 과정에 참여할 수도 있는 셈이다.

그 효과는 엄청났다. 오토네이션은 톤틴이 시작되고 나서 520퍼센트나 상승했다. 이를 연간으로 환산하면, 13년 동안 연간 15퍼센트보다도 많이 오른 셈이다. 다음 그래프는 최근 10년 동안을 보여 준다. 주식 수의 감소와 주가의 급등을 확인할 수 있다.

오토네이션 : 현대판 톤틴
주가와 상장 주식 수

이런 일이 벌어지는 와중에 램퍼트는 주식을 잘 보유하고 있었고, 그의 지분 가치는 상승했다. 그는 지난 몇 년 동안 일부를 팔았지만, 아직 주식의 53퍼센트를 여전히 보유하고 있다.

더 오래된 사례는 로우스Loews Corp다. 로우스의 최대 주주인 티시 가문의 기술과 인내심은 존경스러울 정도다. 로우스는 지속적으로 주식을 되사들였다. 지난 40년 동안 로우스는 상장 주식 수의 70퍼센트가량을 감소시켰다. 이는 수익률에 굉장한 도움이 되었다. 1961년 로우스에 투자된 1달러는 오늘날 약 1,240달러의 가치가 있다.

어떻게 보면 이 회사들은 주주를 잃어서 더 가치가 올라간 셈이다. 이상하게 들리겠지만, 핵심만 추리면 결국 이 말이 맞다. 버티는 사람이 승자가 된다.

자기 주식 취득은 악용되기도 하고 필요보다 더 많이 사용되고 있기도 한다. 워런 버핏은 2000년 주주 서한에 이렇게 적었다.

어떤 회사가 자기 주식을 사들여도 되는 경우는 다음의 두 가지 조건이 충족되었을 때입니다. 첫째, 근시일 내 사업을 하는데 필요한 자금(현금과 대출 능력)을 갖고 있고, 둘째, 보수적으로 계산해도 주식이 내재된 가치보다 낮은 가격에서 거래되고 있어야 합니다.

만약 이 두 가지 조건에 부합한다면, 버핏은 자기 주식 취득을 강력하게 추천한다. 다음은 1980년 버핏의 주주 서한의 내용이다.

이 시점에서 짧은 광고를 하나 해야겠습니다. 투자 이해관계를 가진 회사들이 유보 이익을 사용할 때, 투자자가 유독 열광하는 방법이 있습니다. 바로 자기 주식 취득입니다. 이유는 간단합니다. "**만약 좋은 사업이 그 내재 가치보다 낮은 가격에 시장에서 거래되고 있다면, 그 할인된 가격으로 모든 소유자의 이익을 확대하는 것보다 자본을 더 확실히 혹은 더 수익성 있게 활용하는 방법이 뭐가 있는가?**"
  기업 인수의 경쟁적인 특성 때문에 한 회사가 다른 회사의 소유권을 완전히 살 때, 충분한 혹은 종종 충분한 가격 이상이 거의 보장되다 싶이 합니다. 그러나 증권 시장의 경매적인 특성은 잘 운영되는 회사에게 자기 주식의 일부를 낮은 가격에 매수할 수 있는 기회를 제공합니다. 이 가격은 보통 동일한 이익 창출력을 가진 회사를 협상을 통해 인수할 수 있는 가격의 50퍼센트 미만입니다. (강조

는 저자가 추가)

잘만 실행 한다면, 자기 주식 취득은 수익의 복리 효과를 가속화시킨다. 자기 주식 취득은 비교적 최근에서야 좀 더 일반화되었다. 그렇기 때문에 1962년부터 2014년까지를 다루는 내 100배 주식 연구에서는 그리 흔하게 나타나는 전략은 아니다. 하지만 꾸준히 자기 주식을 사들인 회사들은 아웃사이더를 논한 8장에서 보았듯이 놀라운 결과를 냈다.

자기 주식 취득은 100배 주식에 다가갈 수 있는 실마리 중 하나다. 시간이 지남에 따라 상장 주식 수를 줄여나가는 회사를 찾았다면, 그리고 그 회사가 자기 주식을 낮은 가격에 사들이는 경향이 있다면, 유심히 살펴볼 가치가 있다. 100배 주식 후보를 발견한 것일지도 모르니까.

제12장

경쟁자 몰아내기

> 개별 산업의 한계를 돌파하는 회사는 경제적 성과의 근원에 무엇이 있는지에 대한 통찰을 준다. 산업은 운명의 영역이 아니다.
>
> - 마이클 모부신

⋯◆⋯

수많은 경우의 수 중에서 어느 한 회사가 100배 주식이 되기 위해서는 매우 오랜 기간 동안 무엇인가를 잘 할 필요가 있다. 마티니 칵테일을 만들기 위해 진이 필수인 것처럼 100배 주식에서는 지속성이 정말 중요하다. 그렇다면 20년 동안 사업이 운영되기 위해서는 어떤 것을 갖추어야 할까?

이 질문은 우리를 '경제적 해자moat'라는 주제로 이끈다.

해자란 사업을 경쟁자로부터 보호하는 장치다. 이는 영속성이 있는 경쟁 우위다(펠프스는 이를 '관문Gate'이라고 불렀다). 워런 버핏이 이 아이디어를 대중화시켰고, 이 주제와 관련된 논문도 수없이 많다. 여기에서는 몇 가지만 강조하고 싶은데, 그중에는 컬럼비아 경영대 졸업생이자 레인 파이브 캐피털Lane five Capital의 직원이었던 매슈 베리Matthew Berry의 출간되지 않은 연구도 포함된다. 이 연구는 명확한 답을 제공한다. 적어도 내가 본 것 중에서는 가장 명확하다.

나는 해자를 생각할 때마다 팻 도시Pat Dorsey를 떠올린다. 도시는 모닝스타Morningstar의 주식 연구 책임자였고, 현재는 사니벨 캡티바 투자자문Sanibel Captiva Investment Advisers의 대표다. 해자에 대한 해박한 글을 쓰고, 연설도 한다.

『부를 쌓는 작은 책The Little Book That Builds Wealth』에서 팻 도시는 왜 해자에 관심을 기울여야 하는지를 설명한다.

내구성이 좋은 제품에 돈을 더 지불하는 것이 상식이다. 주방 가전제품보다는 자동차, 자동차보다는 집 등 더 오래 지속되는 것들이 일반적으로 가격이 더 높다. 주식 시장에서도 마찬가지다.

더 견고한 회사가 더 가치 있다. 그리고 해자는 경쟁자를 쫓아내서 회사를 더 가치 있게 만든다. 해자를 가진 회사는 해자가 없는 회사보다 더 높은 수익을 더 오랫동안 유지할 수 있다. 이는 또한 경쟁자들보다 더 높은 수익률로 수익을 재투자할 수 있음을 뜻한다. 여태까지 봤겠지만 이는 100배 주식에서 중요하다.

해자에는 다양한 형태가 있다. 몇 가지만 소개하자면 이렇다.

- **강력한 브랜드를 가지고 있다.** 티파니Tiffany(보석 브랜드)의 경우가 그렇다. 사람들은 그 하늘색 상자를 얻기 위해서 더 높은 가격을 지불한다. 심지어 그 상자 안에 담긴 것이 다른 곳에서는 더 싸다 하더라도 말이다. 오레오Oreo(과자 브랜드) 역시 브랜드다. 오레오는 더 높은 가격을 붙일 수는 없지만 사람들이 충성 고객이 되고 구매를 반복하게 자극한다. 그것도 해자다.
- **상품을 바꾸는 데 비용이 많이 든다.** 도시는 은행을 예로 든다. 한 은행이 다른 은행보다 유리할 수 있는 경쟁 우위는 그리 많지 않다. 기

본적으로 제품이 같다. 게다가 요즘은 인터넷 때문에 지점 위치도 그리 중요하지 않다. 하지만 수치를 보면 사람들은 같은 은행을 6~7년 이용하는 경향이 있다. 그 이유는 은행을 바꾸는 것이 불편하기 때문이다. 경제학자들의 표현을 빌자면 전환 비용이 높은 것이다.

- **네트워크 효과를 누릴 수 있다.** 마이크로소프트는 몇 년 동안 강력한 해자를 가졌다. 모든 사람이 마이크로소프트의 운영체제를 사용했기에 더 많은 사람들이 그 운영체제를 사용하고자 했다. 더 많은 사람들이 사용할수록 더 강력한 네트워크 효과를 누렸다. 트위터Twitter, 페이스북Facebook, 유튜브Youtube를 생각해 보라. 경쟁자가 이미 구축된 네트워크의 해자를 깨기는 매우 어렵다. 이는 최초의 전화기를 팔려는 것만큼이나 힘들다.

- **다른 사람보다 무언가를 더 저렴하게 할 수 있다.** 월마트처럼 최저 비용 업체는 해자를 가지게 된다. 증권 중개업체인 인터렉티브 브로커스Interactive Brokers는 다른 할인 브로커들보다 압도적으로 저렴하다. 가격 경쟁력은 인터렉티브 브로커가 2배의 속도로 성장한 원동력이었다. 이것도 해자다.

- **가장 크다.** 즉, 시장에서 절대적 크기로 고유한 존재가 되는 것이다. 크기는 경쟁자들을 몰아내는 우위가 될 수 있다. 인텔Intel이나 월마트를 복제하려면 무엇을 해야 할지 상상해 보라. 하지만 상대적 크기도 역시 해자가 될 수 있다. 만약 아틀라스 파이낸셜Atlas Financial처럼 소규모 택시업계에서 지배적인 보험 회사라면, 그것도 해자다. 경쟁자들은 남은 틈새 시장에서 경쟁하기 위해 시간과 에너지를 투자하지 않

을 것이다.

시장 대비 기업의 상대적인 크기에 대해 앞서 언급한 베리가 흥미로운 관점을 제시했다.

고정 비용이 높고, 가격이 낮은 시장을 생각해 보자. 가격이 너무 낮아서 흑자를 내기 위해서는 시장의 55퍼센트를 점유해야 한다고 하자. 그 시장에 얼마나 많은 경쟁자들이 있을 수 있는가? 하나 정도다. 둘도 아니고 셋도 아니고 하나다.

55퍼센트를 점유한 회사는 지배적인 위치에 있는 것이다. 이런 회사는 경쟁자들을 몰아내고 좋은 수익을 누릴 수 있는 수준까지 가격을 올릴 수 있다. 베리가 말하길 "중요한 것은 다른 경쟁자들이 쉽사리 시장에 들어올 수 없게 하는 시장 점유율이 어느 정도이냐."
이것이 해자를 전부 설명 해주는 것은 아니다. 다른 경쟁자들이 깨고 들어오기 어려운 장벽을 만드는 방법은 더 많다.
물론 이론적으로는 쉽게 말할 수 있지만 실생활에서 이런 해자 기업을 찾아내는 일은 결코 쉽지 않다. 코치^{Coach}가 해자를 가지고 있다고 말하기는 쉽다. 하지만 정말 그럴까? 게다가 경쟁자들이 수많은 해자를 뛰어넘을 수 있는 방법을 결국에는 찾아낼 수도 있다.
훌륭한 제품이 그 자체로 해자는 아니다. 팻 도시는 크라이슬러^{Chrysler}의 미니밴을 예로 들었는데, 그 제품은 역사상 최초의 미니밴이었고 잘 팔렸다. 하지만 곧 경쟁자들도 독자적인 미니밴을 만들기 시작했다. 크라이슬러는 미니밴의 가격을 더 높게 책정할 수 없었다. 다른 회사의 미니밴보다 크라이슬러 미니밴을 선택할 이유가 없기 때문이다. 즉, 해자가 없었던 것이다.

해자를 발견하는 일은 까다로운 경우가 많다. 도시는 앞서 소개한 자신의 책에서 해자가 없는 회사의 예로 크리스피 크림 Krispy Kreme 을 든다. 크리스피 크림은 맛있는 도넛을 만들지만, 다른 업체로 바꾸기 쉽고, 크리스피 크림이 도넛에 대해 프리미엄 가격을 책정할 수도 없다. 하지만 어떤 사람들은(나를 포함해서) 크리스피 크림을 좋아하고, 선택지가 있다면 던킨 도너츠보다 크리스피 크림을 갈 것이다. 나는 크리스피 크림에 해자가 있는 것인지 아닌지 확신할 수 없다. 해자를 확실하게 파악하는 것이 어렵다는 뜻이 무슨 말인지 알겠는가?

다른 한편으로, 많은 사람들이 다른 음료수가 많음에도 불구하고 코카콜라 Coca-Cola 가 해자를 가지고 있다고 생각한다. 코카콜라 최고의 고객은 코카콜라 외의 다른 제품을 선택하지 않는다. 코카콜라 브랜드는 전세계적으로 알려져 있다. 전세계 구석구석에서 거의 모두 판매되고 있다. 분명 해자를 가지고 있다(혹은 과거에는 가지고 있었다. 지금은 해자를 잃고 있을 수 있다는 징후가 있다).

치폴레 Chipotle 는 13년 동안 점포 수를 0개에서 500개까지 만들어낸 패스트푸드 음식점이다. 치폴레는 신선한 멕시코 음식을 만든다. 투자자인 모니시 파브라이 Mohnish Pabrai 는 "치폴레는 견고한 해자를 갖고 있다. 이는 나 같은 고객들이 줄을 서서라도 여기서 음식을 사게 만든다. 이 해자가

치폴레에게 평균 이상의 이익을 벌어들일 수 있는 능력을 부여한다"라고 말했다. 여기서 "평균 이상의 이익"이라는 말이 중요하다. 이 말은 해자가 무엇이고 왜 해자가 중요한지를 꿰뚫는 핵심이다.

도시는 우수한 경영진이 그 자체로는 해자가 아니라는 것도 짚는다. 워런 버핏의 이 말을 들어본 사람은 많을 것이다.

> 좋은 평판을 가진 경영진이 실적이 좋지 않다는 평판을 가진 회사와 만났을 때, 변하지 않고 남는 것은 회사의 평판이다.

꼭 기억해두라. 진리에 가까운 말이다.

이미 앞에서 힌트가 주어졌지만, 해자는 영원하지 않다. 경쟁자들은 어떻게 해자를 넘을 수 있는지 결국에는 찾아내기 마련이다. 『주식투자 백전백승의 법칙The Dhandho Investor』에서 파브라이는 델타Delta, 게이트웨이Gateway, GM이 한때 모두 깊은 해자를 가지고 있었음을 지적한다. 하지만 지금은 그 어떤 회사도 그렇지 않다. 그 이유 중 하나는 경영진 역시 실수를 하고 브랜드를 파괴하기 때문이다. 코카콜라가 야심차게 내놓은 뉴 코크New Coke는 잘 되지 않았다. 그리고 이전 장에서 보았듯이 기업의 수명은 계속 줄고 있다.

해자에 대한 모부신의 생각

크레디트 스위스Credit Suisse 증권사의 투자전략가인 마이클 모부신Michael Mauboussin도 해자에 대한 여러 좋은 연구를 했다. 「해자 평가: 가치 창조의 정도와 지속성 평가Measuring the Moat: Assessing the Magnitude and Sustainability of Value Creation」라는 보고서는 이 주제와 관련된 70장짜리 보고서다(인터넷에서 무료로 열람할 수 있다).

모부신은 5,500개 이상 회사들을 표본으로 구성해서 68개의 글로벌 산업을 살폈다. 그리고 이 과정에서 그는 어떤 산업이 다른 산업보다 가치를 더 잘 창출한다는 사실을 발견했다. 예를 들면, 항공 산업은 끔찍한 편이다. 제지와 임업 제품도 약한 편이다. 그가 언급하지 않았지만 금 채굴 산업도 역시 자본이익률이 낮은 것으로 악명이 높다.

하지만 꽤 괜찮은 산업도 있다. 통신 장비가 그 예다. 이런 산업 내에서도 승자와 패자가 갈린다. 모부신의 이야기를 들어보자.

> 분석의 핵심은 최고의 산업에서도 어떤 기업은 가치를 파괴하고, 최악의 산업에서도 어떤 회사는 가치를 창조한다는 것이다. 이렇게 개별 산업의 한계를 돌파하는 회사는 경제적 성과의 근원에는 무엇이 있는지에 대한 통찰을 준다. 산업은 운명의 영역이 아니다.

이건 알아두면 유용하다. 일부 투자자는 항공 산업과 같이 악명 높은 산업을 아예 회피하기 때문이다. 그러나 항공 산업 내에서도 돈을 벌 방법은 많다.

모부신은 산업 지도를 만들라고 제안한다. 이 지도는 산업 내의 모든 관련자를 포함한다. 항공 산업의 경우에는 비행기 임대업자(에어리스Air Lease), 제조업자(보잉Boeing), 부품업체(B/E 에어로스페이스B/E Aerospace) 등이 있다. 개인 투자자들이 자세한 지도를 그리기는 힘들겠지만, 염두에 두고 있기만 해도 유용한 사고 모형이 되어준다.

모부신의 목적은 한 산업의 이윤이 어디로 가는지를 보여 주는 것이다. 이런 이윤의 지도는 에너지를 어디에 집중해야 할지 안내해 준다. 예를 들면, 비행기 임대업자는 좋은 수익률을 낸다. 여행업체와 화물업체는 그보다 좋은 수익률을 낸다.

모부신의 산업 분석은 산업의 안정성이 해자의 견고함을 결정하는 또 다른 요소임을 보여 준다.

보통 안정적인 산업이 지속적인 가치 형성에 더 기여한다. 안정적이지 않은 산업은 상당한 경쟁적 도전과 기회를 제공한다.

음료 산업은 안정적인 산업이다. 그곳의 트렌드는 시간이 지나면서 천천히 바뀐다. 탄산음료는 인터넷에 의해 그 가치가 떨어지지 않는다. 반대로 스마트폰은 매우 불안정한 시장이다. 블랙베리BlackBerry의 스마트폰은 한때 시장을 주도하다가 몇 년 후에 낙오자로 전락했다. 모부신의 연구에 따르면, 100배 주식은 충분히 익을 시간이 필요하기 때문에 경쟁적인 환경에서의 전면적인 변화에 덜 취약한 산업이 더 낫다. 더욱이 우리는 짧아지는 기업의 수명에도 항상 대비해야 한다.

크레디트 스위스의 가치평가 시스템 홀트^HOLT에 따르면 상장 기업 중 50퍼센트 이하가 10년 이상을 생존하지 못한다. 기업 역동성 통계 Business Dynamics Statistics, BDS 데이터를 분석한 우리의 연구에서도 역시 생존율이 낮았다. 설립 연도를 기반으로 1년 생존 기업과 5년 생존 기업의 비율을 보여주는 표가 있다. 현재 이 비율은 1977년도와 비슷하다. 최근의 수치는 1년 생존 기업의 비율은 약 75퍼센트, 5년 생존 기업의 비율은 약 45퍼센트임을 보여 준다.

바로 그렇기 때문에 좋은 해자를 찾는 것이 중요하다.

지금까지 이야기한 것이 해자에 대한 이론과 경험의 핵심이다. 해자에 대해 더 많은 말을 할 수 있고, 특히 투자자의 입장에서 더 추상적인 방식으로 이야기할 수도 있다. 하지만 한 애널리스트는 특정한 종류의 기업이 더 선호할 만하다는 경험적인 근거를 찾아냈다.

평균 회귀 극복하기

해자가 무엇인지 핵심만 골라내면 결국 어떤 기업이 평균 회귀, 즉 모든 것을 평균으로 끌어들이는 시장의 강한 추세에 저항하기 위한 무기다. 평균 회귀에 따르면 만약 누군가가 큰 수익을 벌어들이고 있다면, 그 수익은 시간에 따라 평균(혹은 중간)으로 떨어진다. 반대로 만약 낮은 수익을 벌어들인다면, 수익이 평균으로 올라간다.

평균 회귀는 시장의 경쟁적인 특성, 즉 사람들은 항상 더 많은 돈을 벌기 위해 반응하고 대응하며 노력한다는 사실을 반영한다. 새로운 제품을 만들고, 오래된 사업을 접고, 새로운 사업을 시작하는 등 시장에서는 많은 변화가 자연적으로 생겨난다. 유망 신생 기업에게는 자금을 대고 덜 매력적인 기업에서는 자금을 회수하는 식으로 자본은 움직인다. 이 경쟁의 세계는 늘 변화하고 있다. 어쨌거나 평균 회귀가 왜 발생하는지는 정확히 설명할 필요가 없다. 숫자가 정확히 보여 주기 때문이다.

이쯤에서 이전에 언급한 매슈 베리와 그의 출간하지 않은 논문 「기업 수익성의 평균 회귀Mean Reversion in Corporate Returns」를 참고하려 한다. 그의 연구는 1990년부터 2004년까지의 15년 동안 미국, 영국, 캐나다, 독일, 프랑스, 이탈리아, 스페인 등에 위치한 4,000개의 큰 회사를 포함하고 있다. 매슈 베리의 이야기를 들어보자.

평균 회귀는 잘 기록된 현상이다. 평균 회귀는 수익의 추세가 전적으로는 아니지만 평균적으로 중간값으로 향하는 현상을 말한다. 몇몇이 자리를 바꾸기도 하고, 일부 회사는 높은 성과를 지속하고, 다른 회사는 낮은 성과를 낸다.

흥미로운 점이 있다. 평균 회귀는 모든 회사들에게 동일한 영향을 미치지 않는다. 높은 성과를 지속하는 회사들은 어떤 공통점이 있을까?

높은 성과를 내는 회사를 베리는 높은 투하자본이익률Return On Invested Capital, ROIC을 지속하는 회사라고 정의한다. 그는 회사가 평균 자본을 통해 벌어들이는 세전 이익을 살핀다. 또한 이것을 분해해 성장, 수익성 등 ROIC를 움직이는 다양한 요인을 본다.

베리는 많은 변수가 꽤 가변적이고 평균 회귀적이지만, 매출총이익률 gross profit margins 은 "놀라울 정도로 회복력을 보이고 하락 속도도 의미있게 빠르지 않다"는 것을 발견했다. 베리는 다양한 실험을 하지만, 여기서는 중요한 발견들만 보여 주려 한다. 베리의 말에 따르면 "높은 매출총이익률은 장기적인 성과에서 가장 중요한 단일 요소다. 매출총이익률의 회복력은 회사를 일정 수준의 성과에 묶어 놓는다. 비율과 과거 기록도 역시 유용한 지표들이다."

'묶어 놓는다'는 말은 만약 어떤 기업이 높은 매출총이익률로 시작한다면, 그렇게 유지되는 경향을 보인다는 뜻이다. 반대로 낮은 매출총이익률로 시작했을 때는 거기에 머무르는 경향이 있다. 통계 용어를 사용하자면, 총이익률 유지다.

베리는 매출총이익률이 제품을 제공하기 위해 필요한 비용 대비 상대적으로 사람들이 지불하고자 하는 가격에 대한 좋은 지표라고 생각한다. 이는 고객에게 더해지는 가치의 측정이기도 하다. 모든 회사가 높은 매출총이익률을 보이는 것은 아니다. 베리는 이렇게 말했다.

아마존의 매출총이익률은 평범하다. 하지만 부가가치가 (아무 곳에나 있는) 제품 자체가 아니라 선택과 편리함이라는 것은 분명하다. 만약 어떤 회사가 사업 모델에서 고객에 대한 부가가치를 어떻게 혹은 어디에서 만드는지 알 수 없다면, 그 회사는 100배 주식이 되지 못할 것이라고 확신할 수 있다. 갑자기 유전을 발견하지 않는다면 말이다.

이 통찰력에 더해지는 베리의 연구에는 다른 정보도 있다. 첫째, 매출총이익률과 영업이익률의 차이는 판매관리비(판매비와 일반관리비, 다른 말로는 간접비)라는 것을 알아야 한다. 이러한 운영 비용은 잘 변한다. 낮은 성과를 내던 회사들이 개선될 때, 이 운영 비용 측면이 좋아진 경우가 종종 있다. 달리 말하자면, 총이익률이 지속적이고 안정적이라고 할 때 높은 매출총이익률과 낮은 영업이익률을 가진 회사가 반등의 가능성이 있다. 영업이익률이 매출총이익률보다 개선시키기 쉽다.

둘째, 큰 회사가 자신의 장점을 공고히 하곤 한다. 베리에 따르면 "큰 회사는 작은 회사가 할 수 없는 판매관리비의 효율성을 찾아 오랜 기간 수익성을 유지할 수 있다."

마지막으로, 높은 성과의 기록은 유용한 지표다. 승자는 계속 승자로 남곤 한다. 이는 높은 성과가 경쟁력의 우위에서 오는 경우가 많기 때문이다. 이런 장점은 하룻밤 사이에 사라지지 않는다.

베리의 충실한 연구 자료와 그것의 다양한 함의를 여기에 모두 담아내기는 힘들다. 여기서는 100배 주식을 찾는 데 유용할 수 있는 해자에 대한 결론을 이끌어내는것으로 만족하려고 한다.

요약하자면 이렇다.

해자를 가지고 있는 것은 좋지만, 진짜 해자는 드물고 파악하기 쉽지 않다. 그렇기 때문에 해자의 명확한 신호를 찾아야 한다. 명확하지 않다면 아마 자기 자신을 속이고 있는 것인지도 모른다. 해자의 증거를 회사의 재무제표에서 찾아보는 것이 좋다. 구체적으로 경쟁 업체들 대비 총이익률이 높을수록 좋다.

제13장

100배 주식들에 대한
다양한 심리 상태

사람들은 따분함에 죽으려 한다.

-라울 바네겜, 『일상생활의 혁명』

◆

제임스 서버James Thurber의 『마음을 내버려 둬!Let Your Mind Alone!』에는 이번 장에서 다루고자 하는 내용을 모두 담고 있는 '잡다한 심리상태Miscellaneous Mentation'라는 장이 있다. 그는 이렇게 썼다.

> 서재에 꼽혀 있는 심리 기법에 대한 최신 책들을 다시 검토하면서, 따로 표시를 해둘 만한 좋은 구절들을 꽤 발견했지만, 이런저런 이유로 인해 이전 장들에 끼워 넣지 못했다. 그래서 여기서 이 글의 잡다한 주제들을 다루고 필요할 때마다 다양한 인용구들을 다루려고 한다.

이 장도 마찬가지 이유로 '100배 주식에 대한 다양한 심리상태'라는 제목을 붙였다. 이 장에는 다른 어느 곳에도 포함시킬 수 없을 것 같은 것들을 넣었는데, 순서는 중요도와 관계 없다. 펠프스의 책이 존경스러운 이유 중 하나는 그가 다양한 자료와 경험에서 조금씩 수집하여 수많은 투자의 지혜를 정리해 냈다는 것이다.

나는 100배 주식에 대한 책이 이와 비슷해야 한다고 봤다. 탐구의 상당 부분이 공식에 의해 도출되는 것이 아니라 풍부한 경험과 직관에 의존하기 때문이다. 더구나 100배 수익을 실현하는 것은 특정한 종류의 정신 상태를 수용해야 함을 의미한다.

100배 주식을 찾는다는 것은 정부가 무엇을 하는지는 신경을 쓰지 않겠다는 것을 뜻한다. 100배 주식을 찾는다는 것은 차트가 좋아보이기 때문에 주식을 사지 않겠다는 것을 뜻한다(다음 달의 차트는 우리에게 완전히 다른 메시지를 보낼 수 있다). 이런 것들에 신경을 쓰는 것은 주의 산만일 뿐이다. 100배 주식에 투자한다는 것은 바닥에 굳건히 서서 버틴다는 것을 뜻한다.

이 장에서 나는 100배 주식을 위해 필요한 정신 상태를 수용하는데 도움이 될 다양한 투자 아이디어를 소개하려 한다.

수익을 쫓지 마라

2014년은 주식을 하는 사람에게는 최악의 해 중 하나였다. 하지만 거의 모든 사람이 이것에 대해 잘못된 방식으로 생각한다. 그런 사고 방식을 유지하면 장기적으로 큰 대가를 치를 것이다. 특히나 그것이 100배 주식을 찾는 일을 방해한다면 말이다.

먼저, 여기 2014년 말 즈음에 나타난 몇 가지 증거가 있다.

- 뱅크오브아메리카 메릴린치Bank of America Merrill Lynch의 연구에 따르면 적극적으로 초과 수익을 추구하는 액티브 펀드active fund 매니저 중 20퍼

센트 이하만이 시장을 앞섰다. 이는 최근 10년 사이에 최악의 성과이다.
- 주간지 『배런스』의 빌 앨퍼트Bill Alpert는 액티브 펀드 매니저 중 15퍼센트 이하만이 시장의 기준 수익률을 앞섰다고 말한다.
- 펜Penn의 연구원인 데니스 글루시코프Denys Glushkov는 S&P 500 지수에 포함되는 거대 기업의 주식에 투자하는 뮤추얼 펀드 중 오직 9.3퍼센트만이 9월 30일까지 시장 지수를 앞섰다고 말한다. 이전의 저점은 1995년도의 12.9퍼센트였고, 25년 동안의 평균은 38.6퍼센트였다.

글루시코프는 2014년이 1989년 이후로 인덱스 펀드와는 대조적인 액티브 펀드 매니저들이 시장 지수 대비 상대적으로 가장 낮은 성과를 낸 해로 기록될 것이라고 말한다. 그리고 실제로 그랬다.

이러한 경험을 맞닥뜨리고, 사람들은 S&P 지수 펀드와 같은 패시브 펀드Passive Fund에 돈을 쏟아 부었다. 모든 사람들이 알듯이 주식 펀드는 수수료 때문에 시장을 능가할 수 없다. 그걸 감안하더라도 2014년은 역사에 남을 만한 완패였다.

이 실패의 이유를 논한 글들은 상당히 많지만 모두가 추측할 뿐이기 때문에 나는 그것들에 그리 신경쓰지 않는다. 그런데 심지어 우리가 원인을 알았다 하더라도 언제 상황이 바뀔지를 예측할 수 있다는 것을 의미하지는 않는다.

그렇기 때문에 나는 이런 충고를 한다. 수익을 쫓으려 노력하지 말라. 왜냐하면 그러면 시간이 지날수록 많은 비용이 들기 때문이다.

물론 대부분의 사람들은 수익을 쫓는다. 내가 굉장히 좋아하는 달바Dalbar의 연구의 예를 들어보자. 이 연구에 따르면 평균적인 뮤추얼 펀드는 연구 기간 동안 매년 13.8퍼센트의 수익률을 벌어들였다. 그러나 그런 펀드들에 투자한 사람들은 겨우 7퍼센트밖에 벌지 못했다. 어째서일까?

왜냐하면 투자자들이 펀드의 수익률이 낮았을 때 돈을 빼고 성과가 좋을 때 다시 투자했기 때문이다. 투자자들은 계속 수익을 쫓고 있었다.

내가 좋아하는 사례 중 하나는 켄 히브너Ken Heebner의 CGM 포커스 펀드CGM Focus Fund다. 이 펀드는 2000년부터 2010년까지 10년 동안 최고의 펀드였다. 히브너의 펀드는 뛰어난 18퍼센트의 연간 수익률을 보였다. 그럼에도 그 펀드에 투자한 일반적인 투자자는 11퍼센트밖에 벌지 못했다. 이유는 앞에서와 같다. 사람들은 성과가 좋지 않은 해에 투자금을 회수했고, 성과가 좋아지면 다시 투자했다.

이 내용은 내 첫 책인 『딜메이커처럼 투자하라Invest like a Dealmaker』에서 다루었다. 당시의 조언을 나는 오늘날에도 하고 있다. 내 조언의 내용을 좀 더 자세히 풀어내기 위해 모니시 파브라이가 『배런스』의 질문에 어떻게 답했는지 살펴보자.

파브라이의 펀드는 지난 10년 동안 연간 10퍼센트에 가까운 수익률을 냈고, 이는 S&P 지수를 1.5퍼센트가량 초과한다. 하지만 올해의 실적은 S&P 지수에 크게 뒤처졌다. 이 당시 『배런스』와의 인터뷰 중에 저조한 성적에 대해 질문을 받자 그는 이렇게 대답했다.

제 생각에 그것은 연관이 없는 데이터 포인트입니다. 10개월과 같은 짧은 기간에 대해서 지적으로 이야기한다는 것은 불가능합니다. 저는 절대로 다음 몇 달이나 1년 동안 무슨 일이 일어날지를 생각하면서 투자하지 않습니다.

우리가 살아가는 24시간 미디어 문화의 문제는 모든 사람이 항상 무엇인가 말할 거리를 가지고 있어야 한다는 것이다. 하지만 그 시간 중 말할 가치가 있는 시간은 별로 없다.

그래서 우리는 주식, 금, 채권 등의 작은 변동에 대한 해설을 매일 끊임없이 듣는다. 모두 의미없는 허튼 소리다. 나는 파브라이에 동의한다. 그런 짧은 시간 동안의 수익에 대해서 지적으로 이야기하는 것은 정말로 불가능하다.

여기서 나는 더 나아간다. S&P 500 지수나 전체 시장과 비교하지 말아야 한다고 생각한다. 내가 가장 좋아하는 투자자인 마틴 휘트먼Martin Whitman은 이에 대해 다음과 같이 말했다.

어떤 경제학자들은 전문 자산 관리자의 목표가 시장을 능가하는 것이어야 한다고 믿는다. 전문 자산 관리자가 개인으로, 혹은 다 같이 시장을 능가하지 못한다면 이들이 쓸모없다는 증거로 받아들인다. …이러한 관점에 대해서 그저 아마추어 같다고 밖에 할 수 없다.

이 내용은 휘트먼과 페르난도 디즈Fernando Diz가 쓴 책 『현대 증권 분석Modern Security Analysis』에 나온다. 나는 휘트먼의 접근법을 좋아한다. 그리고 휘트먼은 내가 장기 투자에 대해 생각하는 방식에 큰 영향을 주었다.

휘트먼이 시장에 비교하며 평가하는 관점을 그렇게 경멸하는 이유는 자산 관리자들이 각자 다른 목표와 책임을 갖고 있기 때문이다. 기부금을 투자하는 자산 관리자는 자본 이익보다는 안전과 현금 유입을 목표로 할 것이다. 그렇기에 만약 그 자산 관리자가 배당금을 꼬박꼬박 지불하는 보수적인 기업들로 구성된 포트폴리오를 가지고 9퍼센트 수익률을 냈다면 S&P에 미치지 못했다고 비난하는 것은 어리석다.

무엇보다 1년을 누가 신경쓰겠는가? 장기적인 게임을 해야 한다. 장기에 걸쳐 견고한 차이로 시장보다 좋은 성과를 낸 접근법과 투자자들이 존재한다. 핵심은 이들도 시장을 지속적으로 능가하지는 않았다는 것이다.

최고의 투자자들조차도 시장보다 30~40퍼센트 낮은 성과를 종종 낸다. 바턴 빅스는 일전에 슈퍼스타 투자자들의 놀라운 수익률을 분석한 후 다음과 같이 썼다.

이들 중 그 누구도 계속해서 S&P 500을 능가한 사람은 없다. 그것을 주된 목표로 삼은 사람이 없었기 때문이다.

장기에 걸쳐 시장을 능가하는 방법은 존재한다. 하지만 그 어떤 접근법도 항상 시장을 능가한 적은 없다. 최고의 투자자들도 종종 시장보다 못하기 마련이다.

연말 결과를 보고 나서 포트폴리오를 재조정하기 전에 이를 기억하라. 수익을 쫓지 않는다! 그리고 자기 자신을 S&P 500이나 다른 기준 지수와 비교하지 마라! 그저 좋은 주식을 사고 보유하는데 집중하라.

따분해 하지 마라

언젠가 친구 한 명과 점심을 먹으면서 스코틀랜드가 영국으로부터 독립을 해야할지에 대해 이야기하고 있었다. 친구는 사람들이 독립에 찬성할 것이라며 이렇게 말했다. "사람들이 심심해 하잖아! 그냥 뭔가 일어나길 바랄거야."(스코틀랜드인들은 영국 시민으로 남는 것을 택했다.)

친구의 말을 다시 생각해 볼수록 정말로 그럴 수도 있다는 생각이 들었다. 지루함은 많은 것을 설명한다. 지루함으로 금융에서 일어나는 온갖 종류의 행태를 설명할 수 있다. 그리고 시장에는 '지루함의 차익 거래'를 이용해 이익을 볼 수 있는 기회가 분명 존재한다.

이하는 지루함에 대한 내 탐구를 반은 농담조로 써본 것이다.

서두부터 시작하자. 심심함은 1768년도에 발명되었다. 개념이 아니라 '지루함'라는 단어가 그해에 처음으로 인쇄물에 출현했다. 옥스퍼드 영어 사전을 보자(참고로, 나는 인쇄본을 갖고 있다. 20권 모두). 옥스퍼드 사전에 따르면, 지루함이란 "장황한 대화나 흥미를 불러일으키는 데 실패하여 지친 것"이다.

재미있는 것은 한 영국인이 다른 영국인 친구에게 프랑스인에 대해 불평하는 편지에서 이 단어가 처음 등장했다는 것이다. "나는 이러한 프랑스인 때문에 지루함을 느끼는 뉴마켓New-market의 친구들이 너무 불쌍해."

심심한 상태라는 뜻의 지루함은 더 나중에 생겨난 단어이다. 1852년 디킨스Dickens가 이 단어를 『황폐한 집 Bleak House』에서 '지루함이라는 질병'이라는 표현으로 사용했다.

작가 톰 호킨슨Tom Hodgkinson도 디킨스에 동의할 것이다. 호킨슨은 『자유선언서The Freedom Manifesto』에 지루함을 주제로 한 챕터를 다루었다. 그는 이렇게 썼다.

만약 현대 과학이 더 정교하고 미묘했다면, 지루함을 현대사의 주요한 질병 중 하나로 분류했을 것이라 확신한다. 언젠가 지루함이 암을 유발한다고 밝혀져도 놀랍지 않다.

가벼운 마음으로 읽는다면, 호킨슨의 책은 대단하다. 그는 현대 생활이 어떻게 지루함을 만들어내는지를 이야기한다. 특히나 직장에서 말이다.
졸면 안되는 수준의 집중은 요구하지만 당신의 마음을 사로잡지는 못하는 반복적인 업무로 채워진 무수히 많은 직업이 존재한다. 결과적으로 일상은 지루함으로 채워진다. 사람들은 이 지루함을 떨쳐내기 위해 온갖 짓을 한다. 멍청이처럼 굴기도 한다. 바보처럼 옷을 입기도 한다. 지루하지 않기 위해서 무엇이든 한다. 그들은 심지어 설비를 일부러 고장 내기도 한다.
금융 시장에서 사람들은 그저 심심해서 자기 자신의 포트폴리오를 망가뜨리고는 한다. 왜 성장할 가능성이 거의 없는 주당 70센트짜리 광산 회사에 돈을 투자한단 말인가? 왜 설득력 없는 전망에 기반해서 말도 안 되는 가격으로 거래되는 가짜 바이오테크 회사에 투자를 하는가? 지루하니까!

이런 식으로 돈을 잃으면 자극을 느끼는 것 같다. 카지노에 가는 것과 그리 다르지 않다(그리고 카지노와 같이 가끔 돈을 따기 때문에 계속한다). 사람들은 이런 행동을 갈구한다.

왜 사람들은 주식을 그렇게 자주 사고 파는가? 왜 주식을 사서 몇 년 보유하지 못하는가? 왜 오랜 기간 동안 검증된 부를 쌓는 방식을 쫓지 못하는가? 이제 답을 알 것이다.

사람들은 심심하기 때문에 종종 포트폴리오로 멍청한 짓을 한다. 자신이 무언가를 해야 한다고 생각한다(여기서 나는 "인간의 모든 시련은 조용한 방에 혼자 앉아있지 못해서 찾아온다"라는 파스칼의 지혜를 떠올린다).

나 역시도 지루해하지만 그 방식이 조금 다르다. 예를 들면, 사람들이 연방준비제도이사회에 대해 그렇게 오래 이야기할 수 있다는 것이 신기하다. 뉴스레터 동료들과 언론계 사람들 모두 그렇게 한다. 믿을 수 없다. 그 이야기가 지루해지지 않는단 말인가? 아니면 지루해져서 이런 이야기를 하는 것인가?

나는 연방준비제도이사회가 지루하다. 그리고 감사하게도 투자자는 그래도 별 상관없다. 워런 버핏이 일전에 말하길 "만약 연방준비제도이사회의 의장인 앨런 그린스펀Alan Greenspan이 향후 2년 동안의 통화 정책을 내 귀에 속삭인다 하더라도, 내 행동을 바꾸지 않을 것이다."

나는 누군가가 어디에선가 양적 완화, 이자율, 혹은 달러에 대해 논하는 것을 매일 읽는다. 대부분은 과거 똑같은 발언의 재탕이다. "양적 완화가 멈추면 주가도 떨어진다," "달러가 폭락할 것이다," "이자율이 오르면,

주가가 하락할 것이다." 맙소사. 얼마나 더 이런 것을 읽어야 한단 말인가? 그리고 언제까지 이런 글을 쓸 것인가?

이건 마치 오래된 콩 냄비를 데워서 계속, 계속 다시 내놓는 것과 같다.

내가 여행을 하는 중요한 이유 중 하나가 그런 글을 피하기 위함이다. 나는 연방준비제도이사회가 이번 주에 뭐라고 했는지에 대해서 글을 쓰지 않아도 되고, 머릿속으로 상상한 왜곡된 거시경제 시나리오를 점검하지 않아도 된다. 대신에 그리스의 우뚝 솟은 놀라운 절벽과 깊고 푸른 물에 대해 쓰면 된다. 아니면 독일의 천 년이나 된 양조장의 참나무 아래 긴 나무 테이블에서 맥주를 마신 경험에 대해 글을 쓴다. 지루하지 않다!

하지만 정말 진지하게, 나의 여행은 최소한 실제 세상과 관련이 있다. 투자와 관련된 글을 쓰는 사람으로써 나는 뭔가 새로운 것, 다른 것, 흥미로운 것에 대해 글을 쓰고 싶다. 신문에 나온 글을 반복하고 싶지 않다. 이미 듣고 있는 소음에 무언가 더하고 싶지 않다.

사실 소음을 이용하는 것은 단순한 차익 거래이다. 종종 (똑똑한) 사람들이 '시간 차익 거래'를 언급한다. 이 아이디어는 대부분의 투자자들이 단 1년이나 2년을 내다보는 것도 어려워한다는 점에 착안한 것이다. 그들은 지금에 집중한다. 해야 할 일은 1년을 내다보고 오늘 저렴한 주식을 사기만 하면 된다. 왜냐하면 다른 사람들은 현재 분기 혹은 2분기, 3분기 이상을 내다보지 못하기 때문이다.

같은 종류의 차익 거래가 지루함에도 적용된다. 사람들은 같은 주식을 오래 가지고 있으면 지루함을 느낀다. 특히나 큰 변화가 없으면 말이다. 다른 주식의 가격이 쌩쌩 움직이는 걸 보면 버틸 수가 없다. 그래서 그들은 움직이고 있는 어떤 주식이든 쫓고서는 난처한 상황에 빠진다.

유명한 펀드 매니저 랠프 웬저Ralph Wanger의 말을 빌자면 "마치 랍스터 가격이 오르면 랍스터를 더 사려고 하는 것처럼" 투자자들도 비슷한 행동을 한다. 이런 행동을 다른 곳에서는 하지 않으니 이상한 일이다. 가솔린이나 세탁기나 차량을 살 때는 저렴하게 사려고 한다. 그리고 다른 사람이 자신이 지불한 가격보다 더 낮은 가격을 제안한다고 해서 집이나 골프채나 운동화를 팔지도 않는다.

웬저는 1997년도에 출간된 『작지만 강한 기업에 투자하라A Zebra in Lion Country』라는 투자 책을 썼다. 재미있는 책이고 추천할 만하다. 이 책에서 웬저는 지루함의 차익 거래를 논한다.

> 일반적으로 시장은 흥행세entertainment tax라는 것을 붙이는데, 이는 흥미로운 이야기를 가진 주식에 프리미엄을 주는 것이다. 그렇기 때문에 지루한 주식은 할인되어 팔린다. 지루한 주식들을 충분히 많이 사면, 하이테크 주식에서 본 손실을 메울 수 있다.

웬저는 2000년 버블이 터지기 이전인 1997년에 이런 이야기를 했다. 좋은 조언이었다(2005년에 시카고의 사무실에서 그를 만난 적이 있다. 그는 나와 2시간 정도 시간을 보내며 지혜를 나누어 주었다). 오늘날의 시장에서는 기술, 바이오테크, 소셜미디어나 테슬라Tesla가 아니면 지루한 것처럼 느껴진다. 그러나 이러한 지루함에 맞서 싸우고 포트폴리오에 영향을 주지 않는 방법을 찾을 수 있다면 수익률이 크게 향상될 것이다.

보상에 집중하도록 하라. 100배 이익은 지루하지 않다.

속지 마라: 사기를 피하라

나는 칼슨 블록Carson Block이 밸류 인베스팅 콘그레스Value Investing Congress에서 대단한 발표를 하는 것을 들었다. 블록은 머디 워터스 리서치Muddy Waters Research의 설립자이고, 공매도 투자자다. 그는 2011년 사이노-포레스트Sino-Forest의 사기를 입증하면서 유명세를 탔다.

칼슨의 보고서를 통해 사이노-포레스트가 사기고, 회사의 주식은 무가치하다고 주장했다. 설득력 있는 연구가 이 주장을 뒷받침했다. 사이노-포레스트의 주가는 블록의 보고서 이후에 89퍼센트 하락했다. 몇몇 유명한 슈퍼스타 투자자들도 이 주식 때문에 어려움을 겪었다. 2007년에 서브프라임 시장에서 사기 냄새를 맡아 개인적으로 10억 달러를 번 존 폴슨John Paulson조차도 사이노-포레스트 때문에 7억 달러를 손해봤다.

블록은 대단한 탐정인 셈이다. 그의 보고서가 나올 때마다 표적이 된 회사의 주식이 무너진다. 그는 나쁜 짓을 하는 사람들이 밤잠을 못자게 한다. 블록은 우리가 "돈에 좌우되는 시대"에 살고 있다고 생각한다. 돈을 대가로 부정직한 짓을 할 수 있는 사람들이 많다는 것이다.

그리고 "탐욕과 단기적인 사고는 그 어느 때보다도 팽배해 있다"고도 주장한다. 그것을 증명하기는 어렵지만, 시장 상황이 좋을 때에는 사기꾼들이 나와 안일한 투자자의 주머니를 턴다.

블록의 발표는 시스템이 어떻게 투자자들에 반하여 작동하는지에 관한 것이었다. 이제 이 내용을 다뤄보자.

경영진

"투자자들에게 불리한 첫 번째 요소는 경영진입니다."

블록의 첫 말이다. 물론 좋은 경영진도 있고 나쁜 경영진도 있다. 더 일반화시켜 말하자면, 블록은 많은 경우 인센티브가 단기적인 것이 문제라고 말한다. 인센티브는 위험한 베팅을 장려한다.

그리고 CEO들 역시 상당한 카리스마를 풍긴다. "그렇기 때문에 조직을 이끌 수 있는 것이고, 이들의 매력에 빠지기 쉽다."

블록은 엔론Enron이 파산하기 전의 CFO였던 앤드루 패스토우Andrew Fastow를 언급했는데, 그는 『CFO 매거진CFO Magazine』의 '1999년 우수상'을 수상했다. 알다시피 엔론은 거대한 사기였다.

블록은 CEO가 더 큰 성공을 이루고, 더 많은 상을 받고, 더 많은 대중의 찬사를 받을수록 실수를 인정하기 더 어려워질 것이라고 말한다. 패스토우 자신도 그랬다고 말하면서 『모비 딕Moby Dick』의 구절을 인용했다.

> 하지만 사람은 뭔가가 잘못되었다고 생각할 때에도, 이미 그 일에 관여되어 있으면 자신도 모르게 자신의 의심조차도 덮어버리려고 발버둥친다. 나도 그랬다. 나는 아무 것도 말하지 않았고, 아무 것도 생각하지 않으려고 했다.
>
> - 허먼 멜빌Herman Melville, 『모비 딕』

"CEO 주변의 다른 사람들은 고위 경영진을 보호하려고 한다"고 블락은 말한다. 그렇기 때문에 속임수를 탐지하기는 쉽지 않다.

그렇다면 어떻게 대처할 수 있는가?

블록은 이렇게 제안한다. "경영진의 목소리를 듣는 것보다 경영진을 보는 것이 낫다." 먼저, 해야 할 일을 해놓고, 그리고 나서 경영진과 대화하도록 한다. "내가 경영진과 악수를 하고 그들을 인간적으로 좋아하게 된다면, 내 판단은 분명 흐려질 것이다." 이는 중요한 고백이다. 블록조차도 경영진의 매력을 거부하기 힘들다고 말한다.

그의 조언은 다음과 같다.

- 컨퍼런스콜(전화 회의)를 듣는 것보다 컨퍼런스콜 녹취록을 읽는 것이 낫다.
- 계획이 없어지고, 말이 바뀌는지를 살피기 위해 한번에 여러 분기의 보고서를 읽어라.
- 질문을 회피한 적이 있는가? 어떤 질문인가? 블록이 말하길 "때로는 비슷한 사람을 불러 모아 그들과 의사소통을 한다." 다음과 같이 컨퍼런스콜이 진행되기도 한다. "훌륭한 분기였습니다," "고마워요, 마이크." 만약 녹취록이 이런 말로 가득차 있고 뚜렷한 질문이 없다면, 미리 꾸며진 컨퍼런스콜에 가깝다.

요약하자면, 경영진과는 일정한 거리를 두는 것이 최선이다.

이사회

이사회는 주주를 대변하는 것처럼 보이지만 그렇지 않다. 블록이 말했듯이, CEO와 공생하는 관계다. 이사회 구성원은 종종 자신의 권한을 책임이라기보다는 특권이라고 생각하는 경향이 있다. 보험과 다른 보호 장치들이 이사회를 책임으로부터 분리시킨다.

더욱이 범죄 행위에 대한 이사회의 수사는 믿을 수 없다. 블록에 따르면 이사회가 무언가를 조사하라고 하는 것은 자신의 무능함을 인정하라고 요구하는 것과 같다. 그들을 신뢰할 수 없다.

변호사

변호사는 투자자들이 좋은 결정을 내리기 어렵게 만든다. 그들은 투자자가 아니라 자신에게 돈을 지불하는 고객의 이익을 대변하는 사람들이다.

블록이 말하길 "유명 로펌들은 놀라울 정도로 치부를 가리는 데 효과적이다." 그들은 해독하기 힘든 산문을 쓰는데 능하다. 그리고 변호사와 의뢰인 사이의 비밀유지 특권은 회사의 수많은 잘못된 행동을 숨긴다. 즉, 기업에 화려한 변호사가 있다고 속지 않도록 하라.

감사 회계법인

블록은 "감사 회계법인은 완전히 오해를 받고 있다"고 한다. 변호사와 마찬가지로 그들은 고객의 이익을 대변한다. 돈을 지불하는 사람들 말이다. 이는 "나에게 빵을 주는 사람의 노래를 부른다"라는 옛말을 생각나게 한다.

블록은 회계 감사가 실패를 보상하는 직업이라고 이야기한다. 부정적인 감사 결과는 종종 평생 고용으로 이어지곤 하는데, 기업이 소송당하는 것을 두려워하여 감사 회계법인으로 하여금 기업이 이러한 곤란한 일에서 빠져나올 수 있도록 도와주길 바라기 때문이다.

더욱이 블록은 회계가 "신뢰성과 투명성에 맞서 싸우는 전문 분야"라고 말한다. 큰 감사 회계법인들은 사실을 드러내지 않으려고 끊임없이 노력한다. 그들은 투자자들이 감사 내용을 면밀히 들여다볼 수 있는 정보가 제공되는 것을 원하지 않는다.

블록은 또한 우리에게 회계 감사가 확실한 보증이 아니고 사기를 탐지하지도 않는다는 것을 상기시켰다. 사실 그는 사이노-포레스트 건에서 어니스트앤드영Ernst & Young이 사이노-포레스트의 가장 친한 친구였다고 말했다. 그는 어니스트앤드영이 썼던 보고서의 일부를 공유했다.

> 목재의 판매로부터 발생하는 매출 채권의 대부분은 매입처에서 목재 관련 매입 채무와 인민폐로 결제되는 다른 부채들의 정산을 지시할 때 인식된다.

이게 무슨 말인지 알겠는가?

블록이 해석을 해주었는데, 회사가 현금을 받은 적이 없다는 것을 의미한다고 한다. 달리 말하자면, "상장된 16년 동안 회사의 보고된 총수익의 95퍼센트 이상이 회사의 계좌에 들어온 적이 없다!!!"

엉망진창에 해석하기 어려운 말들에서 멀리 떨어져 있으라는 뜻이다.

투자 은행

너무나 당연한 말이지만, 투자 은행은 주식이나 채권 등과 같은 금융 상품을 팔고자 하는 인센티브를 가지고 있다. 고객의 이익에 별 관심이 없다. 이를 여태까지 몰랐다면, 지금 말해둔다. 어디에 투자해야 할지 모르겠을 때 투자 은행이나 중개 회사의 보고서를 보지 마라.

시장 조사 회사들

이 항목은 흥미롭다. 왜냐하면 당신이 종종 프로스트앤드설리번Frost & Sullivan이나 아이리서치iResearch와 같은 회사로부터 나온 '시장 조사'를 보기 때문이다. 블록의 말에 따르면, 기업이 종종 이러한 회사를 고용해 연구 프로젝트를 맡기고 그들이 원하는 보고서를 받아낸다. 시장 조사는 경영진의 주장에 정통성을 더하기 위해 존재한다. 우리 같은 사람들이 좋은 결정을 내리는 데에는 도움이 별로 안 된다.

시장 조사를 신뢰하지 마라. 차라리 실제 판매 데이터나 트렌드와 같이 좀 더 객관적인 정보원을 찾아라.

중국

중국을 범주로 묶는 것이 이상하다 생각할 수도 있다. 이에 대해 블록은 이렇게 대답했다. "중국과 주식 사기의 관계는 실리콘 밸리와 기술의 관계와 같다." 그는 중국의 사기 위험에 대해 투자자들이 다시 무관심해지고 있다고 말한다. 그는 "중국 사기꾼은 북미 투자자를 속인 대가로 의미있는 처벌을 받은 적이 없다"고 강조했다.

펠프스는 자신의 책에서 해외로 나가는 투자자는 볼 수 있는 위험을 볼 수 없는 위험으로 교환하는 것뿐이라고 말했다. 투자는 어렵다. 외국 시장에 투자하는 것은 더욱 어렵다.

예방 조치들

속을 확률은 언제 어디서나 존재한다. 투자를 오래해 본 투자자조차도 어느 시점에 속은 경험이 있을 것이다. 사이노-포레스트 사건보다 규모가 더 작을지라도 말이다.

하지만 좀 더 분명하게 구별하는 일은 중요하다. 편견이 있어서 치우치는 것과 거짓말을 하는 것은 다르다. 영업을 잘하는 것과 사기를 치는 것은 다르다. 대부분의 경영진은 자신들이 하는 일을 좋게 포장하려 한다. 그건 우리 모두가 알고 있는 사실이고, 당연히 사기가 아니다.

큰 규모의 사기와 사기꾼을 피하기 위해 할 수 있는 일 몇 가지가 있다.

최선은 주식을 많이 보유하고 있는 경영진에게 투자하는 것이다. 이 방법은 미국 내의 사기에 당하지 않는 유용한 수단이다. 하지만 그것만으로 충분하지 않다. 예를 들면, 수많은 중국의 사기 역시 경영진이 많은 주식을 소유하고 있었기 때문이다.

둘째, 성공을 경험한 사람과 파트너가 되어라. 과거에 성공을 거둔 사람과 함께 한다면 사이노-포레스트와 같은 사기 사건에 연루되지 않을 가능성이 높다.

셋째, 이상한 것들을 피하자. 이해할 수 없는 일을 하는 회사들 말이다. 만약 사이노-포레스트처럼 어떻게 돈을 버는지 이해할 수 없다면, 그냥 도망가라!

넷째, 어떤 시장에 있든지 과열된 업종은 피해라. 바이오테크는 한때 많은 관심을 받았다. 연구회에서 발표된 다수의 공매도 아이디어들이 바이오테크와 관련되어 있었다. 가장 큰 돈을 벌 수 있다고 말하는 곳에 선동가와 야바위꾼이 몰려든다. 이 업종은 사기꾼으로 가득 차 있다.

'소셜 미디어'나 '클라우드 컴퓨팅'이나 요즘 자주 회자되는 다른 전문 용어와 관련된 것도 마찬가지다. 투자자의 가려운 곳만을 주로 긁어주는 회사는 주의하라.

몇년 전에 사람들은 회복되는 주택 시장에 투자하는 방법을 원했다. 그래서 붐이 일었고 주택 리츠REITs가 급증하기 시작했다. 조심해야 한다. 사기는 아니지만, 좋은 투자 수단은 아니다.

사기를 논할 때마다, 나는 항상 주가 조작에 대해 쓰면서 펠프스가 했던 말을 떠올리곤 한다.

아프리카에 영양이 없으면 사자도 없다.

몇 가지의 합리적인 조치를 취하면 먹이가 되는 것을 피할 수 있다.

예측가를 무시하라

투자가 많은 사람들에게 어려워지는 이유는 그들이 전문가의 의견을 신뢰할 수 있다고 믿기 때문이다. 그러나 투자의 세계에서는 소위 전문가도 엄청나게 틀린다. 이러한 전문가의 실수를 잘 살핀다면 인간의 어리석음으로부터 신뢰할 수 있는 투자 접근법을 뽑아낼 수 있다.

한 가지 예로 수익 예상을 살펴보자. 월스트리트 애널리스트들은 주식 수익을 예상해서 공개한다. 투자자들은 종종 이러한 예상치를 합하여 '컨센서스,' 즉 예상치의 평균을 내놓는다. 실제 수익 결과가 나오면, 언론은 어떤 회사가 컨센서스를 얼마나 맞췄는지, 혹은 틀렸는지에 대해 떠든다. 예상보다 좋다면 주가는 오르겠지만, 예상보다 못하다면 주가가 폭락할 수도 있다.

수많은 투자자는 매의 눈으로 예측치를 주시하고, 예측치에 의지하여 매수와 매도 결정을 내린다. 이러한 예측치의 문제는 자주 틀리는 데다가 큰 폭으로도 틀릴 수 있다는 점이다. 지난 20년 동안 95,000개의 예측치를 연구한 자료에 의하면, 평균 40퍼센트 이상의 예측이 틀렸다!

이에 대해서는 데이비드 드레먼$^{David\ Dreman}$의 『데이비드 드레먼의 역발상 투자$^{Contrarian\ Investment\ Strategies}$』에서 확인할 수 있다. 드레먼은 애널리스트들의 투자 행태를 깊이 연구하는 과정에서 공통된 특징을 발견했다. 그들은 너무 긍정적이었다.

앞의 내용 둘을 합쳐서 생각해보면 어닝 쇼크를 겪지 않는, 즉 실적이 예상치 이상인 주식을 소유할 확률은 매우 작다는 것을 곧 깨닫게 될 것이다. 최소 10퍼센트의 어닝 쇼크를 겪지 않고 네 분기를 버틸 확률은 4분의 1에 불과하다.

애널리스트를 비난하려고 하는 말이 아니다. 종 특성상 우리는 선천적으로 긍정적이다. 다는 아니더라도 대부분은 그렇다. 우리는 진화하면서 긍정성이 강화되었고, 투자할 때도 그러한 긍정성이 있음을 고려할 필요가 있다.

드레먼은 자신의 발견에 대해 쓰면서 특정 기간 중의 이자율 컨센서스 예측을 보여주는 엄청난 도표를 포함시켰다. 이 도표를 보면 두드러지는 특징이 하나 있다. 사람들이 예측하는 미래는 현재의 수치와 매우 유사하다. 현실은 훨씬 더 가변적이라 예측가들은 예상하지 못한 사태를 많이 만나게 된다. 그래서 예측가가 제시하는 근거를 자세히 살피는 것이 중요하다.

제이슨 츠바이크Jason Zweig와 로드니 설리번Rodney Sullivan은 벤저민 그레이엄의 에세이와 연설문을 다수 수록한 『벤저민 그레이엄: 투자자로 서기 Benjamin Graham: Building a Profession』이라는 책을 출간했다. 그레이엄은 증권 분석을 개척한 사람으로 널리 알려져 있고, 이 책의 제목은 애덤 스미스(비평가 조지 굿맨George Goodman의 필명)가 쓴 재치있는 글로부터 영감을 받았다. 스미스의 말에 따르면, "그레이엄이 논란의 여지가 없이 최고인 이유는 그 이전에는 투자 분야가 존재하지 않았고 그가 등장한 이후에야 투자 분야를 칭하는 말이 생겼기 때문이다."

이런 에세이들을 읽다보니 오늘날 기억해도 좋을 한 가지 주제가 떠올랐다. 금융가, 즉 무수한 애널리스트, 경제학자, 투자자 일반에 대해 말하면서 그레이엄은 다음과 같이 비판했다.

> 그들은 시장과 자기 자신을 너무 과대평가하는 경향이 있다. 그들은 자신이 잘 할 수 없는 일을 상당한 시간을 들여 정말 열심히, 그리고 효과적이지 않게 하려고 노력한다.

어떤 일을 말하는 것일까? 여기에는 "경제의 단기적·장기적 변화, 그리고 보통주의 가격을 예측하려는 일"이 들어간다.

많은 사람이 경제나 주식 시장을 추측해 보려고 노력하는 데 상당한 시간을 들인다. 그런데 그런 예측이 바보 같은 짓임을 보여주는 수많은 연구가 있다.

글로벌 자산 관리 회사인 GMO의 제임스 몬티어James Montier는 경제학자들이 얼마나 예측을 잘 못하는지를 강조했다. 그는 이렇게 결론 내린다.

경제 예측을 믿고 투자하는 것은 어마어마하게 어리석은 짓이다. 경제 상황이 안정적일 때도 말이다. 경제학자의 미래 예측을 보고 있으면 천문학자가 전문가로 보일 지경이다. 그들은 지난 40년 동안의 경제 침체를 하나도 맞추지 못했다! 그리고 경제학자들이 예측하지 못한 것은 성장률뿐만이 아니다. 인플레이션, 채권 수익률 등 모든 것을 예측하지 못한다.

그는 컨센서스 GDP 예측과 실제 GDP를 비교하는 그래프를 공유해주었다. 이 그래프에서 한 가지 흥미로운 결론이 바로 도출된다. 그래프를 한 번 보자.

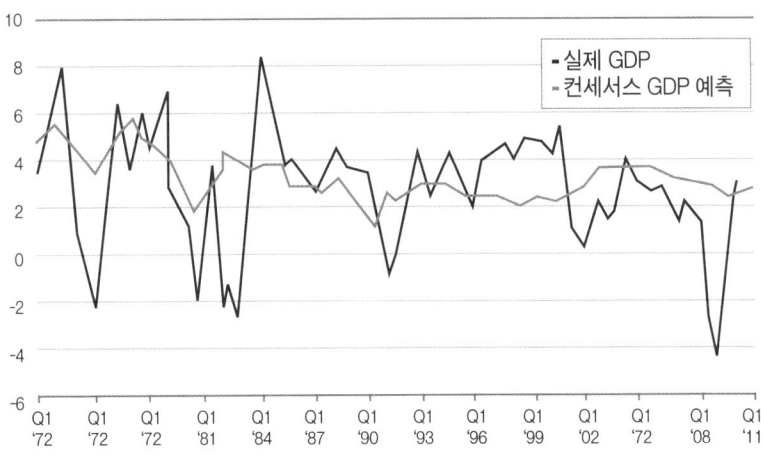

경제전문가들의 예상과 실제

예측치가 극단적인 경우는 없음에 주목하라. 예측치는 항상 중간 지점을 예측한다. 예상 주당 순이익, 예상 시장 가격 등을 포함한 모든 종류의 예측치는 이러한 일반적인 패턴의 오류를 보여 준다. 문제는 극단적인 수치가 나타나는 부분에서 큰 돈을 벌거나 잃을 수 있다는 것이다. 컨센서스 예측치는 맞건 틀리건 간에 큰 의미가 없다.

	컨센서스 예측치	컨센서스가 아닌 예측치
정확	평균	평균 이상
부정확	평균	평균 이하

위는 오크트리 캐피털Oaktree Capital의 하워드 막스Howard Marks가 짠 도식이다. 예측이 정확한지 여부에 따라 예측의 각 유형에서 얻는 수익이 어떠

한지 알려준다. 막스는 말하길 "비범한 성과는 컨센서스가 아닌 예측치가 맞았을 때 발생한다." 그는 1978년의 금리를 예로 들었다. 1978년의 금리는 8퍼센트였다. 대부분의 사람들은 금리가 거기에 머물 것이라고 생각했다. 강세론자들은 금리가 9퍼센트로 상승할 것이라고 말했고, 약세론자들은 금리가 7퍼센트로 하락할 것이라 말했다. 그러나 "대부분의 기간 동안 금리가 그 범위 안에 있었으면, 아무도 많은 돈을 벌지 못했을 것이다. 큰 이익은 장기 채권 금리가 15퍼센트로 치솟을 것이라 예상한 사람들에게 돌아갔다. 그러나 그 사람들은 어디에 있는가? 극단적인 예측은 맞추기 어렵지만, 큰 돈을 가져다 준다."

벤자민 그레이엄의 가장 훌륭한 제자는 워런 버핏이었는데, 그 역시 예측을 잘 무시하는 사람이었다. 버핏은 1994년 주주 서한에서 자신이 그레이엄의 교훈을 마음에 새긴 사람임을 드러냈다.

우리는 수많은 투자자와 사업가를 혼란스럽게 하는 정치적·경제적 예측을 계속 무시할 것입니다. 30년 전에, 그 누구도 다음의 사항을 예측한 사람은 없었습니다: 베트남 전쟁의 확산, 임금과 가격의 통제, 두 차례의 오일쇼크, 대통령의 사임, 소련의 해체, 하루만에 다우지수 508 포인트 급락, 2.8퍼센트와 17.4퍼센트를 오간 재무부 단기채권 금리의 변동. 하지만 정말 놀라운 것은 이 놀라운 사건 중 벤저민 그레이엄의 투자 원칙에 흠집을 낸 사건은 전혀 없었다는 것입니다.

나는 여기저기에서 전문가와 투자자가 주식 시장이 어디로 갈지에 대해 파격적인 의견을 내는 것을 듣곤 한다. 많은 사람들이 그럴 것이다. 그뿐만 아니라 수많은 사람들이 그러한 예측을 진지하게 받아들인다. 나는 예측을 하지 말라고 말하려는 것이 아니다. 그건 너무 힘든 일이다.

다만 겸손한 마음으로 그러한 의견을 가볍게 참고만 하라고 권하고 싶다. 무엇보다 누가 2009년 3월에 시장이 2년도 안 되는 기간 동안 80퍼센트나 회복할 줄 알았겠는가? 분명 많지 않았겠지만, 그런 일은 일어나 버렸다. 아마 누구도 멕시코만 석유 유출 사태를 예측하지 못했을 것이다.

투자를 하다 보면, 예측하지 못한 일이 일어나게 마련이다. 좋은 일이든 나쁜 일이든 다가오는 일을 정확하게 예측할 수 있는 사람은 없다. 예측하려는 대신, 자신 앞에 놓인 기회에 집중하자. 모든 시장에는 항상 무수한 기회가 있다. '항상' 있다! 그레이엄은 1976년도에 5,000개가 넘는 상장 주식이 있다고 말했다(오늘날에는 국제 시장을 고려한다면, 그 수치의 세 배 이상이다). 그러면서 다음과 같이 말했다.

> 투자자는 다양한 접근법과 선호에 따라 자신에게 맞는 매력적인 주식을 매수할 기회를 '언제나' 찾을 수 있다. 그런 종목은 전체 주식 수의 적어도 1퍼센트(대략 30종목 수준)는 있다.

이 말은 사실이다. 시장에 살 것이 없다는 말은, 열심히 찾지 않았다는 말과 같다. 오늘날 10,000개의 종목이 있음을 고려하면, 그 1퍼센트의 절반인 50개의 매력적인 종목이 있다. 해볼만 하지 않은가?

내가 뉴스레터를 10년 넘게 쓰면서 배운 것

나는 2004년 2월부터 뉴스레터를 전문적으로 쓰기 시작했다. 그전에는 프리랜서 작가, 투자 애호가, 전문 은행가였다(정확하게 말하면, 기업 금융인이었다). 10년이 지난 후, 내가 한 일의 결과를 되돌아 볼 시간이라고 생각했다. 그래서 내 뉴스레터의 수익률을 독립적으로 검증해 보았다.

그 결과 평균 수익률은 28퍼센트였고, 연간 수익률은 16퍼센트였다. 이러한 특출난 결과가 어떻게 나왔는지를 설명할 수 있을까? 정확하게 설명하기는 힘들 것 같아서 내가 고생하면서 배운 투자의 몇 가지 재밌는 측면을 나누는 것으로 대신하려 한다. 아마 예상 외의 것들일 것이다.

소스노프의 법칙 Sosnoff's law이라는 것이 있다. 1975년에 출판된 『월스트리트의 겸손Humble on Wall Street』이라는 책에서 나온 말이다. 참고로 이 책은 여전히 투자 경험에 관한 최고의 책 중 하나다. 책의 저자인 마틴 소스노프Martin Sosnoff는 이렇게 말한다.

> 주식의 가격은 연구 파일의 두께에 반비례한다. 가장 두꺼운 파일은 보통 가장 골칫거리인 주식을 다룬다. 그런 주식은 바닥까지 떨어지기 마련이다. 잘 이해되는 주식은 파일이 얇다.

다른 말로 하면, 가장 좋은 아이디어는 보통 가장 단순하다. 주식을 보유하거나 매수하는 것을 정당화하기 위해 열심히 일하는 자신을 발견할 때면 나는 소스노프의 법칙을 생각한다. 나는 나쁜 주식과 나쁜 사업에 무수한 시간을 낭비했었다.

많은 훌륭한 투자자가 이 진리를 조금씩 다르게 표현한다. 피터 린치는 "크레용으로 그릴 수 없는 아이디어에 투자하지 마라"라고 말한다. 핵심은 단순한 것이 가장 좋다는 것이다.

'고정된 사상'을 경계하라. 독일의 철학자 막스 슈티르너Max Stirner는 1845년에 폭탄 선언과도 같은 책을 집필했다. 북미권에서는 『자아와 자신의 것The Ego and His own』으로 알려져 있다. 어려운 책이지만, 강력한 개념으로 가득하다. 슈티르너는 사람들이 사상을 가지고 있지 않다고 주장했다. 오히려 사상이 사람을 소유한다고 말했다.

슈티르너에 따르면 "고정된 사상"이 사람의 생각을 지배한다. "모든 순간 죽음의 위험에서도 꺼내드는 데 망설임이 없는 사상이야 말로 진정한 당신의 사상"이다. 슈티르너는 실제로 자기 자신의 생각을 시험하고 무너뜨리고 싶어했다.

나는 전쟁의 결과를 웃으며 기대할 것이다. 내 생각과 신념의 시체를 웃으며 방패로 덮어줄 것이다. 두들겨 맞을 때에도 웃으며 승리했다고 기뻐할 것이다. 이것이야말로 사상의 본질이다.

시장에는 고정된 사상을 가진 사람이 많다. 상황이 어떻든 간에 언제나 금을 사라고 권하는 사람이 그런 사람이다. 그들은 언제나 시장이 추락할 것으로 예상하고, 연방준비제도이사회 또는 이미 죽은 경제학자들의 이론에 사로잡혀 있다. 또한 항상 달러가 추락한다 예상한다. 이들은 정신을 바꿀 수 없는 사람들이다.

나는 고난을 겪고 나서야 슈티르너와 같이 생각하는 법을 배웠다. 나는 사상에 집착하지 않는다. 나는 내 생각이 바뀌어도 아무런 문제가 없다. 오히려 그렇게 되기를 고대하고 있으며, 내 사상과 이론의 허점을 찾기 위해 적극적으로 노력하고 있다.

추상적인 개념을 의심하라. 내가 정말 좋아하는 헝클어진 머리의 파이프 담배를 피우는 현자, 폴 굿맨Paul Goodman의 말을 들어보자.

나는 추상적으로 생각할 수 없다. 나는 구체적인 경험에서부터 시작한다.

그는 구체적인 경험에 너무 가까이 다가섰기 때문에 "허구를 쓸 수 없다"고 말했다. 그러나 사람들은 거대한 사상으로 쉽게 빠져든다. 신경제, 최고 유가, 중국의 시대, 대안정기 등 이 모든 것들은 추상적인 사상일 뿐이다. 이것들은 세상이 어떻게 될지에 대한 예측이다. 그러나 구체적인 경험에서 멀리 떨어져 있으므로 길을 잃게 만들 수 있다. 그리고 각각의 추상적인 사상 때문에 많은 투자자가 길을 잃었다. 작가 존 트레인John Train은 언젠가 이렇게 말했다. "투자는 명확함의 기술이다." 즉 왜 A가 B보다 나은지를 따지는 기술이다. "사람들이 알 수 없는 것에 많은 시간을 쓴다. 정말 이상한 일이다." 나는 알 수 없는 것을 식별하고 받아들이는 법을 배웠다. 나는 웅장한 이론을 신뢰하지 않는 법을 배웠다.

투자는 사람 사업이다. 초기에 나는 보고서의 수치에 의존했고, 통계적으로 저렴한 종목을 골라냈다. 예를 들어 낮은 P/E를 찾고자 했다. 모두가 이 숫자를 볼 수 있긴 하지만, 그래도 이 방법은 여전히 잘 통한다. 그러나 시간이 지난 후, 숫자로 나타나지 않는 것이 어느 통계보다도 더 가치있는 것임을 배웠다.

나는 숫자만으로는 명백해지지 않는 투자 아이디어를 좋아한다. 나는 사업을 매력적으로 만드는 다른 요인을 찾고 싶다. 그런 경우는 드물지만, 그런 회사에 투자하기만 하면 보상은 엄청나다. 하워드 휴즈^{Howard Hughes}가 완벽한 예이다. 휴즈는 2010년에 제너럴 그로스 프로퍼티^{General Growth Properties}에서 분할된 후, 끔찍한 수치를 보였다. 수익도 없었고, 배당도 없었다. 그러나 그 회사의 개발 기획의 가능성을 이해했다면 좋은 상황에 있음을 알 수 있었다. 그후, 엄청난 수익률을 냈고 불과 몇 년 만에 4배 상승했다.

이와 같은 상황을 발견하기 위해서는 상당한 양의 독서와 네트워킹이 필요하다. 나는 1년 동안 투자자, 경영진, 애널리스트, 경제학자를 포함한 많은 사람과 대화를 했다. 아이디어는 온갖 곳에서 나오지만, 최고의 아이디어는 사람으로부터 나온다. 이야기가 숨어 있는 경우도 많다. 그러한 이야기를 알고 있는 사람이 어딘가에는 있다. 그런 사람과 이야기를 찾도록 노력해야 한다.

100배 주식과 그 밖의 이야기들

100배 주식과 그들을 어떻게 찾을지에 대한 잡다한 이야기들을 더 해보자.

해외에 투자하라. 해외 투자는 선택지를 확장하는 좋은 방법이다. 하지만 만약 국내에서의 위험을 피하기 위한 해외 투자라면 다시 한 번 생각하라고 말하고 싶다. 자기 나라의 정치나 경제를 부정적으로 볼 때 보통 해외 투자에 관심을 가진다.

펠프스가 그의 책에서 했던 적절한 말을 여기서 반복하려 한다. 해외 투자는 볼 수 있는 위험을 볼 수 없고 인지할 수 없는 위험으로 교환하는 것인 경우가 많다. 이를 기억하도록 하라. 수많은 투자자들은 매혹적인 머나먼 땅으로 눈을 돌리곤 한다. 나도 그랬다.

그렇기 때문에 이 책에서 제시하는 원칙은 만국공통이며 시대를 타지 않고 모든 시장에 적용된다.

인플레이션. 이 책에서 나는 명목상의 달러만 다루었고, 인플레이션을 반영하여 적용하지 않았다. 이는 인플레이션이 일어나지 않기 때문이 아니다. 미국 달러를 10년 동안 매트리스 밑에 넣어둔다면 구매력을 잃을 가능성이 높다. 달리 말하자면, 오늘날 20달러로 이발을 할 수 있다고 해서, 10년 뒤에도 같은 가격으로 할 수 있다는 말은 아니다.

다만 너무 집착하지 말라는 말은 해두고 싶다. 이번에도 역시 경험에서 우러나오는 말이다. 마치 세계 종말을 걱정하는 사람처럼 미국 달러에 대한 걱정으로 투자를 금광 주식이나 천연자원 회사들에만 국한하여 투자하는 사람이 많은데, 이는 상당한 비용을 치르게 한다.

인플레이션에 맞서 싸우는 최선의 방법은 100배 주식을 찾는 것이다. 100배 주식은 인플레이션에 대한 효과적인 대응 수단이고, 그렇기에 나는 겨우 몇 문단으로 인플레이션을 정리해버리고 넘어간다.

나는 워런 버핏이 매년 쓰는 주주 서한을 읽어왔다. 첫 서한부터 마지막 서한까지 50통 모두 말이다. 초기 서한에서 흥미로운 점은 인플레이션과 그것이 투자자에게 미치는 영향을 그리 많이 다루지 않는다는 것이다.

인플레이션은 최근 몇 년 동안은 심각한 문제가 아니었다. 그러나 버핏이 인정하듯이, 투자자는 이미 지나간 일을 대비하려는 경향이 있다. 1981년에 버핏은 "투자자와 펀드 매니저는 미래를 대비해야 하지만, 그들의 기억과 신경 시스템은 종종 과거를 향한다"고 말했다.

이는 피터 린치가 예로 들었던 마야 신화를 떠올리게 한다. 대홍수가 세계를 파괴하자, 마야인은 더 높은 지대의 숲으로 이주했다. 그러자 불이 세계를 파괴했다. 마야인은 숲에서 벗어나 돌로 집을 지었는데, 이번에는 지진이 일어났다….

인플레이션은 1970년대 후반에 상당히 높았고, 기업과 투자자에게 정말 심각한 문제였다. 당시에는 새로운 문제였고, 사람들은 인플레이션이 어떤 의미인지를 뒤늦게 깨달았다.

인플레이션이 있다는 것은 20퍼센트 수익률이 실제로는 20퍼센트 수익률이 아니고, 어떤 경우에는 사실상 마이너스일 수도 있다는 것을 뜻했다. 버핏은 이것을 "투자자의 시련 지수investor's misery index"라고 불렀다.

버핏은 다음과 같이 비유했다.

a. 당신이 투자를 하기 위해 10개의 햄버거를 포기하고,
b. 두 개의 햄버거를 살 수 있는 세후 배당금을 받고,
c. 주식을 매도한 후 얻은 세후 수익금으로 8개의 햄버거를 살 수 있게 된다면,
d. 달러가 어떻게 조정되든 사실상 투자를 통해 돈을 벌지 못한 것이다.

부유해진 듯한 기분은 들겠지만, 더 풍족하게 먹지는 못한다.

버핏은 인플레이션이 버크셔의 수익률에 어떤 영향을 미쳤는지 숨김없이 말한다. 1981년 주주 서한에서 인플레이션이 버크셔의 결과는 겉보기에 만족스럽게 보이도록 만들었지만, 주주에게 돌아가는 실질 수익의 입장에서보면 신기루라고 말했다.

그는 1979년도 주주 서한에 이렇게 썼다.

친근하지만 매서운 눈을 가진 버크셔에 대한 비평가 한 분이 이렇게 지적했습니다. 1964년 말 우리의 장부 가치로 약 0.5온스의 금을 살 수 있었는데, 15년 뒤 피와 땀 그리고 눈물로 수익을 일궈낸 후에도 그 장부 가치로는 여전히 똑같이 0.5온스를 살 수 있을 뿐이라고. 중동 석유에 대해서도 유사한 비교가 가능합니다. 정부는 돈을 찍어내고 채권을 발행할 수 있지만, 금을 찍어내거나 석유를 만들어낼 수는 없습니다.

인플레이션에 뒤쳐지지 않는 것은 승리나 마찬가지였다. 대부분의 미국 사업은 자본을 소화시켜버렸고 소유자들은 시작했을 때보다 구매력이 더 적었다.

1981년도에 버핏은 면세 채권$^{\text{tax-exempt bonds}}$이 14퍼센트의 수익을 지급했음을 지적했다. 그 14퍼센트는 곧바로 투자자의 주머니로 들어갔다. 미국 기업도 그 해에 14퍼센트를 벌어들였다. 그러나 그 14퍼센트는 투자자의 주머니로 바로 들어가지 않았다. 그 수익을 모두 배당금으로 지불한다

하더라도, 세금이 수익률을 인플레이션 이하로 낮춘다. 그러한 환경에서 이런 사업에 높은 가치를 부여하기는 힘들지 않겠는가?

버핏은 채권의 비유를 사용한다. 작년에 발행된 7퍼센트 수익률의 면세 채권을 보유하고 있다고 가정하자. 이 채권은 14퍼센트 수익률의 면세 채권이 있는 환경에서는 액면 가격의 절반 수준 가치를 가진다. 주식도 마찬가지다.

> 1981년 말의 채권 이자율을 고려한다면, 일반적인 미국 기업은 개인 투자자가 투자한 1달러가 100센트에 해당하는 가치를 가지도록 해주지 못했습니다.

1982년은 그러한 인플레이션이 일어난 마지막 해였고, 인플레이션은 그후 줄어들었다. 그러니 그해가 사실 주식 시장이 엄청나게 바닥을 쳤던 해로 밝혀진 것은 놀랍지 않다. 이자율이 떨어지면서, 사업은 더 큰 가치를 갖게 되었다. 이는 이자율이 왜 중요한지 그리고, 왜 사람들이 연방준비제도이사회가 무엇을 할지에 그렇게 예민한지를 설명해 준다. 수동적이고, 면세인 채권의 이자율이 주식을 평가하는 기준이 된다. 버핏이 다음과 같이 잘 요약해 준다.

> 인플레이션에 대한 경험과 기대는 미래 기준선의 높이를 결정하는 주요한 (하지만 유일하지는 않은) 요소입니다. 만약 장기 인플레이션의 원인이 완화될 수 있다면, 수동적 투자의 수익률은 떨어질 것이

고, 미국 자본의 내재 가치는 상당히 개선될 것입니다. 그런 상황에서는 '나쁜' 기업으로 분류되던 많은 미국 기업이 '좋은' 기업으로 다시 분류될 것이 틀림없습니다.

인플레이션은 정말로 줄어들었다. 이자율은 떨어졌고 주가는 치솟았다.

버핏과 인플레이션을 다룬 김에, 인플레이션 상황에서는 어떤 기업이 더 나은 성과를 거두는지에 대한 또 다른 오해를 정리해두면 좋을 것 같다. 대중은 주식으로 큰 그림을 그리려고 애쓰는 만큼, 유형 자산을 가진 주식(금광 회사나 석유 회사 등)도 무척 좋아한다. 달러가 그 가치를 잃는다 하더라도 그런 주식이 자신을 보호할 것이라는 믿음이 널리 퍼져 있다. 사실은 아닌데 말이다.

모든 사람이 인플레이션을 걱정하던 1983년도에 워런 버핏이 쓴 주주 서한을 나는 늘 마음에 품고 있다. 버핏은 시즈 캔디See's Candies와 많은 유형 자산을 갖고 있는 가상의 회사를 비교하였다. 후자의 회사를 골드 오일Gold-Oil이라고 부르도록 하자.

두 회사 모두 200만 달러의 이익을 벌어들였다. 시즈 캔디는 400만 달러 정도의 유형 자산밖에 없었고, 주식 시가 총액은 2,500만 달러 정도였다. 반면, 골드 오일은 1,800만 달러 정도의 순 유형 자산으로 운영되는 회사였다. 자산 대비 수익률이 상대적으로 낮았기 때문에 시가 총액은 1,800만 달러였다(기본적으로 순유형 자산의 가치다).

이제 시간이 흘러 인플레이션이 가격을 두 배로 뛰게 했다고 가정하자. 두 회사 모두 인플레이션을 따라가려면 수익을 두 배로 증가시켜야 한다. 버핏에 따르면 "이것에는 어떤 대단한 속임수도 없어 보입니다. 기존과 동일한 물량을 기존 가격의 두 배로 판매하고, 수익성이 변함없다고 가정한다면, 이익도 두 배가 되어야 합니다. "

그러나 예상 밖의 문제가 이 지점에서 발생한다. 두 사업 모두 유형 자산에 대한 투자를 두 배로 증가시킬 필요가 있다.

두 기업 모두 순유형 자산에 대한 명목 투자를 두 배로 증가시켜야 합니다. 좋은 기업이든 나쁜 기업이든 인플레이션 시기에는 그런 투자가 강제되기 때문입니다. … 그리고 인플레이션이 유발한 이 모든 투자는 수익률을 개선시키지 못할 겁니다. 이러한 투자의 이유는 기업의 생존이지, 그 소유주의 번영이 아닙니다.

시즈 캔디의 경우 800만 달러의 추가적인 투자를 해야 한다. 골드 오일의 경우에는 1,800만 달러를 더 투자해야 한다.

버핏은 시즈 캔디를 소유하기 위해 2,500만 달러를 지불했다. 이번 인플레이션 시기 이후에 버핏은 "시즈 캔디를 매수 당시와 같은 기준으로 가치를 평가한다면 5,000만 달러일 것"이라고 말했다.

시즈 캔디는 800만 달러의 추가적인 투자로 명목 가치가 2,500만 달러 더 증가했다. 세 배가 넘는 수준이다. 골드 오일의 경우에는 순유형 자산 정도의 가치인 3,600만 달러 수준의 가치를 가졌을 것이다. 이는 1,800만 달러의 추가적인 투자로 가치가 1,800만 달러 증가한 것이다. 딱 들어간 만큼이다.

인플레이션이 두 기업 모두에게 나빴다는 점에 주목하자. 하지만 유형 자산이 적은 시즈 캔디의 경우에는 나쁜 영향이 상대적으로 작았다. 이런 생각을 많은 사람들이 이해하기에는 어려웠다. 버핏은 이렇게 말한다.

오랜 기간, 전통적인 지혜(사실 오랜 전통은 맞지만 지혜는 아닌)는 천연자원, 공장과 기계, 혹은 다른 유형 자산을 많이 보유한 사업이 인플레이션 방어를 가장 잘 한다고 말해 왔다("우리는 제품을 믿습니다"). 하지만 그렇지 않다. 자산을 많이 보유한 사업은 일반적으로 수익률이 낮다. 그 정도의 수익률은 인플레이션에 따라 기존 사업을 유지하기 위해 필요한 충분한 자본을 제공하지 못하기 때문에, 실질 성장은 물론 주주와의 이익 배분 그리고 신규 사업의 인수에 필요한 자금도 남아있지 않게 된다.

이 생각은 굉장히 중요하다. 만약 이해가 잘 되지 않는다면, 앞에 든 예를 다시 읽어보자. 직접 종이에 써봐도 좋다. 원한다면 숫자를 바꿔서 생각해보라. 원리를 이해하는 것이 중요하다. 통화 가치가 하락하는 세상에서는 자산이 적은 회사가 승리한다. 다른 말로 하면, 통화 가치의 하락은 자산이 적은 회사를 선호한다.

큰 그림을 그리는 사람의 아이러니는 주식을 피하려 하는데 막상 연관이 되어버리면 최악의 주식을 선호한다는 것이다.

또 다른 위대한 투자자 존 메이너드 케인스_{John Maynard Keynes}의 말을 빌리자면, "곤경은 새로운 사상 속에 있는 것이 아니라 오래된 사상로부터 도

망갈 때 나타난다." 인플레이션 시기의 이상적인 사업은 (a) 가격을 쉽게 올릴 수 있고, (b) 자산에 많이 투자할 필요가 없는 사업이다.

실패한 주식은 어떤가?

이런 질문이 떠오를 것이다. 100배 주식처럼 보였지만, 이유를 막론하고 그렇게 되지 못한 기업은 어떻게 보아야 하는가? 나는 이 연구의 한계에 대해 말할 때 이 점을 이미 지적했다.

첫째, 실패는 있을 수 없다고 말하고 싶다. 만약 투자금에 20퍼센트의 복리를 적용하면, 그 투자금은 25년 뒤에는 100배로 불어난다. 자기자본수익률이 20퍼센트가 넘는 주식은 앞에서 테스트했던 것처럼 실패하지 않는다.

둘째, 실패에 대해 어떻게 연구해야 할지 잘 모르겠다. 무엇을 실패로 정의할 것인가? 잘 생각해보면, 쉽지 않은 일이다. 그래서 나는 실패를 연구하는 대신 펠프스의 길을 택했다. 100배 주식에 집중하기로 결정한 것이다.

마법 같은 주식에 대한 이해를 증진시키기 위해서 이 연구를 시작했다. 모든 연구가 그렇듯 이 책 역시 완벽하지 않다. 나는 다른 사람들도 자신의 경험과 연구를 공유해 우리의 이해를 증진시킬 수 있길 바랄 뿐이다.

제14장

다음 대공황이 왔을 경우

주식 시장의 폭락은 생각을 명확하고 활발하게 만드는 것 같다. 주식 시장이 상승할 때는 왜 그리고 어떻게 올라가는지 아무도 궁금해하지 않지만, 주식 시장이 하락할 때는 모두가 모든 것을 알고 싶어 한다.

- 앨버트 제이 노크, 『계몽된 상식: 앨버트 제이 노크의 일기』

이번 장의 제목이 조금은 농담처럼 느껴질 수 있다. 그러나 2008년의 폭락처럼 주식 시장에서 정말로 불행한 결과가 나타날 때 어떤 일이 일어나는 지에 대해서는 충분히 이야기해 볼 가치가 있다.

이미 3장에서 이 질문을 언급했지만(3장의 '대재앙을 위한 커피캔' 부분을 보라), 이번 장에서는 이야기를 좀 더 확장해보려 한다. 100배 주식을 찾는 일은 시장에서 일어나는 일과는 완전히 독립적이다. 즉, 강세장이든 약세장이든 100배 주식을 찾는 일을 멈추면 안 된다. 그러나 시장이 험악해지면 마음이 약해져 그만두기 마련이니 이 문제를 집중해서 논하려 한다.

이미 '어떻게 약세장의 연기가 눈앞을 가려버리는지'에 대해 펠프스의 이야기를 인용한 바 있다. 만약 15년 전에 애플 주식을 샀다면 연방준비제도이사회가 무엇을 하건, 최신 경제 기사가 무엇을 말하건, 혹은 투자자가 집중하는 쓸데없는 무엇이건, 전혀 신경 쓸 필요가 없다는 것은 자명하다.

그리고 아무리 나쁜 일이 닥치더라도, 기회는 항상 있다.

하나의 일화를 골라야 한다면 대공황보다 이 주제를 다루기 적절한 것은 없다. 대공황은 미국이 지금까지 겪어야 했던 가장 고통스러운 경제적 고난이었다. 그러나 그 시대를 더 깊이 들여다보면, 가장 어려웠던 그 시기에도 성공한 사람의 이야기를 발견할 수 있다.

대공황이 어렵지 않았다는 이야기를 하려는 것이 아니다. 어떤 일이 있었는지 새로운 해석을 제시하거나, 그 시기를 더 밝게 묘사하려는 것도 아니다. 대공황은 분명 재앙이었다. 내 요점은 이 시기에도 엄청난 부의 씨앗을 심었던 사람들이 있었다는 것이다. 그런 재앙 때문에 더 낮아진 주가가 수백 배의 수익을 창출하기 더 쉬운 기회를 조성했다는 것은 분명해 보인다.

그러나 어려운 시기는 사람이 투자하는 것을 좌절시킨다. 그런 경우를 수없이 봤다. 2008년 주식시장이 완전히 망했을 때, 내가 아는 많은 사람이 투자를 두려워했다.

장이 폭락했을 때, 이 장을 꺼내 읽어라.

마틴 휘트먼: 시장의 회복

서드 에비뉴 밸류 펀드Third Avenue Value Fund를 운용했던 마틴 휘트먼은 2007~2008년 경제위기가 걷히고 있을 때, '시장의 회복'이라는 제목의 편지를 써서 주주들에게 보냈다. 그 편지 안에는 몇 가지 현명한 아이디어가 담겨 있다.

먼저, 충분히 합리적이라 할 수 있는 논평 하나를 보자.

일반적인 시장은 가격 폭락 이후에 다시 제자리로 되돌아 가려는 경향이 강합니다. 1932년, 1937년, 1962년, 1974~1975년, 1980~1982년, 1987년, 2001~2002년이 모두 그랬습니다. 전례 없었던 2007~2008년의 위기 후에도 시장은 마찬가지로 회복될 것입니다.

이 말에는 모두가 동의할 수 있다. 그러나 여기서 주식 투자자에게 문제가 발생한다. 모든 주식이 회복되지는 않기 때문이다. 휘트먼의 서한을 흥미롭게 만드는 것은 바로 이 부분이다. 휘트먼은 시장이 회복되어도 전혀 회복되지 않는 세 부류의 주식을 짚어 준다.

첫 번째는 애초에 극도로 과대평가되어 있던 주식이다. 주식을 멍청한 가격에 매수했다면, 시장이 회복되어도 고통을 받을 것이다. 그게 아니라면 가격 하락은 그 자체로 당신이 주식을 보유하는 것을 단념시킬 것이다. 휘트먼은 그의 주식 상당수가 2008년에 30~70퍼센트 정도 가격이 하락했음에도 순자산가치는 증가했다는 것을 강조한다. 휘트먼은 그 주식 중 상당수가 3배 또는 4배 상승해도 순자산가치 대비 여전히 싼 것이라 믿는다. 당신이 만약 적당한 100배 주식 후보를 갖고 있다면 휘트먼의 주식과 비슷할 것이다.

회복될 것 같지 않은 두 번째 주식 부류는 '영구 손상'을 입은 주식이다. 최종적인 영구 손상은 폐업이다. 망하지는 않더라도 사업을 상당 부분 잃은 것도 해당한다. 기본적으로 여기서 말하고자 하는 것은 무엇인가가 변하여 더 이상 기존의 사업을 운영하기 힘들어지는 경우다.

마지막 부류는 "금융 위기에 주식 가치가 대량으로 희석되어 기존 보통주 주주가 그 희석으로부터 보호받기 힘들어진 주식"이다. 이는 기업이 손실을 메우거나 차입금을 상환하기 위해 대량으로 신주를 발행한 경우다. 이는 마치 맥주에 물을 부어 나눠 마시는 것과 같다.

저명한 경제학자도 고생하면서 이 교훈들을 배웠다.

저명한 경제학자가 올바르게 사고 보유하는 법을 배우다

아래 내용을 읽어보고, 인쇄하여 책상에 붙여 놓아라.

> 저는 시장이 폭락하여 바닥을 쳤을 때도 여전히 주식을 보유하는 것에 대해 부끄러워하지 않습니다. 기관투자자 또는 다른 진지한 투자자가 하락장에서 주식을 팔고 떠날 것을 끊임없이 고민하거나, 보유 중인 주식이 하락할 때 비난받을 것이라고 느낄 필요가 없다고 생각합니다. 사실 저는 거기에서 더 나아갑니다. 침착하게 보유 물량의 손실을 받아들이고, 자기 자신을 비난하지 않는 것이 때때로 진정한 투자자의 의무라 생각합니다.

이 내용은 1938년 당대 최고의 투자자가 쓴 편지에서 발췌한 것이다. 그는 가장 어려웠던 시기인 대공황 시절에도 돈을 벌었다. 바로 존 메이너드 케인스다.

놀랍지 않은가? 케인스는 매우 영향력 있는 경제학자로 알려져 있다. 그러나 그는 영향력 있는 경제학자이면서 동시에 위대한 투자자였다. 그는 시장을 매우 예리하게 꿰뚫어 보았다.

케인스는 케임브리지 대학교의 킹스 칼리지 체스트 펀드Cambridge's King's College Chest Fund를 운용했다. 그 펀드는 1927~1946년 동안 매년 12퍼센트의 평균 수익률을 기록했는데, 이는 당시에 엄청난 기록이었다. 그 기간에 대공황과 제2차 세계대전 등과 같은 엄청난 사건들이 터졌기 때문이다. 같은 기간에 영국 주식 시장은 15퍼센트 하락했다. 게다가 펀드 포트폴리오의 이익으로 대학 자금을 상당 부분 집행했기 때문에 체스트 펀드의 수익률은 순전히 보유 주식의 가치 상승에서 비롯되었다. 나는 이 기록이 금융 역사에서 가장 뛰어난 기록 중에 하나라고 생각한다.

이것이 어떻게 가능했을까? 그걸 여기서 다루려 한다.

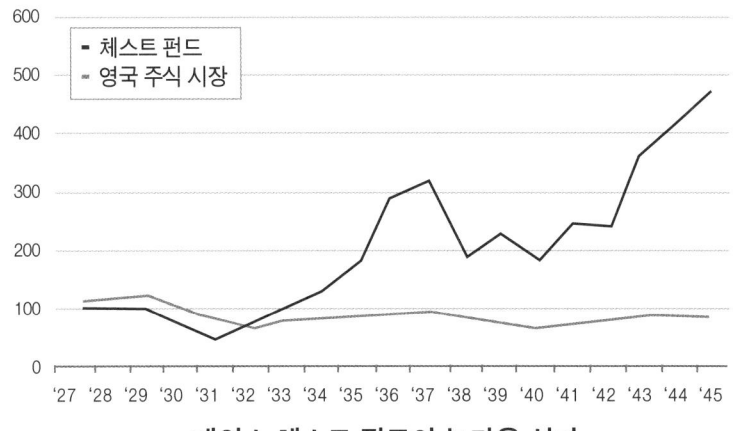

케인스 체스트 펀드의 놀라운 성과

케인스는 투자를 통해 개인적으로도 큰 부를 일구었다. 케인스는 임종 때 현재 가치로 약 3,000만 달러에 달하는 사유지를 남겼는데, 이는 동시대의 많은 사람을 놀라게 했다. 『케인스와 시장Keynes and the Market』의 저자

저스틴 월시Justyn Walsh는 케인스가 죽기 전의 6년 동안 무보수로 자금운용 자문을 했다고 한다. 그는 자신에게 유산을 남기지 않았던 부모보다 더 오래 살았다. 게다가 예술계의 굵직한 후원자였으며, 개인 돈으로 많은 모험적 시도를 지원했다. 이런 엄청난 지원으로 런던 사회를 활기차게 했다.

『파이낸셜 타임스Financial Times』는 "케인스 경이 남긴 엄청난 자산에 대해 많은 이가 놀라움을 금하지 못했다"고 반응했다. 또한 "케인스 경은 실질적으로 돈을 벌 수 있는 실무 능력을 갖춘 몇 안 되는 경제학자 중 한 명"이라고 언급하기도 했다.

케인스는 처음에는 시장을 예측하고 경기순환 예상을 시도하는 평범한 투기자이자 트레이더로 시작했다. 그러나 1929년의 대공황은 그를 기본으로 돌아가게 했다.

케인스는 대공황 때 사실상 거의 파산했다. 그의 개인 순자산은 80퍼센트 이상 하락했다. 그때가 거대한 전환의 순간이었다. 그는 시장을 극복하는 것이 엄청난 선견지명과 경이로운 기술을 요구한다고 결론지었다. 깨달음을 얻은 케인스는 메모에 다음과 같이 적었다. "각기 다른 사업 주기상의 단계에서 시장에 들어갔다가 나왔다가 하는 대규모 거래는 여러 이유로 실행 불가능하고 바람직하지 않다."

대폭락 이후, 케인스는 투기자가 아닌 투자자가 되었다. 그의 투자에 대한 새로운 철학은 가치 투자의 상징인 벤저민 그레이엄과 워런 버핏의 철학에 전조가 되었다. 흥미롭게도 대폭락은 그레이엄에게도 역시 손실을 끼쳤고, 그가 투자 과정에 대해 깊게 생각해 볼 수 있는 동기를 제공했다. 이 두 위대한 대가들이 거의 같은 생각을 하게 된 것이다.

케인스는 이제 시장 예측에 집중하지 않았다. 그 대신, 본인이 '궁극적 가치'라고 부르는 것을 찾기 위해 개별 주식을 예리한 눈으로 연구했다. 그는 자신의 새로운 투자 철학을 동료들에게 공개했다.

> 나의 목표는 자산과 근본적인 이익 창출력을 가진 만족스러운 주식을 시장 가격보다 싸게 사는 것이다.

그는 또한 더 참을성이 좋아졌다. 예를 들면, 케인스는 1달러 주식을 75센트에 매수해서 계속 보유하는 것이, 75센트에 매수해서 50센트로 가격이 떨어졌을 때 매도하고, 다시 40센트에 매수하기를 희망하는 것보다 더 쉽고 안전하다고 설명했다. 케인스는 자신의 연구와 의견을 더 신뢰하게 되었고, 시장 가격 때문에 좋은 거래를 놓치지 말아야 한다는 것을 배웠다. 시장이 하락했을 때, 케인스는 "마치 곰에게 던져질 희생자를 찾듯 매주 두려움에 가득 찬 눈으로 주식을 훑어 보는 것은 책임감 있는 투자자가 할 일이 아니라고 생각한다"고 말했다.

케인스는 강한 역발상 성향도 발전시켰다. 그의 개인적인 대성공 중 하나는 1933년, 대공황 때 이루어졌다. 프랭클린 루스벨트^{Franklin Delano Roosevelt} 대통령은 반기업적 수사를 쏟아냈다. 시장은 무너졌다. 미국의 유틸리티 주식은 케인스가 보기에 '비합리적으로 인기 없는 시장' 때문에 극도로 싸졌다. 그는 가격이 억눌려 있던 우선주를 매수했고, 다음 해 그의 개인 순자산은 거의 3배가 되었다.

케인스는 체스트 펀드의 관라자였을 뿐만 아니라 보험 회사의 자문가였다. 그 경험을 바탕으로 그는 투자의 본질에 대해 이렇게 썼다.

승리, 안전, 그리고 성공은 항상 다수가 아닌 소수에게로 간다는 것이 인생의 한 단면이다. 만약 누군가 당신의 말에 동의한다면 마음을 바꿔라. 내가 경험을 통해 배운 것은, 내가 만약 어떤 주식을 매수하기 위해 보험 회사 이사진을 설득할 수 있다면, 그때가 바로 그 주식을 팔 최적의 시점이다.

케인스는 게다가 어떤 고난이 있어도 주식을 보유하는 법을 배웠는데, 복리의 마법이 스스로 작동하도록 놔두는 것이었다(이렇게 하면 양도소득세 부과도 피할 수 있어 절세 효과도 있다). 그는 "평온을 유지하라"가 최고의 좌우명이라고 말하는데, 이는 시장의 단기적인 소음을 무시하고, 장기적인 가치가 스스로 드러나게 놔두는 것이다. 또한 내재된 가치가 현재의 가격을 월등히 넘어서는 주식을 매수하는 일에만 그의 활동을 제한하는 것이기도 했다.

케인스는 사람이 너무 많은 주식을 보유하기 쉽다고 결론지었다. 그는 다양한 종목에 두루 투자하기 보다는 최고의 아이디어가 담긴 소수의 종목을 가져가는 것이 더 낫다고 했다. 투자 위원회를 비롯해 다른 사람들은 케인스가 적은 수의 회사에 너무 큰 투자를 한다고 자주 비판했다. 케인스는 항상 재치 넘치는 대답으로 그의 투자관을 지켜냈다. 예를 들어 투자 위원회는 그가 영국의 무역 회사 엘더 뎀스터Elder Dempster에 너무 집중해서 투자했다고 비판했을 때, 그는 이렇게 말했다. "엘더 뎀스터에 너무 많이 투자해서 유감이다. 1개의 좋은 종목이 10개의 나쁜 종목보다 더 안전하다고 생각하는 만성적 질환 때문에 내가 고통받고 있어서 그렇다."

그는 버핏이나 다른 위대한 투자자들이 그러했듯이 수많은 종목을 보유하여 최고 종목을 희석해야 한다는 생각을 거부했다. 케인스가 활동하던 기간에 그의 포트폴리오의 절반 이상은 고작 몇 개의 종목들로 구성되어 있었다. 그가 위험이 섞이기를 바랬음에도 불구하고. 그래서 즉, 가령 그의 포트폴리오 절반이 5개의 주식으로 구성되어 있더라도, 그 종목이 모두 금 관련 주식은 아니었다. 월시에 따르면 "집중 투자에 대한 그의 신념 덕에, 케인스는 (비록 변동성은 컸지만) 시장 성과 대비 월등히 뛰어난 투자 성과로 보상받았다."

대공황이 깊어질 때, 케인스는 그의 친구 시드니 러셀Sidney Russell Cooke을 잃었다. 러셀은 시장에서 극심한 손실로 고통받다가 스스로 목숨을 끊었다. 이러한 경험 때문에 케인스는 투자자가 침착함과 인내심을 가지고 손실을 받아들여야 한다고 말했다. 투자자는 주식 가격이 오랜 기간 내재가치를 기준으로 큰 폭으로 흔들릴 수 있음을 받아들여야 한다.

케인스의 투자 성과는 이런 생각을 채택한 이후에 현저하게 향상되었다. 1920년대에 그의 성과는 시장 수익률과 동행하는 수준이었지만, 대공황 이후 그는 뛰어난 성과를 거두었다. 월시는 케인스가 워런 버핏 식의 접근법을 수용한 때가 1931년 초라고 말한다. 그때부터 1945년까지 약 15년간, 시장 전체의 수익이 전무했던 반면, 체스트 펀드의 자산은 10배로 늘어났다. 척박한 시장 환경에서 이뤄 낸 굉장한 성과가 아닐 수 없다.

최근 논문으로는 데이비드 체임버스(David Chambers)와 엘로이 딤슨(Elroy Dimson)이 공저한 「주식 투자자 케인스(Keynes the Stock Market Investor)」가 있다. 그 논문에는 케인스의 투자 스타일이 어떻게 바뀌었는지에 대한 흥미로운 이야기가 담겨 있다.

젊은 시절의 케인스는 자신감이 넘쳤다. 1930년 초반 전까지, 즉 대학 기금을 관리하던 초기까지 그는 손실이 날지언정 매우 활발하게 매매했다.

그러나 1930년대 초반, 그는 투자 접근법을 바꾸었다. 1938년을 제외하고, 그는 다시는 시장 수준의 수익률을 기록하지 않았다. 그리고 이러한 투자 접근법의 변화는 다방면의 변화를 가져왔다. 첫째, 그는 매매를 적게 했다. 더 참을성 있게 장기에 집중하게 되었다.

10년 단위로 그의 포트폴리오 회전율은 아래와 같다.

1921-1929	55%
1930-1939	30%
1940-1946	14%

회전율은 케인스의 변화에 한 단면일 뿐이다. 다른 한 면은 시장이 하락할 때 그가 어떻게 대응했는지다. 1929년부터 1930년까지 케인스는 주식 보유분의 5분의 1을 팔고 채권을 매입했다. 그러나 1937년부터 1938년까지 시장이 하락할 때는 주식 보유분을 늘렸다. 그 기간 내내 보유 자

산의 90퍼센트를 투자에 사용했다.

이는 놀라운 변화다. 이러한 변화는 단기 주식 가격을 걱정하지 않는다는 것을 보여 준다. 그의 편지에 나와 있는 것처럼, 케인스는 분명하게 보유 종목의 가치에 더 집중하고 있다. 논문의 저자들은 케인스의 변화에 대해 다음과 같이 말한다.

그는 거시적인 시장 타이밍 접근법macro market-timing approach에서 개별 주식 선정법bottom-up stock-picking으로 근본적인 입장 변화를 보였다.

1938년 5월 케인스가 남긴 보고서에 그의 투자 철학을 잘 정리한 내용이 있다.

1. 신중하게 몇 개의 주식을 고르거나 몇 개의 투자 대상을 선택한다. 이때 다른 투자 대안과 비교해 보고, 장기적인 측면에서 실제적이고 잠재적인 내재 가치에 비해 저렴한지 여부를 기준으로 한다.
2. 투자한 종목들이 약속한 수익을 내거나 선택이 실수였다는 것이 명백히 밝혀지기 전까지는 수 년에 걸쳐 등락을 거듭하더라도 상당한 수량을 군건히 보유한다.
3. 균형 잡힌 투자 포지션을 유지한다. 즉, 개별 종목의 보유가 크더라도 포트폴리오는 여러 가지의 위험, 가능하면 상반된 위험들에 노출되어야 한다.

다음의 충고도 보고서에 함께 언급되어 있다.

대체로 슬럼프란 가능한 침착함과 인내심으로 견뎌내고 살아남아야 하는 경험이다. 이 경험이 이득으로 이어지는 이유는 주식 시장에 대규모로 들어갔다 나왔다 할 때보다 개별 주식이 다른 주식들과 더 독립적으로 움직이기 때문이다. 투자자는 이런 사실에 방해를 받아서 투자의 태도를 바꿔서는 안 된다.

이 생각이 대공황 때도 통했다면 오늘 이후로 무슨 일이 벌어지든 그것에도 통한다.

플로이드 오들럼: 어려운 시기에 최상의 결과를 얻기

플로이드 오들럼Floyd Odlum은 대공황 때 큰 부를 이룬 유일한 사람이라는 오해를 종종 받는다(그가 유일했던 건 아니다).

잡지 『그랜트 인터레스트 레이트 옵저버Grant's Interest Rate Observer』의 편집자인 제임스 그랜트James Grant는 오들럼을 "염가 매수 전문가salvage artist par excellence"라고 말한다. 그는 "누구도 미래를 알 수 없다. 하지만 오들럼처럼 우리도 불행한 때에 최고를 만들어낼 수 있다"고 말한다.

그랜트는 오들럼의 일화 하나를 소개한다. 1933년 여름, 세상이 산산조각 나는 것 같았던 시기에 오들럼은 사무실에 유유히 들어가며 침울한 동료들에게 다음과 같이 말했다. "나는 지금이 돈을 벌 수 있는 천재일우의 기회라고 믿어요."

오들럼은 1930년대 처참한 손실을 입은 종목을 뒤지고 다니길 즐겼다. 어려운 시기는 좋은 가격을 만들어 낸다. 오들럼이라는 다소 희한한 이름을 가진 사람의 이야기는 대공황 시절에 어떻게 부를 일굴 수 있는지 대한 이야기다.

플로이드 오들럼은 1892년에 태어난 변호사이자 기업가였다. 그는 1923년 3만 9,000달러를 들고 투자를 시작했다. 그는 매우 저평가된 주식과 다른 금융 상품에 상당히 솜씨 좋게 투자했고, 몇 년 지나지 않아 그의 돈은 70만 달러로 증가했다. 오들럼은 그의 길을 갔다. 모두가 알고 있듯, 약 15년 뒤 그의 투자금 3만 9,000 달러는 1억 달러로 늘어났다.

특히, 그의 큰 성공은 1929년의 대폭락 이후에 꽃을 피웠다. 오들럼은 망가진 투자신탁회사들을 사들였다. 책 『월스트리트의 백상어들』The White Sharks of Wall Street의 저자 다이애나 헨리크Diana Henriques은 다음과 같이 말한다.

> 오들럼은 1929년 폭락으로 소위 떼죽음을 당한 22개의 투자신탁사들의 저평가된 주식에 투자함으로써 거의 하룻밤 사이에 수백만장자가 되었다.

그가 찾아낸 회사들은 회사가 보유한 현금과 금융 자산의 가치보다도 더 낮은 가격에서 거래되고 있었다. 그는 그 회사들을 샀고, 이익을 보고 매도한 후 확보한 현금으로 또 다른 회사들을 샀다. 이것을 반복했다. 물론 이런 일을 시작하기 전부터 많은 돈을 가지고 있지 않았다.

오들럼은 운이 좋았거나 선견지명이 있었는데, 왜냐하면 1929년 공황이 덮치기 전에 그는 주식 보유분 대부분을 매도해서 손실의 고통을 피할 수 있었고, 매도한 1,400만 달러의 현금을 가지고 대공황이 주는 절호의 기회를 이용할 수 있었다. 그러므로 당신도 100배 주식을 찾을 기회를 얻기까지 현금을 보유하는 것을 두려워하지 마라.

오들럼의 경력이 보여주듯, 어려운 시기는 큰 기회를 만들어준다.

어느 월스트리트 트레이더의 대공황 회상

월스트리트의 트레이더인 데이비드 펠드먼David Feldman은 대공황 시기를 살아냈다. 1997년 87세의 나이에 그는 대공황을 회상하며, 『1930년대 대공황기를 보낸 월스트리트 트레이더의 흥망Ups and Downs of a Wall Street Trader during the Depth of the Great Depression of the 1930s』이라는 책을 썼다. 사실 그가 책 제목에 '1930년'이라는 단어를 붙여서 다른 시기와 혼동하지 않도록 한 것에 주목해야 한다. 1930년대는 정말 잔혹한 시기였다. 펠드먼이 제시한 다음의 표는 무작위로 선정한 주식들이다.

주식	1929년 고점	1932년 저점
제너럴 일렉트릭	403	$8^{1/2}$
오티스 엘리베이터	450	9
리퍼블릭 스틸	$146^{1/4}$	$1^{7/8}$
워너 브러더스	$64^{1/2}$	1/2
존스 맨빌	$242^{3/4}$	10
슈피겔 메이 스턴	$117^{7/8}$	5/8

대공황에 대해 쓴 또 다른 작가 프레더릭 앨런Frederick Lewis Allen은 대공황 때 "시장은 신용에 구멍이 뻥뻥 뚫리면서 가격 구조를 무너뜨리는 억지스러운 시스템이 되었다"고 썼다.

2008년에 헤지 펀드들과 엄청난 부채를 운영하는 투자자들이 어쩔 수 없이 주식을 매도하면서 어떤 일이 벌어졌는지를 떠올려 보라. 마찬가지다. 주가는 하늘에 있던 새가 총을 맞고 떨어지는 것처럼 떨어졌다. 그런데 모든 주식이 완전히 합리적으로 떨어졌을까? 아니다. GE가 1932년에 정말 주당 8.5달러짜리 회사였을까? 워너 브러더스는 정말 주당 50센트짜리 회사였을까? 아니다.

대폭락 이후, 고용과 사업의 축소되었다. 기업 간 통합도 일어났다. 앨런에 따르면 "1930년대는 사업을 확장하거나 새로 시작하기보다는 사업을 통합하는 데 더 열심이었던 시기였다." 주가가 낮을 때, 현금이 풍부한 투자자는 무엇인가를 가로챌 기회가 생긴다. 새로운 석유정을 시추하는데 드는 비용의 반도 안 되는 가격으로 주식 시장에서 석유정에 투자할 수 있는데, 왜 새로운 석유정을 직접 파겠는가? 5분의 1 가격으로 경쟁자의 지분을 살 수 있는데, 왜 새로운 공장을 직접 지으려고 하겠는가?

대폭락 이후는 주식을 살 수 있는 좋은 기회이다.

주가가 너무 낮아서 회사가 망하지만 않는다면, 당신이 산 주식이 무엇이건 간에 조만간 혹은 나중에라도 반드시 오른다.

이것을 '펠드먼의 대공황 투자법'이라고 불러도 좋을 것 같다.

보유한 주식의 가격이 16달러에서 1.5달러로 떨어지지 않을 것이라 확신하기는 힘들다. 사실 내가 가진 몇몇 종목이 그렇게 떨어졌었다. 그러나 주가는 다시 회복되었다. 재무 상태가 우수하고 차입금을 관리 가능한 수준으로 유지하는 회사의 주식만 신중히 골랐기 때문이다. 간혹 주식이 회복되지 않아 큰 손실을 입는 경우가 있는데, 그것은 내가 위기를 견디지 못하는 연약한 재무 상태를 가진 주식에 투자했기 때문이다.

펠드먼 투자법은 듣기엔 쉬워 보이지만 사실 그리 쉽게 적용할 수 있는 방법은 아니다. 1933년 말까지 5,000개 이상의 은행들이 파산했다. 수천의 기업들도 파산했다. 예를 들어, 어번 자동차Auburn Automobile 주식의 경우, 1929년에 고가 514달러에서 거래되었지만, 1933년에 거의 0달러까지 폭락했다. 확신하건대 1929년에 어번 자동차 주가가 3년 안에 0달러까지 갈 것이라고 예상한 투자자는 없었을 것이다. 금융 위기 때도 비슷한 일이 일어났다.

1930년대의 경제적 피해는 가늠하기 어렵다. 통계로 피해를 전부 설명할 수는 없겠지만, 깜짝 놀랄 만한 통계가 있다. 전미경제조사회National Bureau of Economic Research에 따르면, 급여 총액이 1929년부터 1932년까지 40퍼센트 삭감되었다. 같은 기간 배당은 56퍼센트 감소했다. 1932년에 실업률은 약 25퍼센트였다. 버팔로Buffalo시는 미국의 평범한 산업 도시임에도 실업률이 31퍼센트였다.

사우스 캐롤라이나South Carolina의 목화 농장에서 주 5일, 매일 11시간 근무한다면, 주당 8.25달러를 받았을 것이다. 당시에는 이런 직업을 얻는 것조차 행운이었다. 16세 미만의 아이들이 직물 공장에서 고되게 일하고도 주당 3.10달러를 받았다. 물론 당시의 1달러는 지금의 1달러보다 가치 있다. 당시에는 우편을 2센트에 보낼 수 있었고, 5센트면 커피 한 잔을 마실 수 있었다. 휘발유는 1갤런당 겨우 8센트였고 점심 식사는 1달러였다. 하지만 아무도 소비를 하지 않았다.

루스벨트 대통령이 금본위제를 폐지하기 전, 금 1온스의 가격은 20.67 달러였다. 1온스의 금은 현재 1,400달러 정도다. 데이비드 펠드먼은 이렇게 말했다.

2.5퍼센트의 인플레이션이 평이한 수준이라고 생각하는 순진해 빠진 사람들이 있다. 2.5퍼센트는 엄청나게 끔찍한 수준이다. 10년간 복리로 계산하면, 생활비가 28퍼센트 증가한 셈이다.

실제적으로 봤을 때, 1930년대보다는 1966년 이후의 15년이 주식 투자자에게는 더 힘들었다. 인플레이션이 너무 높았기 때문이다. 1930년대에는 가격이 하락했다.

펠드먼이 알려주고 있는 것은 무엇인가? 그는 다른 사람들처럼 폭락장과 그 여파로 많은 돈을 잃었다. 그러나 펠드먼은 이렇게 말한다. "이 경험이 나에게 알려준 한 가지는, 투자에 있어 이미 엎질러진 물에 절대 후회하면 안 된다는 것이다. 중요한 것은 미래다."

2008년, 나는 미국이 1930년대와 같은 대공황으로 향하고 있는지 몰랐다. 나는 2008년이 1930년 이후의 그 어떤 시기보다 대공황의 벼랑에 가까웠던 시기라고 생각한다. 하지만 나는 투자자로서 가치평가가 너무나 매력적이라는 것을 알고 있었기에 시장을 떠나지 않았다.

당시에 어느 정도의 현금을 보유하는 것이 무척 중요하다는 것도 알게 되었다. 펠드먼은 "현금이 왕이다. 자금을 마련했다면 운전석에 앉아 있는 것이나 마찬가지다"라고 말한다. 현금을 보유하면 선택권을 가지게 되고, 변덕스러운 대출업자에게 의존하지 않아도 된다.

17세기의 방랑자이자 회고록 집필가였던 잭 카사노바^{Jack Casanova}는 이렇게 말했다. "행운 못지 않게 불운이 증명하는 것은 좋은 일은 나쁜 일들에서 비롯되고, 나쁜 일은 좋은 일들에서 비롯된다는 것이다." 이처럼 2008년이 투자자들에게는 불운으로 위장된 행운이었던 이유는 매우 저렴하게 주식을 담을 수 있었기 때문이다. 그래서 우리는 다시 오들럼으로부터 배운 지혜에 주목해야 한다.

> 현금 보유는 현명한 것이고, 모든 것이 나빠 보일 때, 매수를 두려워 하면 안 된다.

존 딕스: 부채를 피하라

1929년의 대폭락 이후, 시장은 멋지게 회복했다. 1930년 4월, 시장은 1929년 11월 13일의 최저점에서 41퍼센트 상승했고, 많은 사람들은 최악의 시기는 지나갔다고 믿었다. 그중에는 워런 버핏의 스승이자, 증권 분석의 창시자인 벤자민 그레이엄도 있었다.

1930년 그레이엄은 36살이었고, 백만장자에 가까웠으며, 이미 시장에서 많은 성공을 거두고 있었다. 그래서 그가 존 딕스^{John Dix}라는 93세의 성공한 은퇴 사업가를 만났을 때, 자기 만족의 자신감으로 가득 차 있었다. 딕스가 갖가지 질문을 퍼부은 다음에야, 그레이엄은 비로소 정신을 차렸다. 당시 딕스는 그레이엄에게 은행에서 돈을 얼마나 빌렸는지 물었고, 그레이엄의 대답에 딕스는 실망했다..

그레이엄이 많은 빚을 져가며 주식 투자를 하고 있었기 때문이다. 이 대답을 듣자 딕스는 진정 어린 충고를 했다.

그레이엄씨, 나는 당신이 중요한 일들을 해나가길 바랍니다. 내일 뉴욕행 열차를 타세요. 그리고 당신의 사무실로 가서 가진 주식을 팔고, 모든 부채를 상환하세요. 그리고 파트너들에게도 투자금을 돌려주세요. 지금과 같은 시기에 내가 만약 당신과 같은 상황이라면 한숨도 자지 못할 것입니다. 당신 역시 한숨도 자지 못해야 정상입니다. 좀 더 오래 살고 인생 경험도 많은 내 충고를 흘려듣지 마세요.

그레이엄은 당시에 딕스의 충고를 받아들이지 않았다. 회고록에 의하면, 그는 딕스에게 다소 형식적인 감사 인사를 남겼다고 한다.

물론 딕스가 맞았다. 최악은 아직 오지도 않은 상황이었다. 그레이엄은 생각에 잠기면서 "종종 딕스의 충고를 받아들였다면 내 삶이 어떻게 되었을지 생각해 본다"고 말했다. 그레이엄은 1930년에 굉장히 고통을 받았고, 그때가 그에게 가장 힘겨운 해였다.

	벤저민 그레이엄 공동 계좌	다우 존스 산업 지수
1929	-20%	-15%
1930	-50%	-29%
1931	-16%	-48%
1932	-3%	-17%
전체 기간	-70%	-74%

1930년이 지나고, 그는 계좌의 모든 부채를 상환했고 그 이후에 찾아온 잔혹한 시장에서 훨씬 더 좋은 성과를 냈다. 1930년에 그레이엄 파트너십의 전체 자산 중 44퍼센트가 부채였다는 것을 감안하면, 그는 시장 정도의 수익률을 냈으면 시장에서 퇴출되었을 것이다. 또 한 명의 위대하고 노련한 투자가이자 그레이엄의 제자였던 어빙 칸Irving Kahn은 1930년대 그레이엄의 고난에 대해 다음과 같이 말한다. "펀드가 살아있는 것만으로도 위대한 성과였다. 1931년과 1932년에 작은 손실에 그쳤다는 것이 굉장히 인상 깊었다."

그레이엄의 가장 큰 실수는 당시 너무 많은 부채를 사용했던 것이다. 그것이 딕스가 그레이엄에게 밤에 잠을 잘 수가 없어야 정상이라고 말한 이유다. 딕스는 레버리지가 얼마나 위험한지를 이해하고 있었다. 그럼에도 불구하고 그레이엄으로부터 배울 점은 그가 그런 상황에서도 투자를 지속하여 훗날에는 시장에서 좋은 성과를 기록했다는 것이다.

그가 배운 교훈은 모두가 배워야 할 교훈이다.

결론

100배 주식 정리

하나의 원칙을 가슴에 새겨라. 어떤 규칙이나 공식이 생각하는 것을 돕기보다 그것을 대체하면 매우 위험하다. 그럴 경우, 그 규칙이나 공식을 버려라.

- 토머스 펠프스

• ◆ •

이제 이 책이 시작한 지점, 즉 100배 주식을 찾아 나서도록 영감을 준 찰스 아크리의 '투자자의 오디세이' 연설로 되돌아가 보자(1장을 참조하길 바란다). 아크리는 3~4개의 100배 주식을 가지고 있고, 투자를 해나가면서 투자금을 100배로 불리는 핵심 원리를 깨우쳤다. 이 책을 다 써갈 때쯤, 아크리를 그의 사무실에서 만났다. 사무실은 정신없이 돌아가는 월스트리트에서 멀리 떨어진 곳에 있었다.

나는 워싱턴 순환도로의 서쪽 끝자락으로 차를 몰았고, 더 서쪽으로 향하여 버지니아주로 깊숙이 들어갔다. 도시 풍경은 사라지고, 숲과 초원이 나타났다. 와인 농장과 말 목장 그리고 자연석 돌담길을 지나고, 골동품 가게와 오래된 방앗간과 교회가 있는 작은 마을을 지나자 마침내 600명 정도가 사는 그림 같은 작은 마을 미들버그Middleburg에 도착했다. 도로 끝 한적한 곳에서 멋지게 리모델링한 건물이 있었는데, 여관이었던 건물을 사무실로 바꾸어 놓은 것이었다. 그곳이 바로 찰스 아크리('척'이라고도 부른다)의 사무실 본사였다. 고요하고 편안한 느낌이 드는 곳이었고, 서재에는 책으로 가득했으며 벽에는 말 그림들이 걸려 있었다. 마치 누군가의 집에 있는 것 같았다.

아크리는 72살이고 1968년부터 증권업에 종사했다. 그는 이 시대의 위대한 투자자 중 한 명이다. 나는 1993년부터 2013년까지 그가 투자자들에게 보낸 모든 서한을 가지고 있다. 그중 하나의 제목이 '복리의 힘The Power of Compounding'이다. 아크리에 투자한 1달러는 거의 20달러가 된 반면, 동기간 S&P 500은 5.59달러 수준이었다.

앞서 언급한 것처럼 토머스 펠프스와 그의 책 『주식 시장의 100대 1』은 2011년 아크리의 연설에서 알게 되었다. 펠프스의 저서는 아크리가 가장 좋아하는 책 중 하나다. 그래서 나는 그뿐만 아니라 그의 파트너인 톰 세이버하겐Tom Saberhagen, 크리스 세론Chris Cerrone, 그리고 벤 폭스Ben Fox 등과도 시간을 보낼 수 있어 기뻤다. 우리는 그의 사무실에서 겨우 400피트 정도 떨어진 붉은 여우 여관이라는 곳에서 함께 점심을 먹었다. 그 여관은 1728년부터 있던 곳이었다.

앞에서 말했듯 아크리의 포트폴리오 안에는 3~4개의 100배 주식이 있었다. 그는 버크셔 해서웨이 주식을 1977년에 매입했고, 당시 매입가는 120달러였다. 그 주식의 현재 가치는 당시의 1,750배다.

내가 그곳을 떠나오는 길에 포트폴리오 매니저이자 아크리 회사의 파트너인 톰이 내게 아크리 서한 한 묶음을 주었다. 나는 그 서한을 손에서 내려놓을 수가 없었다. 나는 다른 사람들이 소설을 읽듯 이런 서한 읽기를 즐긴다.

1995년 서한에서 아크리는 버크셔 주식을 매입한 사연을 들려준다. 당시 아크리는 젊은 브로커였고 버크셔 주식을 40주 정도 샀다. 그러다

1981년에 부동산 투자를 결정했고 콘도 개조 사업을 위한 돈을 마련하고자 버크셔 주식을 1주만 남기고 주당 500달러에 모두 팔아버렸다. 당연히 그 프로젝트는 굉장히 값비싼 프로젝트가 되고 말았다. 당시 버크셔 해서웨이 주식 39주의 가치는 19,500달러였지만, 지금은 810만 달러다.

다른 100배 주식은 1998년에 아메리칸 라디오American Radio에서 분사한 아메리칸 타워American Tower다. 아크리는 처음에 주당 80센트에 주식을 매수했는데, 지금 그 주식은 주당 93달러이다. 우리가 만날 당시 그는 여전히 그 주식을 갖고 있었고, 그의 포트폴리오에서 가장 큰 비중을 차지하고 있었다.

아크리의 투자 접근법은 간단하고 이해하기 쉽다. 그는 그것을 '세발 스툴 의자'라고 부른다. 그는 다음 조건을 만족하는 기업을 찾는다.

- 매우 높은 복리로 주당 가치를 성장시켜 온 기업
- 주주를 사업 파트너처럼 대접한 숙련된 경영진이 있는 기업
- 항상 평균 이상의 수익률을 벌 수 있는 방식으로 잉여현금흐름을 재투자할 수 있는 기업

이미 앞에서 말한 내용들이다.

그가 내게 말했던 것처럼 연륜이 더해질수록, 핵심 사항을 더 간결히 다듬을 수 있게 된다. 가장 핵심이 되는 것은 세 번째다. 이는 100배 주식에서 가장 중요한 원리다. 그의 서한 중 하나에서 그는 이렇게 표현했다.

뛰어난 기업을 이미 발견한 상황이라면, 성공적인 투자 원칙의 가장 중요한 요소는 재투자 문제라는 것이 수년에 걸쳐 점점 더 확실해졌다.

100달러를 투자한 기업을 생각해 보자. 그 기업이 1년 동안 20퍼센트의 수익률을 달성한다고 가정하자. 이는 높은 수익률이고, 아크리가 관심을 가질 만한 기업이다. 하지만 정말 위대한 투자의 핵심은 그 20달러를 원금 100달러와 함께 재투자해서 다시 20퍼센트의 수익률을 내고 이것을 반복하고 또 반복하는 것이다.

덧붙이자면 배당에 대한 언급이 없는 것을 눈치챘을 것이다. 기업이 배당을 지급하면 재투자할 재원이 그만큼 없어지는 것이다. 대신에 투자자는 세금을 내고 나머지 금액을 주머니에 넣게 된다. 이상적인 경우 투자자는 높은 수익률로 그 돈을 재투자할 수 있는 회사를 찾으려 할 것이다. 그러면 결국 더 많은 주식을 보유하게 되고 더 적은 세금을 내게 된다.

앞서 언급한 예로 돌아가면 첫해 말에 투자자는 120달러를 갖는다. 그리고 곧 마법이 일어나기 시작한다. 아래 표를 보자.

1	$120.00	6	$298.60
2	$144.00	7	$358.32
3	$172.80	8	$429.98
4	$207.83	9	$515.98
5	$248.83	10	$619.17

4년이 지나면 돈은 두 배가 되고, 10년이 지나면 6배가 된다. 그리고 대략 25년이 지나면 100배가 된다. 물론 그렇게 오래 들고 있을 필요가 없다. 이런 성장 속도가 유지되리란 보장도 없다. 나는 단지 복리의 힘을 보여주려는 것이다.

복리는 아크리 투자법의 심장이다. 그는 정말 좋은 기업을 찾은 후엔 움직이지 않고 가만히 있기를 원한다. 펠프스처럼.

그리고 아크리는 소수 종목에 집중한 펀드를 운용했다. 5~7개의 투자 아이디어가 종종 그의 포트폴리오 절반을 차지했다. 이는 이미 10장에서 다루었다. 위대한 투자자는 최고의 아이디어에 집중한다.

점심 시간 내내 우리는 기업과 주식에 대해 이야기했다. 아크리는 활기차고 편안해 보였다. 그는 결코 휴대폰을 보지 않았다. 그는 지혜로 가득하고 재밌기까지 한 수많은 투자 이야기를 해주었다. 그는 펠프스를, 그리고 100배 주식을 말했다. 읽었던 책과 거기서 배운 교훈도 말했다. 정말 위대한 투자자였다.

나는 애크먼부터 웬저까지 수많은 위대한 투자자들을 만나봤다(퍼싱 스퀘어의 빌 애크먼의 명성은 익히 들었을 것이다. 랠프 웬저는 아마 모를 수도 있다. 그는 수년간 에이콘 펀드$^{Acorn\ Fund}$를 운용하며 높은 수익률을 기록한 펀드 매니저로 『작지만 강한 기업에 투자하라$^{A\ Zebra\ in\ Lion\ Country}$』라는 멋진 책을 쓰기도 했다).

지금까지 이 책에서 몇 가지는 말하지 않았다.

・연방준비제도이사회

- 전체 시장
- 달러

이것들이 중요하지 않아서가 아니다. 매우 중요하다. 그러나 알 수 없고 예측하기도 어려운 것들이다. 위대한 투자자는 이러한 것들에 많은 시간을 쓰지 않는다. 그 시간에 더 위대한 기회를 찾으려고 애쓴다. 아크리가 버크셔 해서웨이 주식과 아메리칸 타워 주식을 찾았던 것처럼 말이다. 이 주식들은 거시적인 경제 문제에 대한 걱정을 압도할 만한 주식이었다.

100배 주식을 찾는 핵심 원리들

가장 중요한 원리는 이미 언급했다. 이 원리는 너무 중요해서 다시 반복할 필요가 있다. 높은 자본수익률을 가지고 있고, 재투자하여 수년간 다시 높은 자본수익률을 낼 수 있는 능력을 가진 기업이 필요하다.

다른 모든 것은 이 원리에서 뻗어 나오는 가지다. 아래에 그 가지들을 요약했다.

① 100배 주식을 찾으려고 해야 한다

당연하다고? 그럴지도 모른다. 그런데 정말 중요하다. 그래서 펠프스는 그의 책을 소원을 비는 4명의 이야기로 시작한다.

첫 번째 사람은 당나귀 1마리를 원해서 1마리를 받았다. 두 번째 사람은 10마리를 원해서 10마리를 받았다. 여기서 핵심은 1마리를 원하면 1마리만 받게 된다는 것이다(그리고 10마리를 원하면 10마리 이상은 절대

받을 수 없다). 펠프스는 아프리카 적도 부근에서 코끼리를 사냥했던 경험을 비유하여 이렇게 말한다.

> 거대한 사냥감을 찾고 있다면 작은 사냥감을 쏘고 싶은 유혹에 빠지면 안 된다.

그러므로 100배 주식을 찾기 위한 첫 번째 규칙은 직접 찾으려고 해야 한다는 것이다. 이는 8회 말 게임이나 한 분기 게임에 정신을 팔지 말라는 말이기도 하다. 그럭저럭 괜찮은 수준의 수익률 또는 30~50퍼센트 수익률을 얻기 위해 한정된 정신 에너지를 낭비하지 마라.

주식 연구에 쏟아 부을 수 있는 시간과 자원은 무한하지 않다. 당신의 노력을 큰 게임에 쏟아라. 코끼리 주식, 100배 주식에 말이다.

② 성장, 성장, 더 성장하는 기업

예외는 없다. 100배 주식 연구의 거의 모든 기업은 창사 이래로 엄청나게 성장했다(예외는 잠시 후 언급하겠다). 그렇기에 성장, 그것도 많은 성장이 필요하다. 그냥 성장이 아니라 가치가 증가된 성장, 즉 '좋은 성장'이 중요하다. 만약 회사의 매출이 두 배가 되었을 때 발행 주식 수도 두 배로 늘었다면 좋은 성장이 아니다. 주당 매출액과 주당 순이익의 성장에 집중해야 한다.

회사가 판매 가격을 인하하여 매출액을 추가적으로 더 늘린 경우는? 결국 자본수익률은 하락했을 것이므로 이것 역시 좋은 성장이 아니다.

성장할 여력이 충분한 기업을 찾아라. 그런기업은 재투자 기회를 이끄는 기업이다.

덧붙이자면 나는 성장이 매출액 성장인지, 순이익 성장인지 일부러 모호하게 표현했다. 둘 다면 좋겠지만, 100배 주식의 예에서 보았듯이 고성장 시기에 걸쳐서 매출액이 높은 성장을 보였지만 순이익은 그리 증가하지 않았던 기업이 있었다(컴캐스트와 아마존이 내가 다루었던 예들이다).

순이익은 어쨌든 보고된 숫자다. 반면 수익력Earnings Power은 평균 이상의 성장률을 보이면서 평균 이상의 자본수익률을 창출하는 능력을 반영한다. 본질적으로 장기간에 걸친 경쟁력에 대한 평가다.

이것이 펠프스의 책 『주식 시장의 100대 1』이 탁월한 이유이다. 펠프스가 쓰길 "단기적인 이익 변동과 수익력의 근원적인 변화를 구별하지 못하는 것은 불필요하게 많은 매매를 하게 하고 100배 주식을 찾을 수많은 기회를 놓치게 만든다."

분기별 주당 순이익을 쫓는데 정신을 팔지 마라. 어쩌면 1년이라는 기간도 판단을 내리기에 충분한 기간이 아닐 수 있다. 수익력을 생각하는 것이 훨씬 중요하다. 회사가 이익 감소를 발표하더라도 회사의 장기 수익력은 영향받지 않았을 수 있다. 마찬가지로 이익은 증가했지만 기저의 수익력은 약해졌을 수도 있다. 예를 들어 어떤 회사가 대규모 이익을 냈지만 그 이익이 일회성 요인에 의한 것일 수 있다.

그러면 단기 이익 감소를 진짜 수익력과 어떻게 구분할 수 있을까? 투자한 기업에 대해 잘 아는 수밖에 없다. 보유한 주식을 이해하지 못하면 현명한 선택을 하긴 불가능하다. 사례를 통해 설명해 보겠다.

내가 좋아하는 회사 중에 제너럴 파이낸스General Finance, GFN라는 회사가 있다. 이 회사의 사업은 간단하다. 공사 현장에서 흔히 볼 수 있는 물건을 저장하는 컨테이너를 임대한다.

- 화물 컨테이너: 도로와 철도에서 사용되고, 냉동 물품이나 곡물, 석탄 등을 저장하는 용도
- 이동 가능한 빌딩 컨테이너: 건설 회사나 자원개발 회사 또는 공공 이벤트 등이 있을 때 이동용 소형 사무실, 점심 식사 장소, 응급처치 장소 등으로 사용
- 이동 가능한 액체 저장 컨테이너: 폐수나 화학 물질, 또는 다른 액체의 저장용으로 석유 및 천연가스 회사, 환경 복원 등 유사 업무에서 활용
- 이동 사무소와 조립식 빌딩

컨테이너 임대 사업의 경제성은 뛰어나다. 자금 회수 기간은 겨우 몇 년에 불과하지만, 자산의 수명은 40년 정도다. 이제 높은 자본수익률 이야기로 돌아가 보자.

그 산업에는 수많은 경쟁자가 있고 소규모 회사를 인수하면서 성장할 여지도 충분하다. 그리고 재능 있고 검증된 소유주이자 운영자인 론 밸런타Ron Valenta가 있다.

2015년 초반, 석유와 천연가스의 판매가 둔화되면서 GFN의 순이익도

줄어들어 주가는 크게 하락했다. GFN은 석유와 천연가스 회사에게 컨테이너를 임대하고 있었다. 그런데 GFN의 수익력이 진짜로 약화되었을까? 산업 둔화로 장기적인 수익력이 사라졌을까? 그렇지 않다.

GFN은 컨테이너들을 여전히 갖고 있고 그것을 다른 사람에게 임대할 수 있다. GFN은 약 37,000개의 저장용 컨테이너를 보유하고 있고 그 고객은 다양하다. GFN은 20개 산업에 걸쳐 30,000명 이상의 고객을 보유하고 있다. 이 자산은 결코 사라지지 않았다.

GFN은 여전히 어마어마한 현금 흐름을 창출하고 있다. 아직도 업계에는 GFN이 인수할 수 있는 구멍가게 같은 소규모 회사가 즐비하다. 밸런타는 나와의 인터뷰에서 이렇게 말했다.

우리는 인수한 회사에 많은 시간을 들입니다. 다양한 제품 구성을 갖고 있어 인수한 회사를 개선시킬 수 있습니다. 인수한 회사의 결제 시스템을 보고 결제가 매달 일어나는지 또는 매 28일마다 일어나는지 확인합니다. 그리고 손해배상 보험이 있는지 트럭 물류를 어떻게 다루는지 등도 확인합니다. 사업을 분석하고 우리가 무엇을 할 수 있는지를 찾습니다 … 우리는 단순한 인수자가 아닙니다. 우리가 정말 잘하는 것은 인수한 후에 회사를 극적으로 개선시키는 것입니다. 잘 훈련된 인수자입니다. 그러나 더 중요한 것은 우리가 보유한 자산을 이용하여 가치를 창출한다는 것입니다.

자산은 바뀌지 않았다. 바뀐 것은 불운이나 경기순환 때문에 일어난 일시적인 이익 하락이다. 새로운 경쟁 위협이 될 만한 것도 없다. 경영진도 변하지 않았다. 사업을 뒤흔들 만한 새로운 규제나 다른 중대한 요소도 없다.

이것이 내가 생각하는 법이다. 보다시피 이는 기업을 잘 이해할 때에만 가능하다. 경제 예측가와 주식 시장 예언가에게 쓰는 시간을 줄이고, 보유하고 있는 기업을 이해하는 데 더 많은 시간을 써라. 그럴 의지가 없다면 100배 주식 또는 그와 비슷한 어떤 것도 잡지 못한다.

③ 주가 배수가 낮은 것이 좋다

당신은 어처구니없는 가격을 지불하길 원하지 않을 것이다. 예를 들어, 지난해 1달러를 번 회사에 이익의 50배 가격을 지불했다고 하자. 그 주식이 100배가 되기 위해서는 어떤 일이 일어나야 하는지 생각해 보자. P/E가 50배에 머물고 순이익은 100배 늘어나야 한다. 만약 P/E가 25배로 떨어진다면, 순이익은 200배 늘어나야 한다.

투자를 그렇게 어렵게 만들지 마라. 우리는 이미 질레트의 사례를 통해 P/E가 20배에서 10배로 무너지는 것이 이익 성장을 통해 투자자가 얻을 수 있는 수익을 얼마나 둔화시키는지를 살펴보았다.

그러나 다른 한편으로는 100배 주식을 찾기 위해 쓰레기통을 뒤져서도 안 된다. 훌륭한 주식은 이미 다수의 팬을 확보하고 있고, 52주 최고가 부근에서 오래 머문다. 정말로 좋은 사업을 저렴한 가격에 얻는 것은 드문 일이다. P/E가 5배이거나 장부가치 대비 매우 할인되어 있거나 그와 비슷한 수준의 주식을 찾는데 많은 시간을 보내는 것은 시간 낭비다. 100

배 주식을 찾는 것이 목적이라면 말이다. 물론 운이 좋을 수도 있지만 평범한 환경에서도 얼마든지 100배 주식을 찾을 수 있다.

나는 주가 배수가 낮은 것을 '선호'한다고 말한다. 어떤 분명한 규칙을 끄집어 내기 힘들기 때문이다. P/E가 50배라도 저렴한 것으로 평가받던 시절이 있다. 다른 요인들과 지불한 가격의 균형을 맞추어야 한다.

기억하라. 시간은 위대한 사업의 친구이다. 위대한 사업에는 좀 더 많이 지불해도 된다. 다른 사례를 하나를 들어보자. 온라인 주식중개 업체인 인터렉티브 브로커Interactive Brokers, IBKR다.

매슈 굿맨(몬스터 베버리지 사례를 분석했던 애널리스트)이 우리가 뉴스레터에서 추천했던 IBKR을 분석했다. 그는 새로운 기술이 어떻게 기존의 오래된 사업에 적용되는지를 보여주었다. IBKR의 플랫폼은 경쟁자들 것보다 더 성능이 좋았고 가장 저렴했다.

산업 뉴스에서 이런 일화들을 확인할 수 있다. 굿맨이 정리해 놓았다.

- 전설적인 트레이더인 피터 브랜트Peter Brandt는 인터렉티브 브로커에 대해 다음과 같이 말했다. "단 하나의 플랫폼과 한 개의 계좌를 통해 전 세계의 선물과 주식, 옵션과 외환 등을 거래할 수 있다. 크레디트 스위스 은행은 내 계좌에 5,000만 달러가 있을 때, 동일한 서비스를 제공하겠다고 했고, 골드만삭스Goldman Sachs와 도이치방크Deusche Bank도 마찬가지였다. 내가 알기론 500~1,000만 달러 이하의 계좌에 대해 이러한 서비스를 제공하는 회사는 없다."
- 뱅크오브아메리카Bank of America, 제이피모건JPMorgan, 그리고 다른 증권사

들은 그들의 헤지 펀드 고객들에게만 서비스를 제공한다. 이트레이드E-Trade와 같은 증권사는 글로벌 증권계좌를 폐쇄하는 중이다. 그럼 그 고객들이 다 어디로 가겠는가? 인터렉티브 브로커다.

- 스캇트레이드Scottrade는 최근 고객들에게 IBKR의 플랫폼을 제공했다. 스캇트레이드는 경쟁사지만, 사실상 이 영역에서 백기를 들었다.

이 모든 것을 숫자로 확인할 수 있다. 굿맨은 IBKR의 신규 계좌수가 실제로 얼마나 빨리 늘어나고 있는지 표로 보여주었다.

	2015년 4월	전월 대비 성장률	전년 대비 성장률	연 환산 전월 대비 성장률
총계좌 수(천 개)	302.0	2%	18%	23%
신규 계좌 순증(천 개)	5.6	-16%	40%	
고객 자산(10억)	$65.2	7%	32%	780%
고객 신용(10억)	$33.6	6%	24%	68%
고객 담보대출(10억)	$8.7	8%	27%	97%

인터랙티브 브로커스 전자 중개 통계

이 정보는 IBKR 웹사이트의 IR 부문에서 확인할 수 있다. 맨 오른쪽 행의 '연 환산 전월 대비 성장률'은 굿맨이 추가한 것이다. 표의 핵심은 다음과 같다. 전년 대비 성장률이 인상적이지만, 전월 대비 성장률은 훨씬 더 인상적이다. 그리고 고객의 자본은 총 계좌보다 더 빠르게 증가하고 있다. 이것은 매우 긍정적인 흐름이다. 왜냐하면, 이것은 IBKR이 큰 계좌를 가진 부유한 고객을 끌어들이고 있다는 것을 의미하기 때문이다.

즉, IBKR은 매우 빠르게 성장하는 사업체다. 하지만 2014년 말 기준으로 IBKR 주식은 이익의 약 25배 수준에서 거래되고 있었다. 물론 낮은 배수는 아니다. 그래서 이것이 가치를 잘 반영한 것이었을까?

버크셔 해서웨이의 부회장 찰리 멍거는 다음과 같이 말했다.

장기적으로 보면, 주식이 그것이 기반한 사업의 수익률보다 더 좋은 수익률을 내기는 어렵다. 어떤 사업이 40년간 6퍼센트의 자본수익률을 내고 있고, 당신이 그 사업을 40년간 들고 있다면, 매우 저렴한 가격에 주식을 샀다 하더라 벌어들이는 수익률은 6퍼센트와 크게 다르지 않을 것이다. 반대로, 만약에 사업이 20년 또는 30년간 18퍼센트의 자본수익률을 보였다면, 설령 비싸 보이는 가격을 지불했더라도 결국 괜찮은 결과를 얻게 될 것이다.

찰리 멍거의 말은 100배 주식 철학의 초석이다. 우리는 매우 높은 자본수익률을 내는 회사를 찾고 있다. 이는 100배 주식이 갖추어야 하는 핵심 요소 중 하나다. 이 인용문이 그것을 증명해 준다. 다음은 멍거의 말에 영혼을 불어넣는 그래프다. 18퍼센트 수익률과 6퍼센트 수익률이 얼마나 큰 차이를 가져오는지 확인할 수 있다.

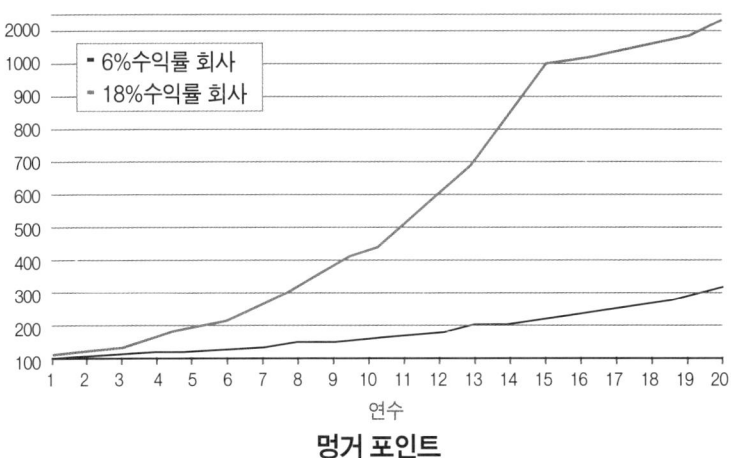

멍거 포인트

18퍼센트의 자본수익률을 보이던 회사는 20년 후 거의 8배로 커졌다. 여기서의 교훈은 '훌륭한 사업을 가진 기업을 적당한 가격에 사는 기회를 놓치지 말라'다. 왜 그런지는 이 그래프에서 분명히 확인할 수 있다. 굿맨은 다음과 같이 제안한다.

이러한 기업을 찾는 방법 중에 하나는 PEG 비율을 활용하는 것이다. PEG 비율은 P/E 배수를 연간 주당 순이익 증가율로 나눈 것이다. 예를 들면, 만약 순이익이 20퍼센트 성장한다면, P/E 20배는 정당화된다. PEG가 1배를 크게 넘어가면 너무 비싼 것이다.

2010년부터 2014년까지의 IBKR 세전 이익 증가율은 19퍼센트, 35퍼센트, -8퍼센트, 33퍼센트, 29퍼센트였다. IBKR의 순이익은 2014년에 29퍼센트 성장했지만, IBKR는 P/E 26배에서 거래되고 있었다. PEG 비율이

1배 미만인 것인데, 현재 시장에서 빠르게 성장하고 있는 고품질 사업 중에서는 이례적으로 낮다. 이 회사를 PEG 1배 이하에서 살 수 있다는 점은 큰 이득이다.

다시 말하지만 이는 투자자가 밟아나가야 하는 사고 과정의 한 예일 뿐이다. 더 높은 배수를 지불할수록 더 높은 이익성장률이 필요하다는 것을 기억하라.

다시 반복해 말하겠다. 주가 배수가 낮은 것이 좋다

②와 ③ 통합. 100배 주식의 쌍둥이 엔진을 찾아라

높은 성장과 낮은 배수를 찾았을 때, 100배 주식의 쌍둥이 엔진을 찾은 것이다. 두 요인이 유리하게 작동하면, 정말 엄청나게 상승할 수 있다.

이 책의 초기에 나는 MTY 푸즈라는 극단적인 예를 들었다. 이익 대비 3.5배의 배수에서 시작했다. 10년 만에 순이익은 12.4배로 성장했지만, 그 주식은 100배 주식이 되었다. P/E가 3.5배에서 27배로 상승했기 때문이다. 이것이 매우 드문 일임을 알아야 한다. 하지만 중요한 것이 무엇인지 잘 설명해 준다.

④경제적 해자는 꼭 필요하다

100배 주식은 오랜 기간의 높은 자본수익률을 필요로 한다. 경제적 해자는 회사로 하여금 그 수익률을 얻을 수 있게 해준다. 그러므로 회사가 어떤 종류의 해자를 가졌는지에 대해 충분히 생각해 보아야 한다.

이와 관련한 내용에 이미 한 장을 할애했으므로 여기서 그 교훈을 반복하진 않겠다. 다만, 높은 자본수익률의 중요성에 관한 몇 가지 기본적인 숫자 계산과 수년간 높은 비율로 재투자하는 능력에 대한 이야기를 조금 더 하려한다.

펠프스가 그의 책에 써놓았던 예를 여기서 다시 살펴보자. 자본수익률이 15퍼센트이면서 장부가치가 주당 10달러인 회사가 있다고 가정하자. 1년이 끝날 무렵, 배당이 없다면 장부가치는 주당 11.5달러가 되어있을 것이다. 2년 후에는 13.22달러, 3년 후에는 15.20달러가 될 것이다. 펠프스에 따르면 5년 후 회사의 장부가치는 두 배가 되고 10년 후에는 4배가 되고, 33년이 지나면, 100배가 된다.

만약 회사가 배당을 지불했다면, 이야기는 꽤 달라진다. 순이익의 3분의 1을 배당한다면, 장부가치가 4배가 되는데 10년이 아니라 15년이 걸린다. 그리고 33년 후에는 100배 주식이 되는 것이 아니라 23배 주식이 된다.

펠프스는 다음과 같이 결론을 내린다.

배당은 분명 최대치 성장을 찾는 투자자에게는 값비싼 사치품과 같다. 만약 당신이 반드시 수입이 필요하다면, 재무관리사가 배당금 없이 취할 수 있는 자본 이득을 찾아줄 것이라고 기대해서는 안 된다. 만약 당신이 우유를 짜기 위해 소를 샀다면, 그 소를 가지고 옆 집의 말과 경주하려고 계획해서는 안 되는 것과 마찬가지다.

우리의 배당에 대한 시각은 아크리와 동일하다. 많은 100배 주식의 전체 수익률에 있어 배당이 중요한 역할을 하는 것은 사실이다. 하지만 순이익의 대부분을 높은 수익률로 재투자하는 회사를 선호해야 한다. 회사가 배당을 하게 되면 재투자할 수 있는 자본이 줄어드는 것이고, 이는 수익률을 낮추게 된다.

배당이 짐이라면 차입금은 촉진제다. 15퍼센트의 자본수익률을 가진 회사는 약간의 차입금을 활용하여 20퍼센트 정도의 자본수익률로 끌어올릴 수 있다. 그러나 그렇게 하면 위험도 높이는 것이다.

100배 주식을 잡는 다른 방법들이 있다. 새로운 큰 유정처럼 천연자원을 발견하는 것도 100배 주식을 안겨 줄 수 있다. 새로운 발명품과 초대형 신약도 마찬가지다. 그러나 이런 것들은 예측하기 어렵다. 그래서 높은 자본수익률과 재투자로 수년간 높은 수익률을 만들어내는 능력을 보유한 주식을 찾으라고 강조하는 것이다.

아주 좁은 해자라 하더라도, 해자는 반드시 필요하다.

⑤ 소형주를 선호한다

도토리로 시작해서 떡갈나무로 끝난다. 떡갈나무로 시작해서는 동일하게 극적인 성장을 누리기는 어렵다. 너무 당연해 보이지만 중요한 내용이다.

예전에도 그랬고 현재도 탁월한 회사인 애플은 현 수준에서 100배 주식이 되지는 않을 것이다. 현재 시가 총액으로 7,500억 달러다. 여기서부터 100배가 되려면 75조 달러여야 하는데, 이는 미국 경제 규모의 4배보다 크다. 얼마 간은 여전히 좋은 주식이겠지만, 이미 커진 규모가 어느 시점부터는 100배 주식에 방해가 되기 시작한다.

다른 한편, 초소형주 또는 25센트짜리 주식을 뒤져야 한다고 넘겨짚으면 안 된다. 우리 연구에서 100배 주식이 된 365개 회사들의 매출액 중간 값은 약 1,700만 달러였다. 이것은 인플레이션을 조정하지 않은 수치다. 즉, 어느 정도 규모가 되는 회사 중에 100배 주식을 찾아야 한다. 1,700만 달러의 매출액을 만들 정도면, 어느 산업에서든 상당한 지분을 차지해야 한다.

나는 시가 총액이 10억 달러 이하인 회사에 집중할 것을 제안한다. 물론 필수는 아니지만(소형주를 '선호'한다는 것임을 기억해 주길 바란다) 시가 총액 10억 달러 이상인 회사보다 그 이하인 회사에서 100배 주식을 찾는 것이 더 풍성한 결과를 낳을 것이다.

⑥ 소유자가 직접 경영하는 회사를 선호한다

이 내용에도 한 장을 할애했다. 지난 50년간 대부분의 훌륭한 기업은 훌륭한 경영자가 이끌었다. 이들은 비전, 끈기, 그리고 능력을 가진 소유자다. 월마트의 샘 월튼, 애플의 스티브 잡스, 아마존의 제프 베조스, 버크셔 해서웨이의 워런 버핏 등이 대표적이다. 훌륭한 경영자는 많고 이전 장들에서 몇 명을 이미 언급했다.

위대한 소유자가 직접 경영하는 회사는 확신도 심어준다. 회사에서 결정 책임을 지는 위치에서 능력이 뛰어난 소유자가 직접 경영하고 있다는 사실을 알고 있으면, 어려운 시기에도 주식을 계속 보유하고 있을 수 있다.

절대 잊어서는 안 될 것이 있다. 주식은 당신이 돈을 벌 수 있도록 해주려고 만들어진 것이 아니다. 모든 주식은 누군가가 그것을 팔고 싶어 했기에 살 수 있는 것이다.

그러니 개념적으로만 따져보면 주식으로 돈을 벌 수 있다는 기대를 하기 힘들다. 그러나 소유자가 경영하는 회사에 투자하면 돈을 벌 가능성이 높아진다. 동업자가 되기 때문이다. 회사를 지배하는 사람이 보유한 주식에 돈을 투자하는 것이다. 소유자에게 좋은 것은 투자자에게도 좋고, 투자자에게 좋은 것은 소유자에게 좋다.

완벽하지는 않지만 소유자가 아닌 경영진이 경영하는 회사에 투자하는 것보다는 보통 더 나은 결과를 가져온다. 이는 오래된 대리인 문제를 해결하는 데 도움이 된다. 소유자가 경영자인 회사를 찾아라.

물론 반드시 그래야 하는 것은 아니다. 때때로 한 명의 CEO로 특정하기 힘든 기업도 있다. 질레트는 우리 연구 기간(1962년~2014년) 내에 100배 주식이 되었지만, 어떤 CEO를 거론해야 할지 어렵다. 그리고 회사는 보통 창업자와 소유자-경영자들보다 오래 살아남아 훨씬 멀리 나아간다.

⑦ 충분한 시간이 필요하다. 보조 수단으로 커피캔 접근법을 활용하라

100배 주식이 될 주식을 찾기 위한 모든 일을 다한 후에는 그 주식에게 시간을 줘야 한다. 우리의 연구에 의하면 가장 빨리 100배가 된 주식도 거기에 도달하기까지 약 5년 정도가 걸렸다. 보통은 20~25년 정도 걸린다. 이것을 안다면 투자자 최악의 본능을 물리칠 방법을 찾아야 한다. 그 본능이란 참을성 없음, '행동'이 필요하다는 생각, '뭔가를 해야 할 것 같다'

는 강한 느낌 등을 말한다. 이러한 해로운 성향을 물리치기 위한 보조 수단으로 커피캔 접근법을 제안한다. 나는 이 방법의 열렬한 지지자라 그것에 한 장을 할애했었다.

커피캔 접근법의 탁월함은 바로 그 단순함에 있다. '가진 돈의 일부를 빼서 커피캔 포트폴리오로 구성하라. 그리고 그 포트폴리오를 10년간 보유하라.' 이것이 전부다.

10년이 지나면 그 결과를 확인하게 될 것이다. 그간의 경험에 비출 때 커피캔 포트폴리오 중에 큰 수익을 안겨 주는 주식이 최소 1개는 있을 것이다. 커피캔 투자 원리는 보유한 주식들을 더 적극적으로 운용하려고 노력하는 것보다 가만히 기다리는 것이 더 성과가 좋을 수 있다고 주장한다.

이를 하나의 술책으로 이해하고 묵살할 수도 있다. 그래도 주식을 그냥 놔둘 방법을 찾으라고 권하고 싶다. 포도밭에서 열매가 무르익도록 내버려 두라. 열매를 너무 빨리 따지 말라.

⑧ 정말 좋은 필터가 필요하다

이불 밖 세상은 소음으로 가득차 있다. 특히, 금융 전문 매체가 그렇다. 그들은 매일 뭔가 중요한 일들이 생겼다고 말하고, 사람들이 그것을 믿기를 바란다. 그들은 시장의 모든 사건을 설명하고, 연방준비제도이사회의 모든 회의를 다룬다. 경제 데이터와 리포트를 끊임없이 다루고, 퍼레이드처럼 끊임없이 전문가를 출연시킨다. 모든 사람이 금리가 오를지, 석유 가격이 오를지 등 시장에 대해 말해주기를 원한다.

100배 주식에 대한 이 연구는 이런 것들이 얼마나 측은한 시간 낭비인지를 보여 준다. 그런 정보는 100배 주식을 사냥하는 데 있어 가장 큰 장애물이다. 이를 극복하기 위해서는 주식이 온갖 종류의 이유 때문에 움직인다는 것을 먼저 이해해야 한다. 주식은 때때로 한달 사이에도 크게 출렁거리지만, 그 주식의 사업 자체는 시간에 걸쳐 천천히 변화해 간다.

이를 보여주는 좋은 예들은 곳곳에 있다. 100배 주식으로 다루었던 몬스터 베버리지에 대해 우리 애널리스트인 매트 굿맨이 보내 준 간단한 표를 보도록 하자.

이 표는 일종의 '적외선 열지도'와 같이 2000년부터 2014년까지 몬스터 베버리지 주식이 월별로 어떻게 움직였는지를 보여 준다. 가장 오른쪽 행에는 연간 움직임을 볼 수 있다.

다음의 표를 보고 어떤 생각이 드는가?

	1월	2월	3월	1분기	4월	5월	6월	2분기
2015	7.94%	20.67%	-1.93%	27.73%	-0.93%	-7.17%	5.30%	-3.16%
2014	0.19%	8.98%	-6.15%	2.48%	-3.59%	3.61%	2.38%	2.28%
2013	-9.35%	5.34%	-5.39%	-9.65%	18.14%	-3.21%	11.43%	27.42%
2012	13.44%	9.41%	8.59%	34.77%	4.69%	11.69%	-1.93%	14.67%
2011	8.34%	1.59%	4.66%	15.19%	9.86%	8.31%	12.98%	-9.87%
2010	0.16%	8.11%	4.33%	12.97%	1.75%	-11.55%	0.15%	-9.87%
2009	-0.12%	-0.66%	8.17%	7.33%	13.22%	-10.01%	-15.87%	-14.28%
2008	-12.92%	7.62%	-14.94%	-20.28%	0.28%	-11.75%	-7.75%	-18.36%
2007	13.12%	-8.41%	8.23%	12.47%	0.84%	4.19%	7.99%	13.46%
2006	11.37%	6.38%	35.05%	60.00%	2.66%	42.83%	2.99%	51.02%
2005	12.78%	6.64%	37.36%	65.20%	-5.60%	31.64%	13.52%	41.07%
2004	5.66%	32.14%	18.92%	66.04%	-1.14%	89.66%	-4.24%	79.55%
2003	0.00%	-3.70%	3.85%	0.00%	-3.70%	3.85%	0.00%	0.00%
2002	-3.70%	0.00%	3.85%	0.00%	-3.70%	3.85%	0.00%	0.00%
2001	8.33%	-11.54%	-8.70%	-12.50%	-4.76%	0.00%	5.00%	0.00%
2000	3.70%	-7.14%	-7.69%	0.00%	0.00%	-3.57%	-3.70%	-7.14%

7월	8월	9월	3분기	10월	11월	12월	4분기	연간
3.14%			3.14%					27.58%
-9.95%	38.23%	3.69%	29.06%	10.05%	11.17%	-3.39%	18.20%	59.88%
0.26%	-5.90%	-8.96%	-14.10%	9.53%	3.41%	14.52%	29.70%	28.26%
-6.71%	-11.26%	-8.28%	-24.07%	-17.41%	16.57%	1.52%	-2.26%	14.70%
-5.36%	11.35%	2.32%	7.83%	2.06%	3.48%	-0.07%	5.54%	76.24%
7.16%	7.49%	3.51%	19.23%	9.87%	3.90%	1.77%	12.14%	36.15%
0.52%	5.29%	12.49%	19.05%	-16.3%	-3.27%	9.84%	4.52%	14.49%
-20.68%	20.21%	10.12%	5.00%	-16.33%	17.54%	12.70%	10.84%	-24.25%
-5.68%	10.75%	26.24%	31.88%	19.97%	-36.18%	2.03%	-21.88%	31.47%
-3.36%	-40.13%	17.94%	-31.76%	-2.22%	-11.46%	19.77%	3.69%	70.96%
9.26%	7.44%	-5.31%	11.15%	7.48%	53.64%	1.44%	67.52%	333.92%
-18.99%	16.41%	1.34%	-4.43%	9.93%	27.11%	7.58%	50.33%	328.30%
18.52%	15.62%	-2.70%	33.33%	16.67%	33.33%	-5.36%	47.22%	96.30%
-3.70%	0.00%	0.00%	-3.70%	3.85%	0.00%	0.00%	3.85%	0.00%
14.29%	0.00%	-8.33%	4.76%	9.09%	4.17%	8.00%	22.73%	12.50%
7.69%	14.29%	6.25%	30.77%	0.00%	-32.35%	4.35%	-29.41%	-14.29%

믿을 힘든 정도의 수치다. 한 달에 20퍼센트 가까이 빠진 달들이 수두룩하고, 어떤 달에는 심지어 그보다 더 빠졌다. 반대로 20퍼센트 또는 그보다 더 많이 상승한 달들도 많이 있다. 주가가 상승한 달과 하락한 달이 연이어지는 경우도 있다.

자, 당신은 몬스터의 사업이 이런 몇 개월의 주가 변동처럼 그렇게 변하지 않는다는 것을 알 것이다. 우리는 지금 음료업체에 대해 이야기하고 있다. 당신은 또한 이러한 월별 변동에도 불구하고, 표의 맨 오른쪽에서는 주식이 대부분 우상향하고 있는 것을 발견할 수 있다.

주식이 20퍼센트 넘게 빠졌던 시기를 생각해 보자. 이런 시기에 주식을 얼마나 자주 확인할까? 거의 매일하지 않을까? 그렇다면 보통 주식을 팔지 않았을까? 20퍼센트 주가가 빠진 후에는 아마 다음 기회가 오면 빠져나오리라고 마음 먹는 사람이 많을 것이다. 그리고 주가가 상승하는 달에 팔아버릴 것이다.

주식을 보며 고민하고 손목을 비틀었던 그 모든 시간은 사실 시간 낭비다. 더욱이 팔기까지 했다면 큰 실수를 저지른 꼴이 된다. 몬스터 베버리지는 환상적인 주식이니 그것을 내버려뒀어야 한다.

주식 시장이 어떻게 될지를 너무 고민할 필요도 없다.

큰 그림을 쫓는 대중은 S&P 500과 같은 시장 지수를 분석하기 좋아한다. 그들은 CAPE 비율(주가를 지난 10년치 평균 이익으로 나눈 값)과 향후에 수익을 내줄 것이라 믿는 다양한 계량법을 즐겨 이용한다.

S&P와 같은 주가지수가 높다고 해서 보유한 주식을 매도해야 하는 것은 아니다. 그것은 현재의 위대한 주식을 찾는 일과 상관이 없다. 역사가

검증한 예를 보자.

1966년부터 1982년의 일이다. 큰 그림을 쫓는 대중은 이 17년의 기간을 보통 주식의 무덤과 같은 시기라고 말한다. 다우존스산업지수는 정체되어 있었다(사실 이 기간에 인플레이션이 매우 높았기 때문에 표면적으로 보이는 것보다 성과가 더 좋지 않은 것이었다). 그래서 이 기간에는 주식에 투자해서는 안 된다고 결론지을 수 있다. 하지만 내 연구는 그 기간에도 100배 주식을 찾아냈다. 1966년부터 1982년 사이에도 100배가 된 주식이 187개나 있었다.

사실 이 17년의 기간 동안, 들고만 있으면 100배가 되었을 주식을 살 수 있는 기회가 매월 적어도 12번은 있었다. 어떤 경우에는 오래 기다리지 않아도 됐다. 사우스웨스트 항공Southwest Airlines은 1971년부터 약 10년 만에 100배 이상의 수익을 주었다. 레슬리 웩슬러의 L 브랜드Leslie Wexler's L Brand는 1987년부터 약 8년 만에 100배 이상의 수익을 주었다. 만약 1966년에 에이치앤드알 블록H&R Block에 1만 달러를 투자했다면, 20년 안에 1백만 달러을 벌 수 있었을 것이다.

주가지수는 투자자가 어떤 환경에 처해 있는지를 이해하는데 도움이 된다. 당연히 매우 비싼 시장에서 좋은 기회를 발견하기가 더 어렵다. 시장이 바닥일 때는 좋은 기회를 발견하기 더 쉽다(물론 공포가 팽배하기 때문에, 주식을 사기 어려울 수도 있다).

내 요지는 주식 시장이 어디로 흘러갈지 수많은 추측을 하며 조바심내지 말라는 것이다. 위대한 아이디어를 찾는 활동을 계속하라. 역사가 안내해 준 것처럼, 좋은 주식은 항상 거기에 있다.

⑨ 행운이 돕는다

자, 이제 인정하자. 이 모든 것에는 행운이라는 요소가 깃들어 있다. 2002년도에 애플이 어떤 모습이 될지 예측할 수 있었던 사람은 아무도 없다. 아무도 애플이 아이팟, 아이패드, 아이폰으로 새로운 시장을 개척하리라고 예측할 수 없었다. 내 연구에서도 예측할 수 없었다고 인정하고 두 손을 들었던 100배 주식이 몇 개 있다.

마찬가지로 나쁜 일도 일어난다. 모든 일을 잘 수행했는데, 갑자기 새로운 혁신이 나타나서 난공불락으로 보였던 해자를 무너뜨리기도 한다. 최근에 얼마나 많은 사업들이 망가지고, 손상되었는지를 생각해 보라. 비디오 대여, 신문, 음악 산업, 심지어 택시까지 말이다. 니콜라스 레셔Nicholas Rescher의 책 『행운: 일상에 찾아오는 훌륭한 우연Luck: The Brilliant Randomness of Everyday Life』에는 이런 말이 있다.

> 합리적인 세상에 살고 있다는 생각이 인간의 자연스러운 성향임을 감안하면, 항상 무엇인가에 궁극적인 이유가 있다고 생각하는 경향이 있다. … 이것은 완전히 자연스럽지만, 완전히 헛된 생각이다. 진정으로 합리적인 태도는 삶의 의자에 느슨하게 앉아서 우연을 받아들이는 것이다.

삶에서 그러하다면 100배 주식을 찾는 것에서도 그럴 것이다. 행운이 돕는다.

⑩ 주식은 되도록 매도하지 않는다

언제 매도하는가? 필립 피셔Phil Fisher의 책 『위대한 기업에 투자하라』Common Stocks and Uncommon Profits에는 '언제 팔 것인가'라는 장이 있다. 그는 다음과 같이 요약한다.

> 이 장의 내용은 다음의 한 문장으로 줄일 수 있다. 주식을 매수할 때 모든 것이 올바르게 이루어졌다면, 주식을 매도할 시기는 거의 없다.

거의 맞는 말이다. 이 투자 철학을 실제로 적용하여 주식을 매수하고 예상을 뛰어넘는 결과를 거둔 확실한 사례들이 있다.

절대 매도하지 않는다는 부분에서 나는 애스터Astor 일가의 부를 생각한다. 존 제이콥 애스터John Jacob Astor가 일가의 수장이었고, 그는 1848년 별세했을 때 미국에서 가장 부유한 남자였다. 그의 부동산은 아들인 윌리엄 애스터William Astor에게 상속되었다. 윌리엄은 일가의 부를 더욱 키웠다.

1890년 뉴욕 상원위원회 앞에서 세금 문제와 관련된 증언의 일부가 있다. 나는 이 대화록을 좋아한다(이 대화는 내 첫 번째 책 『딜메이커처럼 투자하라』에도 포함되어 있다).

Q: 애스터씨는 절대 팔지 않았다고 말씀하시는 것인가요?
A: 애스터씨도 가끔 팝니다.
Q: 하지만 팔지 않는다는 것이 규칙인가요?
A: 네. 여태껏 거의 팔지 않았죠. 팔기는 했지만.

Q: 애스터 일가는 사고 절대 팔지 않는다는 것이 거의 격언 아니었나요?
A: 부동산을 소유하고 나면, 처분할 사람으로 보이지는 않았습니다.

내가 책 『딜메이커처럼 투자하라』에 썼던 것은 다음과 같다.

애스터 일가가 일군 엄청난 부의 열쇠는 거의 팔지 않는 매도자였다는 단순한 사실이다. 그들은 보유의 힘을 믿고 엄청난 수준으로 자라도록 내버려 두었다. 그들은 좋은 물건을 일단 보유하고 나면 복리가 그 마법의 일을 다 할 때까지 기다렸다.

요즘 일화 중 하나로 로널드 리드Ronald Read가 있다. 애나 프라이어Anna Prior는 『월스트리트 저널』에 그에 관한 훌륭한 기사를 썼는데, 제목은 '800만 달러의 부동산을 남긴 검소한 사람'이었다. 로널드 리드는 제이씨페니JC Penney 백화점에서 서비스 센터를 그의 형과 공동으로 소유하고, 오랜 기간 잡역부로 일했다. 그런 그가 어떻게 돈을 벌었을까? 그는 주식을 잘 고르는 사람이었다. 하지만 더 중요한 것은 그의 인내심이었다.

그는 생을 마감한 시점에 95개의 주식을 가지고 있었다. 주식 대부분을 몇십 년간 보유하고 있었는데, 기술 분야를 제외한 다양한 분야의 주식을 소유하고 있었다. 배당을 받으면 그 배당으로 더 많은 주식을 샀다. 그는 P&G, JP 모건, JM 스머커JM Smucker, 존슨 앤드 존슨Johnson & Johnson, 그리고 다른 우량주들을 갖고 있었다. 그가 보유한 모든 주식이 승자는 아니었다. 그러나 승자로부터의 수익이 패자의 손실을 압도했다.

또한, 로널드 리드는 자신의 주식 증서를 실물로 직접 갖고 있었다. 이것은 그가 주식을 계속 보유하는 것을 더 쉽게 만들어 주었다. 그렇게 함으로써 주식이 단지 컴퓨터 화면에서만 깜빡거리는 종목이 아닌 진짜 재산의 일부로 여겨졌다.

수수료가 주식 증서를 보유하는 것이 현실적이지 않은 선택지로 만드는 시점이 오자, 그는 주식들을 일반사무 수탁회사에 보관하도록 바꾸었다. 정말 검소한 방법이다. 기록에 의하면, 리드는 매우 낮은 수수료를 냈다.

로널드 리드의 이야기는 단순한 투자 개념의 힘을 보여 준다. 수수료는 낮게 유지하고, 양질의 기업에 투자하며, 배당은 재투자한다. 여기서 가장 중요한 것은 계속 보유하는 것의 힘이다.

이 기준을 염두에 두면 '거의 팔지 않는다'의 예외도 정해진다. 필립 피셔도 다음과 같은 이유로는 팔아야 한다고 했다.

- 실수했을 경우. 회사에 관한 사실 정보가 처음에 믿었던 것과는 다를 때.
- 주식이 더 이상 투자 기준에 맞지 않는 경우.
- 더 나은 주식으로 교체하기를 원할 경우. 투자자는 교체를 신중하게 해야 하고, 근거가 매우 확실할 때에만 교체해야 한다.

이런 기준을 세워도 매도 시기를 결정하는 일은 여전히 쉽지 않다. 언제 실수했는지를 알기 어려울 때가 많다. 사실 어떤 것이라도 믿을 수 있으니까. 두 번째 사항이 그나마 쉬울 수 있다. 만약 잘 정립된 투자 기준을 가지고 있다면 말이다. 마지막으로 종목 교체는 믿기 힘들다. 시장에서 움직이고 있는 주식이 팔려고 생각 중인 주식보다 좋아 보이기 마련이고, 시장에는 늘 움직이고 있는 주식은 있기 때문이다. 모든 이유 중 어떤 것도 주식 가격과는 상관이 없다는 것에 주목하기 바란다.

토머스 펠프스 역시 『주식 시장의 100대 1』에서 옳게 매수하고 계속 보유하라는 것을 열렬히 지지했다. 그러나 "아무 것도 팔지 말라는 뜻인가요?"라는 질문에 대해서는 그도 "아니요"라고 답한다.

매도에 대한 펠프스의 충고 역시 한 문장으로 요약할 수 있다.

투자와 관계없는 이유로 투자 행동을 하지 마라.

'투자와 관계없는 이유'에는 다음이 포함된다.

1. 주가가 너무 높다.
2. 세금 목적상 자본 손실을 상쇄하기 위해 자본 이득을 실현해야 한다.
3. 다른 주식은 다 오르는데, 내 주식은 가만히 있다.

펠프스는 실수를 했을 때는 주식을 팔아야 한다고 믿는다. 그리고, 다시 말하지만, 모든 위대한 투자자는 주가가 내려가는 것만으로 실수라고 정의하지 않는다(오히려 강세장에서의 이익 실현을 실수라고 여길 수 있다. 더 큰 이익을 만들 수 있는 기회를 놓치는 것이기 때문이다. 게다가 그

대가로 자본 이득에 대한 세금을 낸다).

나는 많은 사람들이 소위 '손절매Stop Losses'를 사용한다는 것을 알고 있다. 이는 주가가 일정 수준 떨어지면 주식을 파는 것이다. 손절매가 인기 있는 것은 어려운 결정(아마도 투자에서 가장 어려운 결정일 것이다)을 기계적으로 하기 때문이다. 생각할 필요도 없다. 주가가 손절매 지점에 도달하면 시장을 떠나면 된다.

손절매가 100배 주식을 얻을 수 있는 기회를 제한한다는 것은 분명하다. 주식이 100배를 돌려주기 전에 멈춰버리니까.

앞에서 본 것처럼 몬스터 베버리지는 10년 만에 100배 주식이 되었다. 위에서 보았던 표를 기억하는가? 100배로 가는 도중 적어도 10번 이상은 25퍼센트 이상의 주가 하락이 있었다. 3개월 동안 40퍼센트 이상 주가가 빠졌었다. 그러나 주가가 아닌 사업에 집중했다면, 절대 팔지 않았을 것이다. 그리고 만약 당신이 그 주식에 1만 달러를 투자했다면, 10년 후에 100만 달러를 손에 쥐었으리라.

나는 그와 같은 사례를 무수히 들 수 있다. 어떤 주식을 기가막힌 타이밍에 샀다가 팔아서 두 배 또는 세 배를 버는 행운이 찾아올 수는 있다. 그러나 그 과정에서 수많은 좋은 투자 아이디어들로부터 확실히 멀어지게 된다. 그리고 주식을 언제 팔지를 주변 사람들이 결정하게 허락할 것이라면, 좋은 주식을 찾기 위해 필요했던 그 모든 연구를 하는 목적이 있을까?

둘째, "좋아, 나중에 다시 살 수 있어"라고 생각할 수 있다. 그러나 가슴에 손을 얹고 말해보자. 정말 다시 살 것인가? 말로 하기가 실제로 실행하기보다 쉽기 마련이다. 투자는 그야말로 정신력 싸움이다.

더 나아가, 주식이 거품이었던 기간을 지적할지도 모른다. 1998년 또는 1999년에 코카콜라는 수익 대비 50배에서 거래되고 있었다. 그때가 매도할 때였다. 그런데 다시 생각해 보자. 그 당시로 돌아가 100배 주식 원리를 기준으로 생각해 봤을 때 코카콜라가 매수할 만큼 좋은 주식이었을까? 나는 그렇다고 생각하지 않는다. 그 기준에 비추어도 팔아야 했다.

물론, 매수 후 보유하는 방법으로 투자한다는 것은 때때로 고약한 손실로 고생할 수 있음을 의미한다. 그러나 그렇기 때문에 여러 주식으로 포트폴리오를 구축하는 것이다. 주식 투자가 흥미로운 이유는 한 종목으로도 엄청난 이익을 만들어지기 때문이다. 손실에 대한 두려움 때문에 성장 가능성을 잘라버리는 것은 마치 큰 돈을 들여 차를 산 후 차고 밖으로 한번도 몰고 나가지 않은 것과 같다.

나는 크게 잃을 수도 있다는 사실을 인지하고 주식에 투자한다. 하지만 결국에는 훌륭한 결과를 얻을 것임을 알고 있다.

여기서 다시 현명한 펠프스의 말을 인용하고 싶다.

하나의 원칙을 가슴에 새겨라. 어떤 규칙이나 공식이 생각하는 것을 돕기보다 그것을 대체하면 매우 위험하다. 그럴 경우, 그 규칙이나 공식을 버려라.

어떤 교수가 이런 원칙을 '자기 부정의 원칙'이라고 말했는데, 나는 그것이 맞다고 생각한다. 삶은 모순으로 가득차 있으니까.

손절매는 생각하는 것을 규칙으로 대체하는 일이고, 내가 위에서 언급한 100배 주식의 원리들은 생각하도록 돕는 것들이다.

하나의 보편 원칙을 뽑아낸다면 다음과 같다. 모든 준비를 잘 마치고, 신중한 연구와 조사 끝에 주식을 샀다면, 거의 팔지 않아야 한다.

언제 팔아야 할지를 다룬 이 문단의 마지막을 내가 가장 좋아하는 인용구로 마무리하겠다. 서드 애비뉴 펀드의 마틴 휘트먼의 말이다.

> 나는 이 업계에 약 50년을 넘게 있었다. 주식을 3년간 보유하면서 수많은 경험을 했다. 2배가 된 것도 있고, 누군가에게 팔고 나서 6개월 후에 3배가 된 것도 있다. 그냥 잠자코 있을 때 돈을 더 많이 벌 수 있다.

100배 주식을 찾고 있다면 잠자코 앉아 있는 법부터 배워야 한다. 잘 매수하고 잠자코 앉아 있어라.

글을 마치며: 마법 공식은 없다

지금까지 이야기를 따라왔다면 100배 주식을 만들어 내는 마법 공식은 없다는 것을 이해했으리라. 100배 주식을 골라내는 쉬운 방법은 없다. 이 마지막 장에서는 필수 원리를 그저 요약했을 뿐이다. 이것을 옆에 두고 100배 주식을 찾은 여정에서 자주 꺼내보기 바란다.

나는 내 책의 독자들이 많은 돈을 벌기 바라고, 투자 활동에서 수많은 100배 주식을 발견하길 바란다. 그리고 이 작은 책이 당신의 성공에 작게나마 기여하기를 희망한다.

부록 1

리뉴얼 기념 저자와의 인터뷰

일러두기

- 이 인터뷰는 『100배 주식』을 옮긴 송선재 애널리스트와 한국의 대표 투자 커뮤니티인 〈가치투자연구소〉와 〈보수적인 투자자는 마음이 편하다〉 회원들의 질문을 모아서 출판사에서 정리한 후 진행되었다. 인터뷰에 도움을 주신 분들께 감사의 말씀을 드린다.
- 이하의 인터뷰에서 WBP는 인터뷰를 진행한 워터베어프레스를, C. M.은 저자인 크리스토퍼 메이어를 지칭한다.

포스트 코로나 시대의 투자

WBP: 크리스토퍼 메이어 작가님 안녕하세요. 한국 독자와의 인터뷰에 흔쾌히 응해 주셔서 감사드립니다. 이 인터뷰가 많은 독자분께 도움이 되리라 생각합니다.

지금 가장 첨예한 이슈인 코로나 사태에 대한 질문으로 시작하려 합니다. 코로나는 우리의 삶에 많은 변화를 가져왔습니다. 기업과 경제 시스템, 자산시장의 변화와 앞으로의 전망에 대한 견해를 부탁드립니다. (질문자: 재테크연구소)

C. M.: 코로나 이후 세계는 여러 측면에서 바뀔 것입니다. 사회적 거리두기, 마스크 쓰기, 위생의 중요도 상승은 앞으로 수년간 지속될 것이고, 이외에도 플라스틱과 같은 일회용품 사용의 증가가 나타날 것입니다. 교통량과 여행의 감소가 뚜렷하겠지만, 이는 수년 안에 회복되리라 생각합니다. 또한 이미 진행되고 있던 온라인 쇼핑이나 비즈니스의 온라인 전환과 같은 변화가 더 빨라질 것입니다. 그 결과 사업의 운영 비용 증가가 예상되고, 사업 모델의 전환이 필요해질 것입니다.

이러한 변화는 과거의 9.11 테러 사태 당시의 변화를 떠올리게 합니다. 9.11 사태로 발생한 (미국 공항의 보안 검색 강화와 같은) 변화는 이전에는 상상할 수 없었지만, 이제는 되돌이킬 수 없을 만큼 당연한 일상이 되었습니다. 이를 고려할 때 코로나19로 인한 변화는 우리와 장기적으로 함께 하는 일상이 될 가능성이 높습니다. 다만 여행과 같이 드라마틱한 정지가 일어난 산업은 시간이 지나면 회복하리라 생각합니다.

WBP: 코로나 이후 풍부한 유동성으로 지수는 높은 상승을 지속하고 있습니다. 지금도 여전히 100배 주식을 찾기 좋은 상황일까요, 아니면 조금의 기다림이 필요한 시점일까요? (질문자: 밸런스 굿)

C. M.: 100배 주식을 찾기 안 좋은 시점은 없다고 생각합니다. 책을 쓰면서 알게 된 사실은 매년 수십 개의 100배 주식 후보를 찾을 수 있었다는 점입니다. 이는 시장이 활황일때나 불황일때나 모두 마찬가지였습니다. 100배 주식을 찾는 것에 집중하면, 코로나19와 같은 매크로 요소는 부수적인 것이 됩니다.

하나 재미있는 사실이 있는데요, 아마존의 현재 주가는 2000년 테크 버블 당시 최고가보다 43배 상승했습니다. 2000년도 어마어마했던 테크 버블 당시에 아마존을 최고점에서 매수했어도 지금까지 가지고 있었다면 43배의 수익을 냈을 것이라는 뜻입니다. 하지만 이는 결코 희귀한 사례가 아닙니다.

최고의 주식들을 보면, 그 당시에는 당시의 상황이 중요해 보이지만, 10~20년 정도 장기적인 관점에서 보면 어느 한 시점의 상황은 지배적인 영향력이 없습니다. 따라서 시장의 유동성이나 코로나19와 같은 시장 상황보다는 100배 주식을 찾는 데 집중하는 걸 추천드립니다.

WBP: 코로나19는 경제 시스템에 큰 변화를 가져왔습니다. 많은 이들은 글로벌 테크 기업으로 사업 기회가 더욱 집중되리라 믿고 있습니다. 하지만 기업의 경쟁력과 밸류에이션은 또 다른 이야기입니다. 코로나 이후의 경제 시스템의 변화와 기업의 주가 양극화에 대한 의견이 궁금합니다. (질문자: 이용위대작 원길무구)

C. M.: 네, 양극화 양상은 매우 뚜렷해 보입니다. 온라인에서 사업을 할 수 있는 거대 테크 기업이 오프라인 공간의 유동 인구를 기반으로 하는 전통적 기업보다 좋은 성과를 내고 있습니다.

하지만 저는 양극화를 조금 다르게 봅니다. 수익률이 좋았던 기업을 보면 자본 집약적이지 않고, 매우 적은 재투자를 요구하며, 매우 높은 투자수익률을 기록했습니다. 이는 제가 책에서 이야기한 100배 주식의 원칙을 증폭시킨다고 볼 수 있습니다. 워런 버핏은 일명 '팽FANG'(페이스북, 애플, 넷플릭스, 구글)에 대한 질문을 받았을 때, 그 기업들이 큰 규모의 투자가 없어도 성장할 수 있기 때문에 시장 지배력이 더욱 강해질 것이라 생각한다고 말했습니다. 따라서 이러한 기업들은 자본 집약적인 기존 기업에 비해서 높은 밸류에이션을 받을 가능성이 높습니다.

저는 주식의 양극화를 이런 방식으로 봅니다. 그리고 이와 함께 새로운 기회가 열릴 것입니다. 작은 규모의 사업 구조를 가진 테크 기업이 성장할 공간이 활짝 열리기 때문입니다. 다시 한번 말씀드리지만, 100배 주식을 찾는 데 집중하는 걸 추천드립니다.

분산과 집중

WBP: 100배 주식은 굉장히 희귀하고 선별하기도 무척 어렵습니다. 포트폴리오를 어떻게 집중해야 유의미한 수익을 올리고, 어떻게 분산해야

100배 주식을 찾을 확률이 높아질까요?

C. M.: 네, 아주 좋은 질문입니다. 제 생각에 포트폴리오를 얼마나 집중하느냐는 개인의 성향에 달린 것 같습니다. 저 같은 경우에는 12개 정도, 최대 15개의 주식을 보유합니다. 그 이유는 종목의 수가 그보다 많으면 제 분석력이 분산되기 때문입니다. 만약 주식의 수가 30~40개가 된다면 제가 진정으로 그 기업들을 이해하기는 힘들 것이고, 그렇게 투자하면 약간의 도박을 하게 될 것입니다. 그래서 저는 좀 더 선별적인 접근을 선호합니다.

말씀하신 것처럼, 100배 주식은 매우 희귀하기 때문에 그것을 찾으려고 나서면 처음부터 수많은 주식을 쳐내게 될 것입니다. 이익률이 작거나, 기업의 규모나 너무 크거나, 100배 주식이 되기 어려운 조건의 기업은 대부분 제외할 겁니다. 그러다 보면 100배 주식 후보군은 매우 적어질텐데, 그 안에서 선별적으로 접근해야 합니다. 그렇기 때문에 저는 15개 미만의 주식에 집중하는 투자 전략을 추천합니다. 그리고 이렇게 접근하면 100배 주식을 찾게 되었을 때 더 큰 수익을 얻을 수 있겠지요. 다시 한번 말씀드리지만, 포트폴리오의 집중도는 개인이 집중으로 인한 변동성의 증가를 얼마나 견딜 수 있는지와 같은 개인 성향을 고려해야 합니다.

현금 비중과 레버리지

WBP: 통상적인 상황에서 일정한 현금 비중을 유지하나요? 유지한다면 그 이유가 무엇인지 궁금합니다.

C. M.: 저의 통상적인 현금 비중은 5퍼센트 미만, 즉 거의 모든 자금을 투자하고 있습니다. 현재는 현금 비중이 18퍼센트 정도지만, 이는 펀드에 신규 자금 유입이 있었고 코로나19 사태로 인해 소수의 종목을 정리하여 생긴 자금을 아직 투자하지 못했기 때문입니다. 만약 현금 비중이 크다면, 그 이유를 물어야 합니다. 시장 타이밍을 맞추려고 하는 것이라면 이는 매우 어렵다는 것만 말해두겠습니다.

WBP: 100배 주식에 장기적으로 레버리지를 사용하여 투자하는 것에 대한 의견이 궁금합니다.

C. M.: 흥미로운 질문이네요. 당연히 레버리지를 사용하면 성과가 크게 증폭될 겁니다. 그러나 저는 레버리지가 투자자를 강해져야 할 때 약하게 만들기 때문에 선호하지 않습니다. 시장이 투자자와 반대 방향으로 움직일 경우, 레버리지는 더 큰 손실로 돌아옵니다. 만약 투자자가 그 하락을 견뎌낼 수 있다면 10~20퍼센트의 레버리지는 장기적으로 수익을 증폭시킬 수 있습니다. 하지만 저는 레버리지가 리스크를 확대한다고 생각하기에 전혀 사용하지 않습니다.

트레이딩과 100배 주식

WBP: 트레이딩을 통하여 탁월한 수익률을 올리기는 매우 어렵습니다. 100배 주식을 찾고 오랫동안 보유하기도 매우 어렵습니다. 두 전략 중 어떤 전략의 승률이 더 높다고 생각하시나요?

C. M.: 전문투자자가 무척 높은 회전률로 많은 수익을 얻는 것을 볼 수 있습니다. 저는 그것이 굉장히 어려운 길이라고 생각합니다. 저는 대부분의 사람, 투자 전문가로서 온종일 주식 시장을 보고 있지 않은 사람의 장점은 장기적인 관점으로 투자할 수 있는 점이라고 봅니다. 따라서 저는 대부분의 사람에게 유리한 전략은 훌륭한 기업에 투자하고 오랫동안 이를 보유하는 것이라 믿습니다.

책에 '커피캔 전략'에 대한 내용이 있습니다. 커피캔은 훌륭한 주식을 장기보유하기 위한 매우 유용한 도구입니다. 커피캔은 예전의 미국 서부에서 귀중품을 커피캔에 넣고 숨기거나 땅에 묻어둔 데서 유례합니다.

투자에서도 아이디어는 같습니다. (포트폴리오에서 일정 부분의) 보물 같은 주식을 커피캔에 넣고 내버려두는 겁니다. 커피캔에 넣고 "팔지 않을 것이다"라고 선언하는 것이죠. 이러한 훌륭한 기업에 집중하는 전략이 대부분의 사람에게 더 큰 승산이 있다고 생각합니다. 물론 중간에 놓치는 기회도 있겠죠. 하지만 나중에 그 커피캔을 열어보았을 때 깜짝 놀랄 만한 고수익의 주식이 있을 것입니다.

매수와 매도 시점

WBP: 100배 주식 후보를 찾았을 경우, 그 주식이 지금 매력적인 가격 구간에 있는지를 판단하는 기준이 있나요? 그리고 100배 주식에 성공적으로 투자를 하고 있다면, 100배 주식을 매도하기 좋은 시점은 언제인가요? (질문자: 길다가쿵햇져)

C. M.: 네, 밸류에이션에 대한 아주 좋은 질문입니다. 빼어난 기업을 찾았을 때 얼마의 가격을 지불할 것인가는 모든 투자자가 고민하는 점이기도 합니다. 훌륭한 기업의 주식은 대부분 숨겨진 비밀 같은 주식이 아니기 때문에 주가가 투자자가 부담 없다고 느끼는 가격보다 높을 가능성이 높습니다.

매력적인 가격에 정해진 마법 같은 기준은 없습니다. 기업 자체의 경쟁력과 기업이 속해 있는 산업에 달려 있습니다. 제가 100배 주식을 분석하면서 알게 된 한 가지는 밸류에이션이 물론 중요하긴 하지만 그보다 기업 자체의 경쟁력이 중요하다는 것입니다. 어느 한 선배 투자자가 말해준 이야기가 있습니다. 스타벅스의 성장 초창기에도 그는 스타벅스 주식에 PER 40배 이상의 가격을 지불할 수 없었다고 합니다. 그래서 그는 투자를 하지 못했지만 그 후로 스타벅스는 100배 이상의 수익을 냈습니다. 그의 사무실에는 이 같은 실수를 반복하지 말라는 징표 같은 것이 있다고 합니다.

훌륭한 기업을 찾게 되면 높은 확률로 높은 가격을 지불하게 될 것입니다. 테크 버블 당시 아마존에 투자했어도 43배 수익이 난 것과 마찬가지로, 빼어난 기업을 찾았다면 어느 정도 높은 가격에라도 투자하는 것이 맞다고 생각합니다. 나중에 주가가 하락하는 것이 우려된다면, 처음 투자할 때는 일정 비중만 투자하고 나중에 추가 투자를 하는 것도 방법입니다.

매도 시점에 대한 질문은 아마도 투자에서 가장 어려운 질문 중 하나일 것입니다. 저는 '매도를 잘하는' 투자자를 한 명도 알지 못합니다. 위대한 주식에 투자하고 있다면, 매도를 하고 나중에 되돌아 봤을 때 주가가 더 상승해 있을 가능성이 높습니다. 돌이켜보면 '팔지 말았어야 했는데'라며 후회할 수도 있습니다.

매도는 두 가지 경우에 이루어져야 합니다. 하나는 투자 포인트가 틀렸을 경우입니다. 물론 말이 쉽지 실제로 행하기는 무척 어렵습니다. 우리 심리는 자신이 처한 상황을 계속 왜곡해서 인식하기 때문입니다. 이를 극복하는 한 가지 방법은 주식의 투자 포인트와 시나리오를 구체적으로 적고 그것과 어긋나면 매도하는 것입니다.

다른 경우는 이전에 말했듯이 현금 비중이 거의 없이 모든 자금이 투자되어 있는 상황에서 아주 매력적인 기업을 발견했을 때입니다. 하지만 기존에 보유하고 있는 훌륭한 기업에 대한 투자를 줄이기 위해서는 매우 신중해야 하고, 신규 주식에 대한 기준이 매우 높아야 할 것입니다. 다시 한번 말씀드리지만, 종목을 자주 바꾸는 것은 매우 어려운 게임입니다. 책에 매도와 관련된 장이 있으니, 읽어 보시길 권합니다.

장기보유와 리밸런싱

WBP: 100배 주식을 장기적으로 계속 보유하지 않고, 단기적인 변동이 일어나는 시기에 고점에서 매도하고 저점에서 매수하는 일을 반복하며 이를 통해 수익률을 극대화하려는 시도에 대해서는 어떻게 생각하시나요? (질문자: 오호섭)

C. M.: 그것도 좋은 전략일 수 있지만, 100배 주식의 길은 아닙니다. 100배 주식의 주 재료는 높은 이익률과 시간입니다. 만약 투자자의 관점이 단기간에 집중되어 있다면 비범한 수익을 얻기는 어렵습니다.

하지만 한 투자자가 다양한 전략을 구사할 수는 있습니다. 일정 부분 100배 주식 전략에 집중을 하고 일정 부분 단기적인 충동을 충족시키는 단기 트레이딩을 할 수도 있습니다. 고점 매수, 저점 매도는 실제로는 굉장히 어렵습니다. 몇 번은 좋은 성과가 나올 수도 있지만 좋지 않은 성과가 나올 때는 무척 고통스럽습니다. 투자는 오랫동안 이어지는 게임입니다. 따라서 10~20년 동안 추구하고 싶은 전략이 무엇인지 신중히 생각해야 합니다.

WBP: 주식 시장이 급락하거나, 아니면 장기적인 침체의 징후가 확실해 보일 때 100배 주식 전략에서는 어떻게 대응하나요? 급락할 때는 리밸런싱을 하나요? 장기적인 약세장에는 비중 축소를 하나요?

C. M.: 2020년 3월처럼 시장이 급락할 때 저도 포트폴리오 리밸런싱을 합니다. 주식의 하락폭이 너무 극단적이었고 제 기준에 매력적인 기업이 여럿 생겼기 때문입니다. 덜 하락한 종목들이 있었기 때문에 약간의

리밸런싱이 가능했습니다. 하지만 대부분의 경우 저는 훌륭한 기업을 쳐내는 일을 주저합니다. 만약에 리밸런싱을 한다면 주로 연말에 합니다. 훌륭한 기업을 포트폴리오에서 제외하는 데 신중해야 하고, 이러한 면에서는 투자 조건에 제약이 없는 개인 투자자가 좋습니다.

저 같은 기관 투자자는 '펀드에서 한 종목의 편입 비중이 20퍼센트를 넘어서는 안 된다'와 같은 제한들이 있습니다. 만약 어떤 주식이 계속 상승을 하여 20퍼센트 상한에 도달하면 어찌 보면 좋은 일이겠지만 문제이기도 합니다. 하지만 개인 투자자는 이러한 제약이 없습니다. 만약 100배 주식에 성공적으로 투자한다면, 해당 종목은 포트폴리오에서 큰 비중을 차지하게 될 겁니다. 해당 종목의 비중을 조절하는 것은 개인의 성향에 달렸습니다.

참고 견디는 법

WBP: 가장 많은 독자가 물은 질문입니다. 수많은 소음, 유혹, 지루함, 상승의 희열과 하락의 고통 속에 어떻게 주식을 팔지 않고 장기간 버틸 수 있나요? (질문자: 이슬기)

C. M.: 네, 어렵죠. 일단 가격 변동에 반응하지 않도록 자신을 단련해야 합니다. 미국 기업은 분기마다 실적 공시를 합니다. 저는 분기마다 기업에 대해서 자세히 업데이트를 합니다. 많은 유럽 기업은 반기별로 실적 공시를 합니다. 그러면 더 쉽죠. 반기에 한 번씩만 보면 되니까

요. 주가나 단기 소음이 아니라 기업에 집중하는 것을 추천합니다. 물론 이를 실천하기가 어렵다는 것을 잘 압니다. 하지만 본인을 단련시키는 것 외에는 딱히 방법이 없습니다. 규율과 단련이 핵심이라고 생각합니다.

WBP: 이번 급락장에서 한국 투자자도 정말 힘든 시기를 겪었습니다. 당신도 힘들었을텐데, 금융 위기나 코로나 같은 극심한 공포의 시기에 주식을 팔지 않고 버티는 비법이 있다면 무엇일까요? (질문자: 구희엽)

C. M.: 공포의 시기는 종종 도래합니다. 저는 테크 버블과 서브프라임모기지 사태, 두 개의 큰 급락장을 겪었습니다. 당시에 무척 힘들었습니다. 하지만 제가 꼭 기억하려고 하는 사실은 가장 위대한 기업조차도 엄청난 하락을 여러 번 경험했다는 것입니다. 책에서 가장 좋은 성과를 보인 버크셔 해서웨이도 주가가 세 번이나 반토막이 났습니다. 지난 50년 동안 주식시장에서 가장 높은 수익률을 보인 기업의 주가가 세 번이나 반토막이 난 것입니다. 만약 그 당시에 패닉하여 주식을 팔았다면 얼마나 큰 실수였을지 생각해 보세요.

　버크셔 해서웨이 주식이 7년 동안 지지부진하던 시기도 있었습니다. 7년 동안 움직이지 않는 주식을 보유하는 게 얼마나 어려울지 상상해 보세요. 이 책이 저에게 의미가 있는 이유는, 책에서 100배 주식을 연구하기 위해 살펴본 시기를 봤을 때, 그 사이에 정말 많은 일이 있었음에도 결국에는 위대한 수익률을 기록한 수많은 사례가 나타났기 때문입니다. 하락은 힘들지만 믿음과 인내를 가지고 견디시길 바랍니다. 이 또한 지나갈 겁니다.

100배 주식의 발굴

WBP: 100배 주식에 대한 아이디어를 어디서 얻고, 어떻게 선별하나요?

C. M.: 자주 받는 질문입니다. 좀 더 구체적인 대답을 드릴 수 있으면 좋겠지만, 아시다시피 손쉬운 기준은 없습니다. 그렇게 찾기 쉬웠다면 훨씬 많은 100배 주식이 있겠죠. 100배 주식에 대한 아이디어를 얻기 위해 저는 아주 많이 읽습니다. 특히 시장이 크고 성장이 장기간 지속될 것 같은 흥미로운 기업에 대해 최대한 많이 읽으려고 합니다.

다른 방법으로는 지난 5~10년간 가장 성공한 기업들을 살핍니다. 작은 기업부터 대기업까지, 그냥 모두 검토해 봅니다. 지난 5~10년간 성공적이었던 기업이라면 핵심 경쟁력이 있을 테니까요. 최고의 성과를 낸 기업을 분석하면 책에서 이야기한 100배 주식의 요소들을 발견할 수 있습니다. 대개 이익률이 높고 자본을 활발하게 재투자합니다.

신흥 시장과 선진 시장

WBP: 내수 시장의 규모, 경제 성장률, 산업 구성, 기술 경쟁력 등 여러 요소를 고려했을 때, 신흥국이 선진국보다 100배 주식을 찾기에 더 유리한 조건인가요?

C. M.: 저는 국가 구분은 무시하라고 말씀드리고 싶습니다. 예를 들어, 미국은 이미 완숙한 거대한 시장이지만 지난 20년 동안 페이스북이나 구

글과 같은 혁신적인 기업들이 계속해서 등장했습니다. 그리고 기업의 성장 기회는 기업이 어떤 시장에 상장되어 있느냐에 국한되지 않습니다. 미국, 유럽, 일본, 한국과 같은 국가에 상장되어 있는 기업들 중에 상장 국가에서 뿐만 아니라 글로벌 시장에서 사업을 하는 기업이 매우 많습니다. 예를 들어 중국이 높은 경제 성장률을 보인다고 꼭 중국에 투자를 해야 한다는 식으로 국가나 특정 시장에 한정해서 생각하지 않으시길 바랍니다. 다른 완숙한 시장에서도 훌륭한 기업이 많고, 어쩌면 그 기업들이 빠르게 성장하는 국가에서 사업을 하고 있을 수도 있습니다. 국가나 시장으로 생각하지 마시고 기업과 사업 수준에서 생각하시길 바랍니다.

영향을 미친 인물과 책

WBP: 어떤 투자자가 당신에게 가장 큰 영향을 주었나요?

C. M.: 워런 버핏과 찰리 멍거를 꼽을 수밖에 없겠습니다. 제가 처음으로 주식을 접했을 때 그들을 공부했기 때문이죠. 워런 버핏에 대한 책과 그가 쓴 주주 서한들을 읽었습니다.

제가 여전히 투자를 공부하고 있을 때 피터 린치의 책들이 나왔고 저에게 많은 영향을 줬습니다. 좀 더 최근의 투자자는 제가 책에서도 언급한 척 아크리입니다. 앞의 투자자들만큼 잘 알려져 있진 않지만 그도 마찬가지로 굉장한 수익률을 기록했고 2개의 100배 주식을 발굴했습니다. 그도 많은 영감을 줬습니다.

WBP: 투자에 관한 책 몇 권을 추천해주실 수 있을까요?

C. M.: 제 책에 영감을 준 토마스 펠프스의 『주식시장의 100대 1』을 추천합니다. 그 책에서 펠프스는 1930년대부터 1970년대까지의 100배 주식을 연구합니다. 피터 린치의 책도 기업을 발굴하는 방법에 대해 읽을 수 있는 재미있는 책입니다. 찾기는 어려울 수도 있지만 마틴 소스노프의 『월스트리트의 겸손』도 좋습니다. 소스노프의 1960년대 투자 경험기를 담은 책인데, 추천하는 이유는 기업 내부자들의 이해관계를 일치시키는 것이 중요함을 알려주었기 때문입니다. 랄프 웬저의 『작지만 강한 기업에 투자하라』도 소형주 투자와 트렌드를 읽는 방법을 알기 좋은 책입니다.

인생과 투자에서의 가치관

WBP: 어디서 투자자로서 동기 부여를 받고 영감을 얻나요?

C. M.: 현재는 펀드를 운용하고 있기 때문에, 펀드에 가입한 파트너들에게 좋은 성과를 돌려 주어야 한다는 것에서 가장 큰 동기 부여를 받습니다. 제 펀드에는 10여 명의 파트너만 가입되어 있는데요, 모두 훌륭한 분들입니다. 저를 믿고 투자를 하고 있는 만큼 꼭 좋은 수익률로 보답하고 싶습니다.

무언가를 잘한다는 것은 큰 기쁨을 줍니다. 그것도 제가 투자하는 이유 중 하나죠. 기업을 분석하고, 투자 포인트를 결정하고, 실제로 그것이 구현되는 것을 목격하고, 기업이 성장하는 것을 함께 하면 매우 만족스럽습니다. 투자자로서 기업에 굉장히 오랫동안 투자하여 그 기간 동안 기업이 얼마나 어떻게 성장했는지 보는 것은 커다란 보상입니다.

WBP: 투자 이외에 인생에서 가장 중요한 가치는 무엇인가요? (질문자: 반달엑스)

C. M.: 투자에는 끝이 없기 때문에 균형을 찾는 것이 중요합니다. 저에게는 가족과의 시간이 중요합니다. 그리고 많은 시간을 독서와 고민과 숙고에 할애합니다. 투자뿐만 아니라 철학이나 전기나 영적 깨달음 등 여러 분야의 책을 읽기 때문에 내면의 건강을 위한 시간을 확보하려 합니다.

WBP: 마지막으로 인터뷰를 위해 시간을 내주셔서 감사합니다. 책과 인터뷰를 통해 독자분들이 100배 주식을 찾기를 기원하겠습니다.

부록 2

한국의 100배 주식 전 종목 리스트

일러두기

- '한국의 100배 주식' 목록은 한국 증시에 외국인 투자가 활성화되기 시작한 90년대 부터 본 도서가 출판되기 전 마지막 분기 거래일인 2019년 3월 29일까지의 자료에 기반하여 작성하였다.
- 본 자료는 블룸버그 수정주가 기준으로 작성 되었으며 기업 분할·합병 등 수정주가로 추적이 불가능한 이벤트는 반영되지 않았다.
- 한국 시장의 기업지배구조 특성으로 인한 다수의 지주회사, 특정 테마 주식의 큰 폭의 등락, IT버블이나 소위 차화정으로 불리는 자동차/화학/정유와 같이 특정 시기에 특정섹터의 오버슈팅 등 다양한 비정상적 변수들을 감안하고 본다면 대부분의 주식이 100배 수익률을 기록하기 위해 10년 이상의 장기간이 걸렸다. 독자들도 본인의 커피캔 포트폴리오를 구축하여 100배 주식을 찾기 위해 이 부록이 도움이 되길 바란다.

요약

수익률

- 1990년 1월 1일부터 본 자료가 출판되기 전 마지막 분기 말일인 2019년 3월 29일 까지의 데이터를 분석 하였을 때 한국에는 총 110개의 100배 주식이 있었다.
- 110개 주식의 평균 100배 도달 기간은 12.6년이였으며 100배 도달 소요 기간은 15~20년 걸린 주식이 32개로 가장 많았고, 10~15년 26개, 5~10년 22개, 0~5년이 19개 순으로 많았다.
- 최저가부터 최고가까지 최고수익률의 평균은 206배 였고, 최고수익률은 100~150배 주식이 44개, 150~200배 32개, 200~250배 15개 순으로 대부분을 차지했다.

100배 소요 기간(년, 개)			
최소	0.4	0~5년	19
최고	27.4	5~10년	22
평균	12.6	10~15년	26
중앙값	12.8	15~20년	32
		20~25년	9
		25~30년	2

최고수익률(배수, 개)			
최소	102	100~150배	44
최고	1,154	150~200배	32
평균	206	200~250배	15
중앙값	161	250~300배	19

거래시장별 구분

- 거래시장으로 구분해보면, 100배 주식 중 71개 주식은 유가증권시장에 상장되어 있으며, 39개의 주식은 코스닥 시장에 상장되어 있다.
- 코스피 상장 100배 주식의 평균 100배 도달 기간은 15년 이며, 최저가부터 최고가 까지의 최고수익률의 평균은 195배, 최저가부터 최고가 까지의 평균 기간은 17.3년이었다.
- 코스닥 상장 100배 주식의 평균 100배 도달 기간은 8.3년으로 코스피 100배 주식의 기간보다 짧았으며, 평균 최고수익률은 227배, 평균 최고수익률 기간은 11.1년으로 더 높은 최고수익률과 더 짧은 기간을 보였다.
- 이는 두 시장의 특성의 차이를 보여 준다. 코스피 시장의 100배 주식은 수가 더 많았고 장기간 동안 꾸준한 주가 상승을 보였지만, 코스닥의 100배 주식은 비교적 적은 수에 단기간에 고수익을 보였다.

거래시장	개수	최고수익률(배수)	100배 기간(년)	최고가 기간(년)
코스피	71	195	15.0	17.3
코스닥	39	227	8.3	11.1
합계	110	206	12.6	15.1

산업별 구분

- 100배 주식이 가장 많이 나온 산업은 산업재 섹터로 총 21개의 100배 주식이 있었고, 경기소비재와 필수소비재는 각 16개 100배 주식을 배출하였다. 장기간 동안 경제 성장과 함께 꾸준히 발전을 지속해 온 산업재, 경기소비재, 필수소비재 섹터에 가장 많은 100배 주식이 있었음을 볼 수 있다.
- 통신서비스 섹터에서는 1개의 100배 주식이 나왔고, 에너지 섹터 역시 3개의 100배 주식으로 적은 수를 기록하였다.
- 흥미로운 점은 16개의 지주사가 100배 초과의 수익률을 기록하여 산업 순으로 4번째 많은 100배 주식을 배출하였단 점이다.

산업	개수	최고수익률(배)	100배 기간(년)	최고수익률 기간(년)
IT	8	150	10.5	12.0
경기소비재	16	267	14.7	16.9
금융	6	193	8.9	14.5
산업재	21	200	10.0	13.4
소재	12	201	12.4	15.9
에너지	3	161	5.5	6.6
의료	11	172	12.6	15.2
지주사	16	213	15.9	17.2
통신서비스	1	219	9.2	9.5
필수소비재	16	215	14.9	16.2
합계	110	206	12.6	15.1

분류별 순위 리스트

일러두기

- 시작가는 상장일이 1990.1.1 이후인 경우 상장일 증가, 이전인 경우는 1990.1.1 증가
- 마지막가는 2019.3.29일 증가 (조사기간 마지막일 증가)
- 기간수익률은 시작가와 마지막가 사이의 수익률, 최고수익률은 최저가와 최고가 사이의 수익률
- 100배 기간은 최저가부터 100배 도달 까지의 기간, 최고가 기간은 최저가부터 최고가까지의 기간
- 단위: 억원, 원, 년

① 최고수익률 순

종목명	거래시장	산업	시가총액	시작가	마지막가	최저가	최고가	최고수익률	기간수익률	최고수익률기간	100배기간
아난티	KOSDAQ	경기소비재	12,636	67	15,350	27	31,150	115,270%	22,810%	20.2	8.6
크라운해태홀딩스	KOSPI	지주사	1,842	1,090	11,900	119	87,660	73,564%	992%	17.1	6.6
무학	KOSPI	필수소비재	3,634	253	12,750	93	64,792	69,569%	4,940%	16.6	12.5
대호피앤씨	KOSDAQ	소재	827	4,109	1,045	36	18,107	50,197%	-75%	1.7	0.7
하이록코리아	KOSDAQ	산업재	2,580	84	18,950	84	38,900	46,210%	22,460%	19.0	10.8
웅진코웨이	KOSPI	경기소비재	69,741	882	94,500	255	113,000	44,214%	10,614%	18.3	7.9
삼목에스폼	KOSDAQ	산업재	2,080	501	14,150	99	42,779	43,111%	2,724%	17.1	9.8
리노스코스메틱	KOSDAQ	필수소비재	1,935	376	10,650	285	117,200	41,023%	2,732%	12.3	12.0
SPC삼립	KOSPI	필수소비재	12,296	57,391	142,500	1,029	411,500	39,890%	148%	17.1	16.1
이화공영	KOSDAQ	산업재	1,226	242	6,190	67	25,502	37,963%	2,458%	9.1	9.0
황금에스티	KOSPI	소재	1,308	807	9,340	44	16,100	36,491%	1,057%	19.9	1.7
한미사이언스	KOSPI	지주사	50,111	684	77,400	448	162,729	36,223%	11,216%	22.9	22.8
F&F	KOSPI	경기소비재	12,412	722	80,600	307	103,500	33,613%	11,063%	20.7	19.4
대림B&Co	KOSPI	산업재	894	1,848	5,360	91	29,000	31,768%	190%	17.1	16.8
파미셀	KOSPI	의료	7,075	686	11,800	79	25,150	31,735%	1,620%	19.7	11.0

종목명	거래시장	산업	시가총액	시작가	마지막가	최저가	최고가	최고수익률	기간수익률	최고수익률기간	100배기간
우리온홀딩스	KOSPI	지주사	11,621	766	18,550	294	87,640	29,710%	2,322%	16.9	13.0
한세예스24홀딩스	KOSPI	지주사	3,712	106	9,280	106	31,250	29,381%	8,655%	19.1	18.2
삼천리자전거	KOSDAQ	경기소비재	1,058	305	7,970	117	30,093	25,621%	2,513%	10.9	10.8
신라섬유	KOSDAQ	금융	532	206	2,190	36	9,230	25,539%	963%	16.7	1.8
현대모비스	KOSPI	경기소비재	202,962	14,218	208,500	1,674	414,500	24,661%	1,366%	13.1	11.3
세명전기	KOSDAQ	산업재	933	65	6,120	65	15,700	24,054%	9,315%	21.9	3.4
진원생명과학	KOSPI	의료	942	2,129	4,450	242	58,000	23,867%	109%	8.2	8.0
동원산업	KOSPI	필수소비재	7,836	6,870	233,000	1,672	399,000	23,764%	3,292%	15.4	13.2
태광	KOSDAQ	산업재	2,995	166	11,300	166	38,500	23,093%	6,707%	11.9	3.7
삼광글라스	KOSPI	소재	1,893	6,793	39,000	520	119,500	22,881%	474%	17.1	9.4
한화갤러리아타임월드	KOSPI	경기소비재	2,049	19,037	34,150	875	200,000	22,757%	79%	17.0	17.0
삼성전자	KOSPI	IT	2,963,804	412	44,650	251	57,220	22,697%	10,737%	25.5	19.8
넥센타이어	KOSPI	경기소비재	9,946	5,563	9,920	98	22,200	22,553%	78%	13.5	12.7
빙산	KOSPI	산업재	2,005	1,748	2,925	56	12,650	22,489%	67%	17.1	16.2
SK텔레콤	KOSPI	통신서비스	203,075	2,933	251,500	2,201	481,000	21,754%	8,475%	9.5	9.2
리드코프	KOSDAQ	금융	1,573	669	5,880	577	124,563	21,488%	779%	1.7	1.6

종목명	거래시장	산업	시가총액	시작가	마지막가	최저가	최고가	최고수익률	기간수익률	최고수익기간	100배기간
삼성화재	KOSPI	금융	149,110	2,671	301,000	1,570	328,000	20,792%	11,169%	25.1	16.2
피제이전자	KOSDAQ	의료	756	371	5,040	49	10,133	20,580%	1,258%	14.5	1.5
롯데푸드	KOSPI	필수소비재	7,187	13,472	635,000	5,654	1,157,711	20,376%	4,613%	17.2	14.3
한국금양홀딩스	KOSPI	지주사	6,907	1,294	38,500	449	89,500	19,833%	2,875%	17.0	16.3
제일파마홀딩스	KOSPI	지주사	3,794	1,478	23,750	778	154,774	19,794%	1,507%	23.8	23.7
DB손해보험	KOSPI	금융	48,640	875	68,700	426	83,800	19,571%	7,751%	25.6	15.8
윤풍물산	KOSDAQ	경기소비재	1,271	287	3,310	74	14,415	19,380%	1,053%	16.8	16.7
삼일기업공사	KOSDAQ	산업재	392	850	3,165	27	5,200	19,159%	272%	17.7	8.9
아모레G	KOSPI	지주사	59,272	2,200	69,600	1,099	208,000	18,826%	3,064%	23.6	22.7
네이처셀	KOSDAQ	필수소비재	6,659	1,607	12,550	330	62,200	18,748%	681%	5.0	4.9
롯데칠성	KOSPI	필수소비재	14,731	23,408	1,771,000	14,480	2,726,569	18,730%	7,466%	23.6	15.2
에스모	KOSDAQ	경기소비재	5,278	223	6,020	75	13,950	18,500%	2,600%	13.9	13.6
삼보산업	KOSDAQ	소재	260	705	6,310	227	41,473	18,170%	795%	1.4	1.3
대원산업	KOSDAQ	경기소비재	1,214	283	6,060	69	12,555	18,096%	2,041%	16.7	15.4
동화기업	KOSDAQ	소재	3,717	898	18,400	262	47,153	17,897%	1,949%	16.9	9.2
셀트리온	KOSPI	의료	231,596	6,076	181,000	2,191	366,947	16,648%	2,879%	10.1	10.0

부록 2. 한국의 100배 주식 전 종목 리스트

종목명	거래시장	산업	시가총액	시작가	마지막가	최저가	최고가	최고 수익률	기간 수익률	최고 수익률기간	100배기간
한글과컴퓨터	KOSDAQ	IT	3,105	9,942	13,450	1,618	267,310	16,421%	35%	1.6	1.6
OCI	KOSPI	에너지	22,156	83,772	92,900	3,891	640,000	16,348%	11%	12.6	9.6
진양산업	KOSPI	소재	460	171	3,540	46	7,550	16,313%	1,970%	23.7	23.6
코미팜	KOSDAQ	의료	13,327	1,244	22,950	319	52,214	16,268%	1,745%	11.4	10.9
큐캐피탈	KOSDAQ	금융	897	2,445	641	131	21,371	16,214%	-74%	1.3	1.2
사조산업	KOSPI	필수소비재	2,655	13,523	53,100	700	114,000	16,186%	293%	16.8	16.7
대신정보통신	KOSDAQ	IT	517	746	1,345	65	10,500	16,054%	80%	1.5	1.3
서부T&D	KOSDAQ	경기소비재	5,455	179	9,840	124	20,013	16,040%	5,397%	16.9	13.2
동아쏘시오홀딩스	KOSPI	산업재	506	167	288	23	3,697	15,974%	72%	16.6	8.9
중앙에너비스	KOSDAQ	에너지	437	222	7,010	134	21,524	15,963%	3,058%	2.6	2.6
태웅	KOSDAQ	에너지	1,947	2,760	9,730	820	130,500	15,815%	253%	4.6	4.3
금호석유	KOSPI	소재	30,026	8,400	95,200	1,590	253,000	15,812%	1,033%	13.2	12.9
영원무역홀딩스	KOSPI	지주사	8,727	1,248	64,000	740	117,500	15,778%	5,028%	22.8	21.3
NAVER	KOSPI	IT	204,369	1,463	124,000	1,217	192,000	15,676%	8,376%	14.6	10.9
특수건설	KOSDAQ	산업재	886	1,164	5,910	261	40,950	15,590%	408%	9.3	9.1
한온시스템	KOSPI	경기소비재	60,586	93	11,350	93	14,550	15,545%	12,104%	21.2	17.7

종목명	거래시장	산업	시가총액	시작가	마지막가	최저가	최고가	최고수익률	기간수익률	최고수익률기간	100배기간
하나투어	KOSPI	경기소비재	8,410	2,514	72,400	1,222	187,500	15,244%	2,780%	14.6	14.3
롯데케미칼	KOSPI	소재	99,570	7,974	290,500	3,128	474,500	15,069%	3,543%	25.5	18.4
한올바이오파마	KOSPI	의료	17,788	621	34,050	277	41,600	14,918%	5,383%	25.8	25.8
신풍제약	KOSPI	의료	4,019	1,177	7,330	79	11,800	14,837%	523%	19.6	17.6
동서	KOSPI	필수소비재	19,641	335	19,700	318	47,000	14,680%	5,781%	19.1	18.8
한익스프레스	KOSPI	산업재	563	1,364	4,695	99	14,450	14,496%	244%	17.8	16.9
동원F&B	KOSPI	필수소비재	9,860	8,500	255,500	3,845	560,000	14,464%	2,906%	14.6	14.2
휴맥스홀딩스	KOSDAQ	지주사	430	4,545	3,415	597	86,937	14,462%	-25%	3.7	3.6
대림산업	KOSPI	산업재	35,010	18,418	96,400	1,404	202,500	14,323%	423%	9.3	9.0
현대미포조선	KOSPI	산업재	23,486	10,403	58,800	1,393	197,776	14,098%	465%	5.1	4.7
삼화콘덴서	KOSPI	산업재	5,769	3,555	55,500	775	107,500	13,771%	1,461%	13.9	13.8
동신건설	KOSDAQ	산업재	492	750	5,860	194	26,450	13,534%	681%	8.6	8.4
GS건설	KOSPI	산업재	34,003	11,533	42,600	1,347	182,629	13,458%	269%	9.3	9.1
동일철강	KOSDAQ	소재	310	375	4,215	355	47,915	13,397%	1,024%	8.6	8.6
영풍	KOSPI	IT	14,736	23,566	800,000	12,620	1,680,000	13,212%	3,295%	21.5	19.7
솔본	KOSDAQ	의료	1,319	1,075	4,825	1,075	143,000	13,202%	349%	0.5	0.4

종목명	거래시장	산업	시가총액	시작가	마지막가	최저가	최고가	최고수익률	기간수익률	최고수익률기간	100배기간
롯데지주	KOSPI	지주사	52,322	696	49,400	603	79,616	13,103%	6,998%	24.4	22.8
경동제약	KOSDAQ	의료	2,788	116	10,500	116	15,100	12,917%	8,952%	19.0	18.0
포스코케미칼	KOSDAQ	소재	35,560	1,240	60,200	609	78,100	12,724%	4,755%	15.8	15.6
아트라스BX	KOSDAQ	IT	5,746	1,141	62,800	507	64,500	12,622%	5,404%	18.5	18.0
삼성엔지니어링	KOSPI	산업재	31,556	13,040	16,100	1,381	174,857	12,562%	23%	10.6	10.3
일동홀딩스	KOSPI	지주사	1,364	2,135	12,400	311	38,046	12,133%	481%	16.8	16.8
종근당홀딩스	KOSPI	지주사	3,427	6,365	68,400	1,209	146,000	11,976%	975%	12.3	12.3
소프트센	KOSDAQ	IT	524	4,521	1,500	426	51,195	11,918%	-67%	1.6	1.6
누루홀딩스	KOSPI	지주사	1,696	1,400	12,500	338	40,450	11,867%	793%	17.1	17.0
오뚜기	KOSPI	필수소비재	27,796	19,687	771,000	12,000	1,425,000	11,775%	3,816%	14.5	14.1
아이에스동서	KOSPI	산업재	9,688	16,844	31,400	743	88,000	11,744%	86%	14.6	4.8
디오	KOSDAQ	의료	5,742	4,250	37,850	505	59,700	11,722%	791%	11.4	11.4
오스템	KOSDAQ	경기소비재	900	764	3,460	66	7,800	11,718%	353%	19.2	19.2
서연	KOSPI	지주사	994	612	4,235	195	22,950	11,669%	592%	16.0	15.3
메리츠화재	KOSPI	금융	27,624	1,899	24,300	240	27,500	11,358%	1,180%	16.8	16.6
부광약품	KOSPI	의료	12,134	364	19,100	217	24,800	11,329%	5,147%	27.2	24.3

종목명	거래시장	산업	시가총액	시작가	마지막가	최저가	최고가	최고수익률	기간수익률	최고수익률기간	100배기간
한화	KOSPI	산업재	26,222	10,047	30,400	789	88,912	11,169%	203%	9.3	9.2
조광피혁	KOSPI	경기소비재	2,370	5,004	35,650	1,334	149,000	11,069%	612%	16.6	16.3
사조오양	KOSPI	필수소비재	839	10,769	8,900	492	53,726	10,820%	-17%	9.1	9.1
LG생활건강	KOSPI	필수소비재	238,863	13,650	1,417,000	13,650	1,480,000	10,742%	10,281%	17.2	17.0
미원상사	KOSPI	소재	2,769	1,087	55,000	563	60,648	10,672%	4,960%	27.5	27.4
신세계	KOSPI	경기소비재	33,227	9,767	337,500	4,328	465,500	10,656%	3,356%	20.5	20.5
부산산업	KOSPI	소재	1,383	13,715	131,000	2,200	236,500	10,650%	855%	19.9	19.9
진로발효	KOSDAQ	필수소비재	2,156	472	28,650	472	50,700	10,642%	5,970%	19.0	19.0
CS홀딩스	KOSPI	지주사	716	15,656	62,000	2,840	304,500	10,622%	296%	11.8	11.8
대한광통신	KOSDAQ	IT	2,953	116	4,005	116	12,344	10,541%	3,353%	10.9	10.9
코스맥스비티아이	KOSPI	지주사	2,324	2,652	24,200	987	103,000	10,336%	813%	10.5	10.5
삼양식품	KOSPI	필수소비재	6,456	15,396	85,700	1,090	113,500	10,313%	457%	19.9	19.9
삼호	KOSPI	산업재	2,186	30,083	14,400	628	65,100	10,266%	-52%	9.2	9.2
남양유업	KOSPI	필수소비재	4,764	17,869	613,000	11,401	1,165,000	10,118%	3,331%	21.9	21.9
조광페인트	KOSPI	산업재	876	1,092	6,840	270	27,500	10,085%	526%	17.2	17.2

부록 2. 한국의 100배 주식 전 종목 리스트

② 기간수익률 순

종목명	거래시장	산업	시가총액	시작가	마지막가	최저가	최고가	최고수익률	기간수익률	최고수익률기간	100배기간
아난티	KOSDAQ	경기소비재	12,636	67	15,350	27	31,150	115,270%	22,810%	20.2	8.6
하이록코리아	KOSDAQ	산업재	2,580	84	18,950	84	38,900	46,210%	22,460%	19.0	10.8
한온시스템	KOSPI	경기소비재	60,586	93	11,350	93	14,550	15,545%	12,104%	21.2	17.7
한미사이언스	KOSPI	지주사	50,111	684	77,400	448	162,729	36,223%	11,216%	22.9	22.8
삼성화재	KOSPI	금융	149,110	2,671	301,000	1,570	328,000	20,792%	11,169%	25.1	16.2
F&F	KOSPI	경기소비재	12,412	722	80,600	307	103,500	33,613%	11,063%	20.7	19.4
삼성전자	KOSPI	IT	2,963,804	412	44,650	251	57,220	22,697%	10,737%	25.5	19.8
웅진코웨이	KOSPI	경기소비재	69,741	882	94,500	255	113,000	44,214%	10,614%	18.3	7.9
LG생활건강	KOSPI	필수소비재	238,863	13,650	1,417,000	13,650	1,480,000	10,742%	10,281%	17.2	17.0
세명전기	KOSDAQ	산업재	933	65	6,120	65	15,700	24,054%	9,315%	21.9	3.4
경동제약	KOSDAQ	의료	2,788	116	10,500	116	15,100	12,917%	8,952%	19.0	18.0
한세예스24홀딩스	KOSPI	지주사	3,712	106	9,280	106	31,250	29,381%	8,655%	19.1	18.2
SK텔레콤	KOSPI	통신서비스	203,075	2,933	251,500	2,201	481,000	21,754%	8,475%	9.5	9.2
NAVER	KOSPI	IT	204,369	1,463	124,000	1,217	192,000	15,676%	8,376%	14.6	10.9
DB손해보험	KOSPI	금융	48,640	875	68,700	426	83,800	19,571%	7,751%	25.6	15.8

종목명	거래시장	산업	시가총액	시작가	마지막가	최저가	최고가	최고수익률	기간수익률	최고수익률기간	100배기간
롯데칠성	KOSPI	필수소비재	14,731	23,408	1,771,000	14,480	2,726,569	18,730%	7,466%	23.6	15.2
롯데지주	KOSPI	지주사	52,322	696	49,400	603	79,616	13,103%	6,998%	24.4	22.8
태광	KOSDAQ	산업재	2,995	166	11,300	166	38,500	23,093%	6,707%	11.9	3.7
진로발효	KOSDAQ	필수소비재	2,156	472	28,650	472	50,700	10,642%	5,970%	19.0	19.0
동서	KOSPI	필수소비재	19,641	335	19,700	318	47,000	14,680%	5,781%	19.1	18.8
아트라스BX	KOSDAQ	IT	5,746	1,141	62,800	507	64,500	12,622%	5,404%	18.5	18.0
서부T&D	KOSDAQ	경기소비재	5,455	179	9,840	124	20,013	16,040%	5,397%	16.9	13.2
한올바이오파마	KOSPI	의료	17,788	621	34,050	277	41,600	14,918%	5,383%	25.8	25.8
부광약품	KOSPI	의료	12,134	364	19,100	217	24,800	11,329%	5,147%	27.2	24.3
영원무역홀딩스	KOSPI	지주사	8,727	1,248	64,000	740	117,500	15,778%	5,028%	22.8	21.3
미원상사	KOSPI	소재	2,769	1,087	55,000	563	60,648	10,672%	4,960%	27.5	27.4
무학	KOSPI	필수소비재	3,634	253	12,750	93	64,792	69,569%	4,940%	16.6	12.5
포스코케미칼	KOSDAQ	소재	35,560	1,240	60,200	609	78,100	12,724%	4,755%	15.8	15.6
롯데푸드	KOSPI	필수소비재	7,187	13,472	635,000	5,654	1,157,711	20,376%	4,613%	17.2	14.3
오뚜기	KOSPI	필수소비재	27,796	19,687	771,000	12,000	1,425,000	11,775%	3,816%	14.5	14.1
롯데케미칼	KOSPI	소재	99,570	7,974	290,500	3,128	474,500	15,069%	3,543%	25.5	18.4

종목명	거래 시장	산업	시가 총액	시작가	마지막가	최저가	최고가	최고 수익률	기간 수익률	최고 수익률기간	100배기간
신세계	KOSPI	경기소비재	33,227	9,767	337,500	4,328	465,500	10,656%	3,356%	20.5	20.5
대한광통신	KOSDAQ	IT	2,953	116	4,005	116	12,344	10,541%	3,353%	10.9	10.9
남양유업	KOSPI	필수소비재	4,764	17,869	613,000	11,401	1,165,000	10,118%	3,331%	21.9	21.9
영풍	KOSPI	IT	14,736	23,566	800,000	12,620	1,680,000	13,212%	3,295%	21.5	19.7
동원산업	KOSPI	필수소비재	7,836	6,870	233,000	1,672	399,000	23,764%	3,292%	15.4	13.2
아모레G	KOSPI	지주사	59,272	2,200	69,600	1,099	208,000	18,826%	3,064%	23.6	22.7
중앙에너비스	KOSDAQ	에너지	437	222	7,010	134	21,524	15,963%	3,058%	2.6	2.6
동원F&B	KOSPI	필수소비재	9,860	8,500	255,500	3,845	560,000	14,464%	2,906%	14.6	14.2
셀트리온	KOSPI	의료	231,596	6,076	181,000	2,191	366,947	16,648%	2,879%	10.1	10.0
한국콜마홀딩스	KOSPI	지주사	6,907	1,294	38,500	449	89,500	19,833%	2,875%	17.0	16.3
하나투어	KOSPI	경기소비재	8,410	2,514	72,400	1,222	187,500	15,244%	2,780%	14.6	14.3
리더스 코스메틱	KOSDAQ	필수소비재	1,935	376	10,650	285	117,200	41,023%	2,732%	12.3	12.0
삼목에스폼	KOSDAQ	산업재	2,080	501	14,150	99	42,779	43,111%	2,724%	17.1	9.8
에스모	KOSDAQ	경기소비재	5,278	223	6,020	75	13,950	18,500%	2,600%	13.9	13.6
삼천리자전거	KOSDAQ	경기소비재	1,058	305	7,970	117	30,093	25,621%	2,513%	10.9	10.8
이화공영	KOSDAQ	산업재	1,226	242	6,190	67	25,502	37,963%	2,458%	9.1	9.0

종목명	거래시장	산업	시가총액	시작가	마지막가	최저가	최고가	최고수익률	기간수익률	최고수익률기간	100배기간
우리온홀딩스	KOSPI	지주사	11,621	766	18,550	294	87,640	29,710%	2,322%	16.9	13.0
대원산업	KOSDAQ	경기소비재	1,214	283	6,060	69	12,555	18,096%	2,041%	16.7	15.4
진양산업	KOSPI	소재	460	171	3,540	46	7,550	16,313%	1,970%	23.7	23.6
동화기업	KOSDAQ	소재	3,717	898	18,400	262	47,153	17,897%	1,949%	16.9	9.2
코미팜	KOSDAQ	의료	13,327	1,244	22,950	319	52,214	16,268%	1,745%	11.4	10.9
파미셀	KOSPI	의료	7,075	686	11,800	79	25,150	31,735%	1,620%	19.7	11.0
제일파마홀딩스	KOSPI	지주사	3,794	1,478	23,750	778	154,774	19,794%	1,507%	23.8	23.7
삼화콘덴서	KOSPI	산업재	5,769	3,555	55,500	775	107,500	13,771%	1,461%	13.9	13.8
현대모비스	KOSPI	경기소비재	202,962	14,218	208,500	1,674	414,500	24,661%	1,366%	13.1	11.3
파제이전자	KOSDAQ	의료	756	371	5,040	49	10,133	20,580%	1,258%	14.5	1.5
메리츠화재	KOSPI	금융	27,624	1,899	24,300	240	27,500	11,358%	1,180%	16.8	16.6
황금에스티	KOSPI	소재	1,308	807	9,340	44	16,100	36,491%	1,057%	19.9	1.7
원풍물산	KOSDAQ	경기소비재	1,271	287	3,310	74	14,415	19,380%	1,053%	16.8	16.7
금호석유	KOSPI	소재	30,026	8,400	95,200	1,590	253,000	15,812%	1,033%	13.2	12.9
동일철강	KOSDAQ	소재	310	375	4,215	355	47,915	13,397%	1,024%	8.6	8.6
코리안리홀딩스	KOSPI	지주사	1,842	1,090	11,900	119	87,660	73,564%	992%	17.1	6.6

종목명	거래시장	산업	시가총액	시작가	마지막가	최저가	최고가	최고수익률	기간수익률	최고수익률기간	100배기간
종근당홀딩스	KOSPI	지주사	3,427	6,365	68,400	1,209	146,000	11,976%	975%	12.3	12.3
신라섬유	KOSDAQ	금융	532	206	2,190	36	9,230	25,539%	963%	16.7	1.8
부산산업	KOSPI	소재	1,383	13,715	131,000	2,200	236,500	10,650%	855%	19.9	19.9
코스맥스비티아이	KOSPI	지주사	2,324	2,652	24,200	987	103,000	10,336%	813%	10.5	10.5
삼보산업	KOSDAQ	소재	260	705	6,310	227	41,473	18,170%	795%	1.4	1.3
노루홀딩스	KOSPI	지주사	1,696	1,400	12,500	338	40,450	11,867%	793%	17.1	17.0
디오	KOSDAQ	의료	5,742	4,250	37,850	505	59,700	11,722%	791%	11.4	11.4
리드코프	KOSDAQ	금융	1,573	669	5,880	577	124,563	21,488%	779%	1.7	1.6
동신건설	KOSDAQ	산업재	492	750	5,860	194	26,450	13,534%	681%	8.6	8.4
네이처셀	KOSDAQ	필수소비재	6,659	1,607	12,550	330	62,200	18,748%	681%	5.0	4.9
조광피혁	KOSPI	경기소비재	2,370	5,004	35,650	1,334	149,000	11,069%	612%	16.6	16.3
서연	KOSPI	지주사	994	612	4,235	195	22,950	11,669%	592%	16.0	15.3
조광페인트	KOSPI	산업재	876	1,092	6,840	270	27,500	10,085%	526%	17.2	17.2
신풍제약	KOSPI	의료	4,019	1,177	7,330	79	11,800	14,837%	523%	19.6	17.6
일동홀딩스	KOSPI	지주사	1,364	2,135	12,400	311	38,046	12,133%	481%	16.8	16.8
삼광글라스	KOSPI	소재	1,893	6,793	39,000	520	119,500	22,881%	474%	17.1	9.4

종목명	거래시장	산업	시가총액	시작가	마지막가	최저가	최고가	최고수익률	기간수익률	최고수익률기간	100배기간
현대미포조선	KOSPI	산업재	23,486	10,403	58,800	1,393	197,776	14,098%	465%	5.1	4.7
삼양식품	KOSPI	필수소비재	6,456	15,396	85,700	1,090	113,500	10,313%	457%	19.9	19.9
대림산업	KOSPI	산업재	35,010	18,418	96,400	1,404	202,500	14,323%	423%	9.3	9.0
특수건설	KOSDAQ	산업재	886	1,164	5,910	261	40,950	15,590%	408%	9.3	9.1
오스템	KOSDAQ	경기소비재	900	764	3,460	66	7,800	11,718%	353%	19.2	19.2
솔본	KOSDAQ	의료	1,319	1,075	4,825	1,075	143,000	13,202%	349%	0.5	0.4
CS홀딩스	KOSPI	지주사	716	15,656	62,000	2,840	304,500	10,622%	296%	11.8	11.8
사조산업	KOSPI	필수소비재	2,655	13,523	53,100	700	114,000	16,186%	293%	16.8	16.7
삼일기업공사	KOSDAQ	산업재	392	850	3,165	27	5,200	19,159%	272%	17.7	8.9
GS건설	KOSPI	산업재	34,003	11,533	42,600	1,347	182,629	13,458%	269%	9.3	9.1
태웅	KOSDAQ	에너지	1,947	2,760	9,730	820	130,500	15,815%	253%	4.6	4.3
한익스프레스	KOSPI	산업재	563	1,364	4,695	99	14,450	14,496%	244%	17.8	16.9
한화	KOSPI	산업재	26,222	10,047	30,400	789	88,912	11,169%	203%	9.3	9.2
대림B&Co	KOSPI	산업재	894	1,848	5,360	91	29,000	31,768%	190%	17.1	16.8
SPC삼립	KOSPI	필수소비재	12,296	57,391	142,500	1,029	411,500	39,890%	148%	17.1	16.1
진원생명과학	KOSPI	의료	942	2,129	4,450	242	58,000	23,867%	109%	8.2	8.0
아이에스동서	KOSPI	산업재	9,688	16,844	31,400	743	88,000	11,744%	86%	14.6	4.8

종목명	거래시장	산업	시가총액	시작가	마지막가	최저가	최고가	최고수익률	기간수익률	최고수익률기간	100배기간
대신정보통신	KOSDAQ	IT	517	746	1,345	65	10,500	16,054%	80%	1.5	1.3
한화갤러리아타임월드	KOSPI	경기소비재	2,049	19,037	34,150	875	200,000	22,757%	79%	17.0	17.0
넥센타이어	KOSPI	경기소비재	9,946	5,563	9,920	98	22,200	22,553%	78%	13.5	12.7
흥아해운	KOSPI	산업재	506	167	288	23	3,697	15,974%	72%	16.6	8.9
빅산	KOSPI	산업재	2,005	1,748	2,925	56	12,650	22,489%	67%	17.1	16.2
한글과컴퓨터	KOSDAQ	IT	3,105	9,942	13,450	1,618	267,310	16,421%	35%	1.6	1.6
삼성엔지니어링	KOSPI	산업재	31,556	13,040	16,100	1,381	174,857	12,562%	23%	10.6	10.3
OCI	KOSPI	에너지	22,156	83,772	92,900	3,891	640,000	16,348%	11%	12.6	9.6
사조오양	KOSPI	필수소비재	839	10,769	8,900	492	53,726	10,820%	-17%	9.1	9.1
휴맥스홀딩스	KOSDAQ	지주사	430	4,545	3,415	597	86,937	14,462%	-25%	3.7	3.6
삼호	KOSPI	산업재	2,186	30,083	14,400	628	65,100	10,266%	-52%	9.2	9.2
소프트센	KOSDAQ	IT	524	4,521	1,500	426	51,195	11,918%	-67%	1.6	1.6
큐캐피털	KOSDAQ	금융	897	2,445	641	131	21,371	16,214%	-74%	1.3	1.2
대호피앤씨	KOSDAQ	소재	827	4,109	1,045	36	18,107	50,197%	-75%	1.7	0.7

③ 시가 총액 순

종목명	거래시장	산업	시가총액	시작가	마지막가	최저가	최고가	최고수익률	기간수익률	최고수익기간	100배기간
삼성전자	KOSPI	IT	2,963,804	412	44,650	251	57,220	22,697%	10,737%	25.5	19.8
LG생활건강	KOSPI	필수소비재	238,863	13,650	1,417,000	13,650	1,480,000	10,742%	10,281%	17.2	17.0
셀트리온	KOSPI	의료	231,596	6,076	181,000	2,191	366,947	16,648%	2,879%	10.1	10.0
NAVER	KOSPI	IT	204,369	1,463	124,000	1,217	192,000	15,676%	8,376%	14.6	10.9
SK텔레콤	KOSPI	통신서비스	203,075	2,933	251,500	2,201	481,000	21,754%	8,475%	9.5	9.2
현대모비스	KOSPI	경기소비재	202,962	14,218	208,500	1,674	414,500	24,661%	1,366%	13.1	11.3
삼성화재	KOSPI	금융	149,110	2,671	301,000	1,570	328,000	20,792%	11,169%	25.1	16.2
롯데케미칼	KOSPI	소재	99,570	7,974	290,500	3,128	474,500	15,069%	3,543%	25.5	18.4
웅진코웨이	KOSPI	경기소비재	69,741	882	94,500	255	113,000	44,214%	10,614%	18.3	7.9
한온시스템	KOSPI	경기소비재	60,586	93	11,350	93	14,550	15,545%	12,104%	21.2	17.7
아모레G	KOSPI	지주사	59,272	2,200	69,600	1,099	208,000	18,826%	3,064%	23.6	22.7
롯데지주	KOSPI	지주사	52,322	696	49,400	603	79,616	13,103%	6,998%	24.4	22.8
한미사이언스	KOSPI	지주사	50,111	684	77,400	448	162,729	36,223%	11,216%	22.9	22.8
DB손해보험	KOSPI	금융	48,640	875	68,700	426	83,800	19,571%	7,751%	25.6	15.8
포스코케미칼	KOSDAQ	소재	35,560	1,240	60,200	609	78,100	12,724%	4,755%	15.8	15.6

종목명	거래시장	산업	시가총액	시작가	마지막가	최저가	최고가	최고수익률	기간수익률	최고수익률기간	100배기간
대림산업	KOSPI	산업재	35,010	18,418	96,400	1,404	202,500	14,323%	423%	9.3	9.0
GS건설	KOSPI	산업재	34,003	11,533	42,600	1,347	182,629	13,458%	269%	9.3	9.1
신세계	KOSPI	경기소비재	33,227	9,767	337,500	4,328	465,500	10,656%	3,356%	20.5	20.5
삼성엔지니어링	KOSPI	산업재	31,556	13,040	16,100	1,381	174,857	12,562%	23%	10.6	10.3
금호석유	KOSPI	소재	30,026	8,400	95,200	1,590	253,000	15,812%	1,033%	13.2	12.9
우투기	KOSPI	필수소비재	27,796	19,687	771,000	12,000	1,425,000	11,775%	3,816%	14.5	14.1
메리츠화재	KOSPI	금융	27,624	1,899	24,300	240	27,500	11,358%	1,180%	16.8	16.6
한화	KOSPI	산업재	26,222	10,047	30,400	789	88,912	11,169%	203%	9.3	9.2
현대미포조선	KOSPI	산업재	23,486	10,403	58,800	1,393	197,776	14,098%	465%	5.1	4.7
OCI	KOSPI	에너지	22,156	83,772	92,900	3,891	640,000	16,348%	11%	12.6	9.6
동서	KOSPI	필수소비재	19,641	335	19,700	318	47,000	14,680%	5,781%	19.1	18.8
한올바이오파마	KOSPI	의료	17,788	621	34,050	277	41,600	14,918%	5,383%	25.8	25.8
영풍	KOSPI	IT	14,736	23,566	800,000	12,620	1,680,000	13,212%	3,295%	21.5	19.7
롯데칠성	KOSPI	필수소비재	14,731	23,408	1,771,000	14,480	2,726,569	18,730%	7,466%	23.6	15.2
코미팜	KOSDAQ	의료	13,327	1,244	22,950	319	52,214	16,268%	1,745%	11.4	10.9
아난티	KOSDAQ	경기소비재	12,636	67	15,350	27	31,150	115,270%	22,810%	20.2	8.6

종목명	거래시장	산업	시가총액	시작가	마지막가	최저가	최고가	최고수익률	기간수익률	최고수익률기간	100배기간
F&F	KOSPI	경기소비재	12,412	722	80,600	307	103,500	33,613%	11,063%	20.7	19.4
SPC삼립	KOSPI	필수소비재	12,296	57,391	142,500	1,029	411,500	39,890%	148%	17.1	16.1
부광약품	KOSPI	의료	12,134	364	19,100	217	24,800	11,329%	5,147%	27.2	24.3
우리온홀딩스	KOSPI	지주사	11,621	766	18,550	294	87,640	29,710%	2,322%	16.9	13.0
넥센타이어	KOSPI	경기소비재	9,946	5,563	9,920	98	22,200	22,553%	78%	13.5	12.7
동원F&B	KOSPI	필수소비재	9,860	8,500	255,500	3,845	560,000	14,464%	2,906%	14.6	14.2
아이에스동서	KOSPI	산업재	9,688	16,844	31,400	743	88,000	11,744%	86%	14.6	4.8
영원무역홀딩스	KOSPI	지주사	8,727	1,248	64,000	740	117,500	15,778%	5,028%	22.8	21.3
하나투어	KOSPI	경기소비재	8,410	2,514	72,400	1,222	187,500	15,244%	2,780%	14.6	14.3
동원산업	KOSPI	필수소비재	7,836	6,870	233,000	1,672	399,000	23,764%	3,292%	15.4	13.2
롯데푸드	KOSPI	필수소비재	7,187	13,472	635,000	5,654	1,157,711	20,376%	4,613%	17.2	14.3
파미셀	KOSPI	의료	7,075	686	11,800	79	25,150	31,735%	1,620%	19.7	11.0
한국콜마홀딩스	KOSPI	지주사	6,907	1,294	38,500	449	89,500	19,833%	2,875%	17.0	16.3
네이처셀	KOSDAQ	필수소비재	6,659	1,607	12,550	330	62,200	18,748%	681%	5.0	4.9
삼양식품	KOSPI	필수소비재	6,456	15,396	85,700	1,090	113,500	10,313%	457%	19.9	19.9
삼화콘덴서	KOSPI	산업재	5,769	3,555	55,500	775	107,500	13,771%	1,461%	13.9	13.8

부록 2. 한국의 100배 주식 전 종목 리스트

종목명	거래시장	산업	시가총액	시작가	마지막가	최저가	최고가	최고수익률	기간수익률	최고수익률기간	100배기간
아트라스BX	KOSDAQ	IT	5,746	1,141	62,800	507	64,500	12,622%	5,404%	18.5	18.0
디오	KOSDAQ	의료	5,742	4,250	37,850	505	59,700	11,722%	791%	11.4	11.4
서부T&D	KOSDAQ	경기소비재	5,455	179	9,840	124	20,013	16,040%	5,397%	16.9	13.2
에스모	KOSDAQ	경기소비재	5,278	223	6,020	75	13,950	18,500%	2,600%	13.9	13.6
남양유업	KOSPI	필수소비재	4,764	17,869	613,000	11,401	1,165,000	10,118%	3,331%	21.9	21.9
신풍제약	KOSPI	의료	4,019	1,177	7,330	79	11,800	14,837%	523%	19.6	17.6
제일파마홀딩스	KOSPI	지주사	3,794	1,478	23,750	778	154,774	19,794%	1,507%	23.8	23.7
동화기업	KOSDAQ	소재	3,717	898	18,400	262	47,153	17,897%	1,949%	16.9	9.2
한세예스24홀딩스	KOSPI	지주사	3,712	106	9,280	106	31,250	29,381%	8,655%	19.1	18.2
무학	KOSPI	필수소비재	3,634	253	12,750	93	64,792	69,569%	4,940%	16.6	12.5
종근당홀딩스	KOSPI	지주사	3,427	6,365	68,400	1,209	146,000	11,976%	975%	12.3	12.3
한글과컴퓨터	KOSDAQ	IT	3,105	9,942	13,450	1,618	267,310	16,421%	35%	1.6	1.6
태광	KOSDAQ	산업재	2,995	166	11,300	166	38,500	23,093%	6,707%	11.9	3.7
대한광통신	KOSDAQ	IT	2,953	116	4,005	116	12,344	10,541%	3,353%	10.9	10.9
경동제약	KOSDAQ	의료	2,788	116	10,500	116	15,100	12,917%	8,952%	19.0	18.0
미원상사	KOSPI	소재	2,769	1,087	55,000	563	60,648	10,672%	4,960%	27.5	27.4

종목명	거래시장	산업	시가총액	시작가	마지막가	최저가	최고가	최고수익률	기간수익률	최고수익률기간	100배기간
사조산업	KOSPI	필수소비재	2,655	13,523	53,100	700	114,000	16,186%	293%	16.8	16.7
하이록코리아	KOSDAQ	산업재	2,580	84	18,950	84	38,900	46,210%	22,460%	19.0	10.8
조광피혁	KOSPI	경기소비재	2,370	5,004	35,650	1,334	149,000	11,069%	612%	16.6	16.3
코스맥스비티아이	KOSPI	지주사	2,324	2,652	24,200	987	103,000	10,336%	813%	10.5	10.5
삼호	KOSPI	산업재	2,186	30,083	14,400	628	65,100	10,266%	-52%	9.2	9.2
진로발효	KOSDAQ	필수소비재	2,156	472	28,650	472	50,700	10,642%	5,970%	19.0	19.0
삼목에스폼	KOSDAQ	산업재	2,080	501	14,150	99	42,779	43,111%	2,724%	17.1	9.8
한화갤러리아타임월드	KOSPI	경기소비재	2,049	19,037	34,150	875	200,000	22,757%	79%	17.0	17.0
빙산	KOSPI	산업재	2,005	1,748	2,925	56	12,650	22,489%	67%	17.1	16.2
태웅	KOSDAQ	에너지	1,947	2,760	9,730	820	130,500	15,815%	253%	4.6	4.3
리더스코스메틱	KOSDAQ	필수소비재	1,935	376	10,650	285	117,200	41,023%	2,732%	12.3	12.0
삼광글라스	KOSPI	소재	1,893	6,793	39,000	520	119,500	22,881%	474%	17.1	9.4
크리온애터홀딩스	KOSPI	지주사	1,842	1,090	11,900	119	87,660	73,564%	992%	17.1	6.6
누루홀딩스	KOSPI	지주사	1,696	1,400	12,500	338	40,450	11,867%	793%	17.1	17.0
리드코프	KOSDAQ	금융	1,573	669	5,880	577	124,563	21,488%	779%	1.7	1.6
부산산업	KOSPI	소재	1,383	13,715	131,000	2,200	236,500	10,650%	855%	19.9	19.9

종목명	거래시장	산업	시가총액	시작가	마지막가	최저가	최고가	최고수익률	기간수익률	최고수익률기간	100배기간
일동홀딩스	KOSPI	지주사	1,364	2,135	12,400	311	38,046	12,133%	481%	16.8	16.8
솔본	KOSDAQ	의료	1,319	1,075	4,825	1,075	143,000	13,202%	349%	0.5	0.4
황금에스티	KOSPI	소재	1,308	807	9,340	44	16,100	36,491%	1,057%	19.9	1.7
영풍문산	KOSDAQ	경기소비재	1,271	287	3,310	74	14,415	19,380%	1,053%	16.8	16.7
이화공영	KOSDAQ	산업재	1,226	242	6,190	67	25,502	37,963%	2,458%	9.1	9.0
대원산업	KOSDAQ	경기소비재	1,214	283	6,060	69	12,555	18,096%	2,041%	16.7	15.4
삼천리자전거	KOSDAQ	경기소비재	1,058	305	7,970	117	30,093	25,621%	2,513%	10.9	10.8
서연	KOSPI	지주사	994	612	4,235	195	22,950	11,669%	592%	16.0	15.3
진원생명과학	KOSPI	의료	942	2,129	4,450	242	58,000	23,867%	109%	8.2	8.0
세명전기	KOSDAQ	산업재	933	65	6,120	65	15,700	24,054%	9,315%	21.9	3.4
오스템	KOSDAQ	경기소비재	900	764	3,460	66	7,800	11,718%	353%	19.2	19.2
큐캐피탈	KOSDAQ	금융	897	2,445	641	131	21,371	16,214%	-74%	1.3	1.2
대림B&Co	KOSPI	산업재	894	1,848	5,360	91	29,000	31,768%	190%	17.1	16.8
특수건설	KOSDAQ	산업재	886	1,164	5,910	261	40,950	15,590%	408%	9.3	9.1
조광페인트	KOSPI	산업재	876	1,092	6,840	270	27,500	10,085%	526%	17.2	17.2
사조오양	KOSPI	필수소비재	839	10,769	8,900	492	53,726	10,820%	-17%	9.1	9.1
대호피엔씨	KOSDAQ	소재	827	4,109	1,045	36	18,107	50,197%	-75%	1.7	0.7

종목명	거래시장	산업	시가총액	시작가	마지막가	최저가	최고가	최고수익률	기간수익률	최고수익률기간	100배기간
피제이전자	KOSDAQ	의료	756	371	5,040	49	10,133	20,580%	1,258%	14.5	1.5
CS홀딩스	KOSPI	지주사	716	15,656	62,000	2,840	304,500	10,622%	296%	11.8	11.8
한익스프레스	KOSPI	산업재	563	1,364	4,695	99	14,450	14,496%	244%	17.8	16.9
신라섬유	KOSDAQ	금융	532	206	2,190	36	9,230	25,539%	963%	16.7	1.8
소프트센	KOSDAQ	IT	524	4,521	1,500	426	51,195	11,918%	-67%	1.6	1.6
대신정보통신	KOSDAQ	IT	517	746	1,345	65	10,500	16,054%	80%	1.5	1.3
흥아해운	KOSPI	산업재	506	167	288	23	3,697	15,974%	72%	16.6	8.9
동신건설	KOSDAQ	산업재	492	750	5,860	194	26,450	13,534%	681%	8.6	8.4
진양산업	KOSPI	소재	460	171	3,540	46	7,550	16,313%	1,970%	23.7	23.6
중앙에너비스	KOSDAQ	에너지	437	222	7,010	134	21,524	15,963%	3,058%	2.6	2.6
휴맥스홀딩스	KOSDAQ	지주사	430	4,545	3,415	597	86,937	14,462%	-25%	3.7	3.6
삼일기업공사	KOSDAQ	산업재	392	850	3,165	27	5,200	19,159%	272%	17.7	8.9
동일철강	KOSDAQ	소재	310	375	4,215	355	47,915	13,397%	1,024%	8.6	8.6
삼보산업	KOSDAQ	소재	260	705	6,310	227	41,473	18,170%	795%	1.4	1.3

④ 100배 기간 순

종목명	거래시장	산업	시가총액	시작가	마지막가	최저가	최고가	최고수익률	기간수익률	최고수익률기간	100배기간
솔본	KOSDAQ	의료	1,319	1,075	4,825	1,075	143,000	13,202%	349%	0.5	0.4
대호피앤씨	KOSDAQ	소재	827	4,109	1,045	36	18,107	50,197%	-75%	1.7	0.7
큐캐피탈	KOSDAQ	금융	897	2,445	641	131	21,371	16,214%	-74%	1.3	1.2
대신정보통신	KOSDAQ	IT	517	746	1,345	65	10,500	16,054%	80%	1.5	1.3
삼보산업	KOSDAQ	소재	260	705	6,310	227	41,473	18,170%	795%	1.4	1.3
피제이전자	KOSDAQ	의료	756	371	5,040	49	10,133	20,580%	1,258%	14.5	1.5
한글과컴퓨터	KOSDAQ	IT	3,105	9,942	13,450	1,618	267,310	16,421%	35%	1.6	1.6
소프트센	KOSDAQ	IT	524	4,521	1,500	426	51,195	11,918%	-67%	1.6	1.6
리드코프	KOSDAQ	금융	1,573	669	5,880	577	124,563	21,488%	779%	1.7	1.6
황금에스티	KOSPI	소재	1,308	807	9,340	44	16,100	36,491%	1,057%	19.9	1.7
신라섬유	KOSDAQ	금융	532	206	2,190	36	9,230	25,539%	963%	16.7	1.8
중앙에너비스	KOSDAQ	에너지	437	222	7,010	134	21,524	15,963%	3,058%	2.6	2.6
세명전기	KOSDAQ	산업재	933	65	6,120	65	15,700	24,054%	9,315%	21.9	3.4
휴맥스홀딩스	KOSDAQ	지주사	430	4,545	3,415	597	86,937	14,462%	-25%	3.7	3.6
태광	KOSDAQ	산업재	2,995	166	11,300	166	38,500	23,093%	6,707%	11.9	3.7

종목명	거래시장	산업	시가총액	시작가	마지막가	최저가	최고가	최고수익률	기간수익률	최고수익률기간	100배기간
태웅	KOSDAQ	에너지	1,947	2,760	9,730	820	130,500	15,815%	253%	4.6	4.3
현대미포조선	KOSPI	산업재	23,486	10,403	58,800	1,393	197,776	14,098%	465%	5.1	4.7
아이에스동서	KOSPI	산업재	9,688	16,844	31,400	743	88,000	11,744%	86%	14.6	4.8
네이처셀	KOSDAQ	필수소비재	6,659	1,607	12,550	330	62,200	18,748%	681%	5.0	4.9
크라운해태홀딩스	KOSPI	지주사	1,842	1,090	11,900	119	87,660	73,564%	992%	17.1	6.6
웅진코웨이	KOSPI	경기소비재	69,741	882	94,500	255	113,000	44,214%	10,614%	18.3	7.9
진원생명과학	KOSPI	의료	942	2,129	4,450	242	58,000	23,867%	109%	8.2	8.0
동신건설	KOSDAQ	산업재	492	750	5,860	194	26,450	13,534%	681%	8.6	8.4
동일철강	KOSDAQ	소재	310	375	4,215	355	47,915	13,397%	1,024%	8.6	8.6
아난티	KOSDAQ	경기소비재	12,636	67	15,350	27	31,150	115,270%	22,810%	20.2	8.6
삼일기업공사	KOSDAQ	산업재	392	850	3,165	27	5,200	19,159%	272%	17.7	8.9
흥아해운	KOSPI	산업재	506	167	288	23	3,697	15,974%	72%	16.6	8.9
이화공영	KOSDAQ	산업재	1,226	242	6,190	67	25,502	37,963%	2,458%	9.1	9.0
대림산업	KOSPI	산업재	35,010	18,418	96,400	1,404	202,500	14,323%	423%	9.3	9.0
GS건설	KOSPI	산업재	34,003	11,533	42,600	1,347	182,629	13,458%	269%	9.3	9.1
사조오양	KOSPI	필수소비재	839	10,769	8,900	492	53,726	10,820%	-17%	9.1	9.1

종목명	거래시장	산업	시가총액	시작가	마지막가	최저가	최고가	최고수익률	기간수익률	최고수익률기간	100배기간
특수건설	KOSDAQ	산업재	886	1,164	5,910	261	40,950	15,590%	408%	9.3	9.1
동화기업	KOSDAQ	소재	3,717	898	18,400	262	47,153	17,897%	1,949%	16.9	9.2
SK텔레콤	KOSPI	통신서비스	203,075	2,933	251,500	2,201	481,000	21,754%	8,475%	9.5	9.2
한화	KOSPI	산업재	26,222	10,047	30,400	789	88,912	11,169%	203%	9.3	9.2
삼호	KOSPI	산업재	2,186	30,083	14,400	628	65,100	10,266%	-52%	9.2	9.2
삼광글라스	KOSPI	소재	1,893	6,793	39,000	520	119,500	22,881%	474%	17.1	9.4
OCI	KOSPI	에너지	22,156	83,772	92,900	3,891	640,000	16,348%	11%	12.6	9.6
삼목에스폼	KOSDAQ	산업재	2,080	501	14,150	99	42,779	43,111%	2,724%	17.1	9.8
셀트리온	KOSPI	의료	231,596	6,076	181,000	2,191	366,947	16,648%	2,879%	10.1	10.0
삼성엔지니어링	KOSPI	산업재	31,556	13,040	16,100	1,381	174,857	12,562%	23%	10.6	10.3
코스맥스비티아이	KOSPI	지주사	2,324	2,652	24,200	987	103,000	10,336%	813%	10.5	10.5
하이록코리아	KOSDAQ	산업재	2,580	84	18,950	84	38,900	46,210%	22,460%	19.0	10.8
삼천리자전거	KOSDAQ	경기소비재	1,058	305	7,970	117	30,093	25,621%	2,513%	10.9	10.8
코미팜	KOSDAQ	의료	13,327	1,244	22,950	319	52,214	16,268%	1,745%	11.4	10.9
대한광통신	KOSDAQ	IT	2,953	116	4,005	116	12,344	10,541%	3,353%	10.9	10.9
NAVER	KOSPI	IT	204,369	1,463	124,000	1,217	192,000	15,676%	8,376%	14.6	10.9

종목명	거래시장	산업	시가총액	시작가	마지막가	최저가	최고가	최고수익률	기간수익률	최고수익률기간	100배기간
파미셀	KOSPI	의료	7,075	686	11,800	79	25,150	31,735%	1,620%	19.7	11.0
현대모비스	KOSPI	경기소비재	202,962	14,218	208,500	1,674	414,500	24,661%	1,366%	13.1	11.3
디오	KOSDAQ	의료	5,742	4,250	37,850	505	59,700	11,722%	791%	11.4	11.4
CS홀딩스	KOSPI	지주사	716	15,656	62,000	2,840	304,500	10,622%	296%	11.8	11.8
리더스코스메틱	KOSDAQ	필수소비재	1,935	376	10,650	285	117,200	41,023%	2,732%	12.3	12.0
종근당홀딩스	KOSPI	지주사	3,427	6,365	68,400	1,209	146,000	11,976%	975%	12.3	12.3
무학	KOSPI	필수소비재	3,634	253	12,750	93	64,792	69,569%	4,940%	16.6	12.5
넥센타이어	KOSPI	경기소비재	9,946	5,563	9,920	98	22,200	22,553%	78%	13.5	12.7
금호석유	KOSPI	소재	30,026	8,400	95,200	1,590	253,000	15,812%	1,033%	13.2	12.9
우리은행지주	KOSPI	지주사	11,621	766	18,550	294	87,640	29,710%	2,322%	16.9	13.0
서부T&D	KOSDAQ	경기소비재	5,455	179	9,840	124	20,013	16,040%	5,397%	16.9	13.2
동원산업	KOSPI	필수소비재	7,836	6,870	233,000	1,672	399,000	23,764%	3,292%	15.4	13.2
에스모	KOSDAQ	경기소비재	5,278	223	6,020	75	13,950	18,500%	2,600%	13.9	13.6
삼화콘덴서	KOSPI	산업재	5,769	3,555	55,500	775	107,500	13,771%	1,461%	13.9	13.8
오뚜기	KOSPI	필수소비재	27,796	19,687	771,000	12,000	1,425,000	11,775%	3,816%	14.5	14.1
동원F&B	KOSPI	필수소비재	9,860	8,500	255,500	3,845	560,000	14,464%	2,906%	14.6	14.2

부록 2. 한국의 100배 주식 전 종목 리스트

종목명	거래시장	산업	시가총액	시작가	마지막가	최저가	최고가	최고수익률	기간수익률	최고수익률기간	100배기간
하나투어	KOSPI	경기소비재	8,410	2,514	72,400	1,222	187,500	15,244%	2,780%	14.6	14.3
롯데푸드	KOSPI	필수소비재	7,187	13,472	635,000	5,654	1,157,711	20,376%	4,613%	17.2	14.3
롯데칠성	KOSPI	필수소비재	14,731	23,408	1,771,000	14,480	2,726,569	18,730%	7,466%	23.6	15.2
서연	KOSPI	지주사	994	612	4,235	195	22,950	11,669%	592%	16.0	15.3
대원산업	KOSDAQ	경기소비재	1,214	283	6,060	69	12,555	18,096%	2,041%	16.7	15.4
포스코케미칼	KOSDAQ	소재	35,560	1,240	60,200	609	78,100	12,724%	4,755%	15.8	15.6
DB손해보험	KOSPI	금융	48,640	875	68,700	426	83,800	19,571%	7,751%	25.6	15.8
SPC삼립	KOSPI	필수소비재	12,296	57,391	142,500	1,029	411,500	39,890%	148%	17.1	16.1
벽산	KOSPI	산업재	2,005	1,748	2,925	56	12,650	22,489%	67%	17.1	16.2
삼성화재	KOSPI	금융	149,110	2,671	301,000	1,570	328,000	20,792%	11,169%	25.1	16.2
한국콜마홀딩스	KOSPI	지주사	6,907	1,294	38,500	449	89,500	19,833%	2,875%	17.0	16.3
조광피혁	KOSPI	경기소비재	2,370	5,004	35,650	1,334	149,000	11,069%	612%	16.6	16.3
메리츠화재	KOSPI	금융	27,624	1,899	24,300	240	27,500	11,358%	1,180%	16.8	16.6
서조신업	KOSPI	필수소비재	2,655	13,523	53,100	700	114,000	16,186%	293%	16.8	16.7
원풍물산	KOSDAQ	경기소비재	1,271	287	3,310	74	14,415	19,380%	1,053%	16.8	16.7
일동홀딩스	KOSPI	지주사	1,364	2,135	12,400	311	38,046	12,133%	481%	16.8	16.8

종목명	거래시장	산업	시가총액	시작가	마지막가	최저가	최고가	최고수익률	기간수익률	최고수익률기간	100배기간
대림B&Co	KOSPI	산업재	894	1,848	5,360	91	29,000	31,768%	190%	17.1	16.8
한익스프레스	KOSPI	산업재	563	1,364	4,695	99	14,450	14,496%	244%	17.8	16.9
노루홀딩스	KOSPI	지주사	1,696	1,400	12,500	338	40,450	11,867%	793%	17.1	17.0
LG생활건강	KOSPI	필수소비재	238,863	13,650	1,417,000	13,650	1,480,000	10,742%	10,281%	17.2	17.0
한화갤러리아타임월드	KOSPI	경기소비재	2,049	19,037	34,150	875	200,000	22,757%	79%	17.0	17.0
조광페인트	KOSPI	산업재	876	1,092	6,840	270	27,500	10,085%	526%	17.2	17.2
신풍제약	KOSPI	의료	4,019	1,177	7,330	79	11,800	14,837%	523%	19.6	17.6
한온시스템	KOSPI	경기소비재	60,586	93	11,350	93	14,550	15,545%	12,104%	21.2	17.7
이트리스BX	KOSDAQ	IT	5,746	1,141	62,800	507	64,500	12,622%	5,404%	18.5	18.0
경동제약	KOSDAQ	의료	2,788	116	10,500	116	15,100	12,917%	8,952%	19.0	18.0
한세예스24홀딩스	KOSPI	지주사	3,712	106	9,280	106	31,250	29,381%	8,655%	19.1	18.2
롯데케미칼	KOSPI	소재	99,570	7,974	290,500	3,128	474,500	15,069%	3,543%	25.5	18.4
동서	KOSPI	필수소비재	19,641	335	19,700	318	47,000	14,680%	5,781%	19.1	18.8
진로발효	KOSDAQ	필수소비재	2,156	472	28,650	472	50,700	10,642%	5,970%	19.0	19.0
오스템	KOSDAQ	경기소비재	900	764	3,460	66	7,800	11,718%	353%	19.2	19.2
F&F	KOSPI	경기소비재	12,412	722	80,600	307	103,500	33,613%	11,063%	20.7	19.4

종목명	거래시장	산업	시가총액	시작가	마지막가	최저가	최고가	최고수익률	기간수익률	최고수익률기간	100배기간
영풍	KOSPI	IT	14,736	23,566	800,000	12,620	1,680,000	13,212%	3,295%	21.5	19.7
삼성전자	KOSPI	IT	2,963,804	412	44,650	251	57,220	22,697%	10,737%	25.5	19.8
부산산업	KOSPI	소재	1,383	13,715	131,000	2,200	236,500	10,650%	855%	19.9	19.9
삼양식품	KOSPI	필수소비재	6,456	15,396	85,700	1,090	113,500	10,313%	457%	19.9	19.9
신세계	KOSPI	경기소비재	33,227	9,767	337,500	4,328	465,500	10,656%	3,356%	20.5	20.5
영원무역홀딩스	KOSPI	지주사	8,727	1,248	64,000	740	117,500	15,778%	5,028%	22.8	21.3
남양유업	KOSPI	필수소비재	4,764	17,869	613,000	11,401	1,165,000	10,118%	3,331%	21.9	21.9
아모레G	KOSPI	지주사	59,272	2,200	69,600	1,099	208,000	18,826%	3,064%	23.6	22.7
한미사이언스	KOSPI	지주사	50,111	684	77,400	448	162,729	36,223%	11,216%	22.9	22.8
롯데지주	KOSPI	지주사	52,322	696	49,400	603	79,616	13,103%	6,998%	24.4	22.8
진양산업	KOSPI	소재	460	171	3,540	46	7,550	16,313%	1,970%	23.7	23.6
제일파마홀딩스	KOSPI	지주사	3,794	1,478	23,750	778	154,774	19,794%	1,507%	23.8	23.7
부광약품	KOSPI	의료	12,134	364	19,100	217	24,800	11,329%	5,147%	27.2	24.3
한올바이오파마	KOSPI	의료	17,788	621	34,050	277	41,600	14,918%	5,383%	25.8	25.8
미원상사	KOSPI	소재	2,769	1,087	55,000	563	60,648	10,672%	4,960%	27.5	27.4

⑤ 산업 별 최고수익률 순

종목명	거래시장	산업	시가총액	시작가	마지막가	최저가	최고가	최고수익률	기간수익률	최고수익률기간	100배기간
삼성전자	KOSPI	IT	2,963,804	412	44,650	251	57,220	22,697%	10,737%	25.5	19.8
한글과컴퓨터	KOSDAQ	IT	3,105	9,942	13,450	1,618	267,310	16,421%	35%	1.6	1.6
대신정보통신	KOSDAQ	IT	517	746	1,345	65	10,500	16,054%	80%	1.5	1.3
NAVER	KOSPI	IT	204,369	1,463	124,000	1,217	192,000	15,676%	8,376%	14.6	10.9
영풍	KOSPI	IT	14,736	23,566	800,000	12,620	1,680,000	13,212%	3,295%	21.5	19.7
아트라스BX	KOSDAQ	IT	5,746	1,141	62,800	507	64,500	12,622%	5,404%	18.5	18.0
소프트센	KOSDAQ	IT	524	4,521	1,500	426	51,195	11,918%	-67%	1.6	1.6
대한광통신	KOSDAQ	IT	2,953	116	4,005	116	12,344	10,541%	3,353%	10.9	10.9
아난티	KOSDAQ	경기소비재	12,636	67	15,350	27	31,150	115,270%	22,810%	20.2	8.6
웅진코웨이	KOSPI	경기소비재	69,741	882	94,500	255	113,000	44,214%	10,614%	18.3	7.9
F&F	KOSPI	경기소비재	12,412	722	80,600	307	103,500	33,613%	11,063%	20.7	19.4
삼천리자전거	KOSDAQ	경기소비재	1,058	305	7,970	117	30,093	25,621%	2,513%	10.9	10.8
현대모비스	KOSPI	경기소비재	202,962	14,218	208,500	1,674	414,500	24,661%	1,366%	13.1	11.3
한화갤러리아타임월드	KOSPI	경기소비재	2,049	19,037	34,150	875	200,000	22,757%	79%	17.0	17.0
넥센타이어	KOSPI	경기소비재	9,946	5,563	9,920	98	22,200	22,553%	78%	13.5	12.7

종목명	거래시장	산업	시가총액	시작가	마지막가	최저가	최고가	최고수익률	기간수익률	최고수익률기간	100배기간
원풍물산	KOSDAQ	경기소비재	1,271	287	3,310	74	14,415	19,380%	1,053%	16.8	16.7
에스모	KOSDAQ	경기소비재	5,278	223	6,020	75	13,950	18,500%	2,600%	13.9	13.6
대원산업	KOSDAQ	경기소비재	1,214	283	6,060	69	12,555	18,096%	2,041%	16.7	15.4
서부T&D	KOSDAQ	경기소비재	5,455	179	9,840	124	20,013	16,040%	5,397%	16.9	13.2
한온시스템	KOSPI	경기소비재	60,586	93	11,350	93	14,550	15,545%	12,104%	21.2	17.7
하나투어	KOSPI	경기소비재	8,410	2,514	72,400	1,222	187,500	15,244%	2,780%	14.6	14.3
오스템	KOSDAQ	경기소비재	900	764	3,460	66	7,800	11,718%	353%	19.2	19.2
조광피혁	KOSPI	경기소비재	2,370	5,004	35,650	1,334	149,000	11,069%	612%	16.6	16.3
신세계	KOSPI	경기소비재	33,227	9,767	337,500	4,328	465,500	10,656%	3,356%	20.5	20.5
신라섬유	KOSDAQ	금융	532	206	2,190	36	9,230	25,539%	963%	16.7	1.8
리드코프	KOSDAQ	금융	1,573	669	5,880	577	124,563	21,488%	779%	1.7	1.6
삼성화재	KOSPI	금융	149,110	2,671	301,000	1,570	328,000	20,792%	11,169%	25.1	16.2
DB손해보험	KOSPI	금융	48,640	875	68,700	426	83,800	19,571%	7,751%	25.6	15.8
큐캐피털	KOSDAQ	금융	897	2,445	641	131	21,371	16,214%	-74%	1.3	1.2
메리츠화재	KOSPI	금융	27,624	1,899	24,300	240	27,500	11,358%	1,180%	16.8	16.6
하이록코리아	KOSDAQ	산업재	2,580	84	18,950	84	38,900	46,210%	22,460%	19.0	10.8
삼목에스폼	KOSDAQ	산업재	2,080	501	14,150	99	42,779	43,111%	2,724%	17.1	9.8

종목명	거래시장	산업	시가총액	시작가	마지막가	최저가	최고가	최고수익률	기간수익률	최고수익률기간	100배기간
이화공영	KOSDAQ	산업재	1,226	242	6,190	67	25,502	37,963%	2,458%	9.1	9.0
대림B&Co	KOSPI	산업재	894	1,848	5,360	91	29,000	31,768%	190%	17.1	16.8
세명전기	KOSDAQ	산업재	933	65	6,120	65	15,700	24,054%	9,315%	21.9	3.4
태광	KOSDAQ	산업재	2,995	166	11,300	166	38,500	23,093%	6,707%	11.9	3.7
벽산	KOSPI	산업재	2,005	1,748	2,925	56	12,650	22,489%	67%	17.1	16.2
삼일기업공사	KOSDAQ	산업재	392	850	3,165	27	5,200	19,159%	272%	17.7	8.9
홍아해운	KOSPI	산업재	506	167	288	23	3,697	15,974%	72%	16.6	8.9
특수건설	KOSDAQ	산업재	886	1,164	5,910	261	40,950	15,590%	408%	9.3	9.1
한익스프레스	KOSPI	산업재	563	1,364	4,695	99	14,450	14,496%	244%	17.8	16.9
대림산업	KOSPI	산업재	35,010	18,418	96,400	1,404	202,500	14,323%	423%	9.3	9.0
현대미포조선	KOSPI	산업재	23,486	10,403	58,800	1,393	197,776	14,098%	465%	5.1	4.7
삼호콘텍서	KOSPI	산업재	5,769	3,555	55,500	775	107,500	13,771%	1,461%	13.9	13.8
동신건설	KOSDAQ	산업재	492	750	5,860	194	26,450	13,534%	681%	8.6	8.4
GS건설	KOSPI	산업재	34,003	11,533	42,600	1,347	182,629	13,458%	269%	9.3	9.1
삼성엔지니어링	KOSPI	산업재	31,556	13,040	16,100	1,381	174,857	12,562%	23%	10.6	10.3
아이에스동서	KOSPI	산업재	9,688	16,844	31,400	743	88,000	11,744%	86%	14.6	4.8

종목명	거래시장	산업	시가총액	시작가	마지막가	최저가	최고가	최고수익률	기간수익률	최고수익률기간	100배기간
한화	KOSPI	산업재	26,222	10,047	30,400	789	88,912	11,169%	203%	9.3	9.2
삼호	KOSPI	산업재	2,186	30,083	14,400	628	65,100	10,266%	-52%	9.2	9.2
조광페인트	KOSPI	산업재	876	1,092	6,840	270	27,500	10,085%	526%	17.2	17.2
대호피앤씨	KOSDAQ	소재	827	4,109	1,045	36	18,107	50,197%	-75%	1.7	0.7
황금에스티	KOSPI	소재	1,308	807	9,340	44	16,100	36,491%	1,057%	19.9	1.7
삼광글라스	KOSPI	소재	1,893	6,793	39,000	520	119,500	22,881%	474%	17.1	9.4
삼보산업	KOSDAQ	소재	260	705	6,310	227	41,473	18,170%	795%	1.4	1.3
동화기업	KOSDAQ	소재	3,717	898	18,400	262	47,153	17,897%	1,949%	16.9	9.2
진양산업	KOSPI	소재	460	171	3,540	46	7,550	16,313%	1,970%	23.7	23.6
금호석유	KOSPI	소재	30,026	8,400	95,200	1,590	253,000	15,812%	1,033%	13.2	12.9
롯데케미칼	KOSPI	소재	99,570	7,974	290,500	3,128	474,500	15,069%	3,543%	25.5	18.4
동일철강	KOSDAQ	소재	310	375	4,215	355	47,915	13,397%	1,024%	8.6	8.6
포스코케미칼	KOSDAQ	소재	35,560	1,240	60,200	609	78,100	12,724%	4,755%	15.8	15.6
미원상사	KOSPI	소재	2,769	1,087	55,000	563	60,648	10,672%	4,960%	27.5	27.4
부산산업	KOSPI	소재	1,383	13,715	131,000	2,200	236,500	10,650%	855%	19.9	19.9
OCI	KOSPI	에너지	22,156	83,772	92,900	3,891	640,000	16,348%	11%	12.6	9.6
중앙에너비스	KOSDAQ	에너지	437	222	7,010	134	21,524	15,963%	3,058%	2.6	2.6

종목명	거래시장	산업	시가총액	시작가	마지막가	최저가	최고가	최고수익률	기간수익률	최고수익률기간	100배기간
태웅	KOSDAQ	에너지	1,947	2,760	9,730	820	130,500	15,815%	253%	4.6	4.3
파미셀	KOSPI	의료	7,075	686	11,800	79	25,150	31,735%	1,620%	19.7	11.0
진원생명과학	KOSPI	의료	942	2,129	4,450	242	58,000	23,867%	109%	8.2	8.0
피제이전자	KOSDAQ	의료	756	371	5,040	49	10,133	20,580%	1,258%	14.5	1.5
셀트리온	KOSPI	의료	231,596	6,076	181,000	2,191	366,947	16,648%	2,879%	10.1	10.0
코미팜	KOSDAQ	의료	13,327	1,244	22,950	319	52,214	16,268%	1,745%	11.4	10.9
한올바이오파마	KOSPI	의료	17,788	621	34,050	277	41,600	14,918%	5,383%	25.8	25.8
신풍제약	KOSPI	의료	4,019	1,177	7,330	79	11,800	14,837%	523%	19.6	17.6
솔본	KOSDAQ	의료	1,319	1,075	4,825	1,075	143,000	13,202%	349%	0.5	0.4
경동제약	KOSDAQ	의료	2,788	116	10,500	116	15,100	12,917%	8,952%	19.0	18.0
디오	KOSDAQ	의료	5,742	4,250	37,850	505	59,700	11,722%	791%	11.4	11.4
부광약품	KOSPI	의료	12,134	364	19,100	217	24,800	11,329%	5,147%	27.2	24.3
크리스에프앤씨홀딩스	KOSPI	지주사	1,842	1,090	11,900	119	87,660	73,564%	992%	17.1	6.6
한미사이언스	KOSPI	지주사	50,111	684	77,400	448	162,729	36,223%	11,216%	22.9	22.8
우리온홀딩스	KOSPI	지주사	11,621	766	18,550	294	87,640	29,710%	2,322%	16.9	13.0
한세예스24홀딩스	KOSPI	지주사	3,712	106	9,280	106	31,250	29,381%	8,655%	19.1	18.2

종목명	거래시장	산업	시가총액	시작가	마지막가	최저가	최고가	최고수익률	기간수익률	최고수익률기간	100배기간
한국콜마홀딩스	KOSPI	지주사	6,907	1,294	38,500	449	89,500	19,833%	2,875%	17.0	16.3
제일파마홀딩스	KOSPI	지주사	3,794	1,478	23,750	778	154,774	19,794%	1,507%	23.8	23.7
아모레G	KOSPI	지주사	59,272	2,200	69,600	1,099	208,000	18,826%	3,064%	23.6	22.7
영원무역홀딩스	KOSPI	지주사	8,727	1,248	64,000	740	117,500	15,778%	5,028%	22.8	21.3
휴맥스홀딩스	KOSDAQ	지주사	430	4,545	3,415	597	86,937	14,462%	-25%	3.7	3.6
롯데지주	KOSPI	지주사	52,322	696	49,400	603	79,616	13,103%	6,998%	24.4	22.8
일동홀딩스	KOSPI	지주사	1,364	2,135	12,400	311	38,046	12,133%	481%	16.8	16.8
종근당홀딩스	KOSPI	지주사	3,427	6,365	68,400	1,209	146,000	11,976%	975%	12.3	12.3
노루홀딩스	KOSPI	지주사	1,696	1,400	12,500	338	40,450	11,867%	793%	17.1	17.0
서연	KOSPI	지주사	994	612	4,235	195	22,950	11,669%	592%	16.0	15.3
CS홀딩스	KOSPI	지주사	716	15,656	62,000	2,840	304,500	10,622%	296%	11.8	11.8
큐맥스비티아이	KOSPI	지주사	2,324	2,652	24,200	987	103,000	10,336%	813%	10.5	10.5
SK텔레콤	KOSPI	통신서비스	203,075	2,933	251,500	2,201	481,000	21,754%	8,475%	9.5	9.2
무학	KOSPI	필수소비재	3,634	253	12,750	93	64,792	69,569%	4,940%	16.6	12.5
리더스코스메틱	KOSDAQ	필수소비재	1,935	376	10,650	285	117,200	41,023%	2,732%	12.3	12.0
SPC삼립	KOSPI	필수소비재	12,296	57,391	142,500	1,029	411,500	39,890%	148%	17.1	16.1

종목명	거래시장	산업	시가총액	시작가	마지막가	최저가	최고가	최고수익률	기간수익률	최고수익률기간	100배기간
동원산업	KOSPI	필수소비재	7,836	6,870	233,000	1,672	399,000	23,764%	3,292%	15.4	13.2
롯데푸드	KOSPI	필수소비재	7,187	13,472	635,000	5,654	1,157,711	20,376%	4,613%	17.2	14.3
네이처셀	KOSDAQ	필수소비재	6,659	1,607	12,550	330	62,200	18,748%	681%	5.0	4.9
롯데칠성	KOSPI	필수소비재	14,731	23,408	1,771,000	14,480	2,726,569	18,730%	7,466%	23.6	15.2
사조산업	KOSPI	필수소비재	2,655	13,523	53,100	700	114,000	16,186%	293%	16.8	16.7
동서	KOSPI	필수소비재	19,641	335	19,700	318	47,000	14,680%	5,781%	19.1	18.8
동원F&B	KOSPI	필수소비재	9,860	8,500	255,500	3,845	560,000	14,464%	2,906%	14.6	14.2
오뚜기	KOSPI	필수소비재	27,796	19,687	771,000	12,000	1,425,000	11,775%	3,816%	14.5	14.1
사조오양	KOSPI	필수소비재	839	10,769	8,900	492	53,726	10,820%	-17%	9.1	9.1
LG생활건강	KOSPI	필수소비재	238,863	13,650	1,417,000	13,650	1,480,000	10,742%	10,281%	17.2	17.0
진로발효	KOSDAQ	필수소비재	2,156	472	28,650	472	50,700	10,642%	5,970%	19.0	19.0
삼양식품	KOSPI	필수소비재	6,456	15,396	85,700	1,090	113,500	10,313%	457%	19.9	19.9
남양유업	KOSPI	필수소비재	4,764	17,869	613,000	11,401	1,165,000	10,118%	3,331%	21.9	21.9